经 济 生 活 中 的 悖 论 和 反 常 现 象

赢家的诅咒

The Winner's Curse

Paradoxes and Anomalies of Economic Life

[美] 理查德·塞勒（Richard H. Thaler）_ 著　高翠霜 _ 译

中信出版集团 · 北京

图书在版编目（CIP）数据

赢家的诅咒 /（美）理查德·塞勒著；高翠霜译
. --北京：中信出版社，2018.4（2019.11重印）
书名原文：The Winner's Curse
ISBN 978-7-5086-8482-6

I. ①赢… II. ①理… ②高… III. ①经济学－研究
IV. ①F0

中国版本图书馆CIP数据核字（2017）第311641号

赢家的诅咒

著　　者：[美] 理查德·塞勒
译　　者：高翠霜
出版发行：中信出版集团股份有限公司
（北京市朝阳区惠新东街甲4号富盛大厦2座　邮编　100029）
承 印 者：北京通州皇家印刷厂

开　　本：880mm×1230mm　1/32　　印　　张：11　　字　　数：200千字
版　　次：2018年4月第1版　　印　　次：2019年11月第4次印刷
京权图字：01-2018-0362　　广告经营许可证：京朝工商广字第8087号
书　　号：ISBN 978-7-5086-8482-6
定　　价：59.00元

目　录

03 跨行业工资差异

04 赢家的诅咒

05 禀赋效应、损失规避及现状偏见

09 博彩市场

10 股票市场的日历效应

11 华尔街股市上的均值回归

12 封闭式共同基金

13 外汇

推荐序一

接地气的经济学
——理查德·塞勒与行为经济学

我是学主流经济学出身的。读的教科书、专著、论文都是主流经济学的。出于赶时髦，也读了点儿新剑桥学派、新左派和新制度学派，诸如琼·罗宾逊、斯威齐、加尔布雷思的著作，但颇为不屑。而且，读这些非主流的东西，反而加强了我对主流经济学的信念。以后我按主流经济学的思想写教科书、专著或论文，也用这一套来讲解和思考。如果把主流经济学作为一种宗教，我就是一个“受洗并虔诚的信徒和传教士”。

不过在学习与思考中，在与学生、朋友的交流中，我对主流经济学“教义”的基础之一——“理性人”假设有了些许不敬。主流经济学的假设是“理性人”。理性人的特点之一是自私，即“经济人”；特点之二是自觉地（或者说本能地）按最大化原则行事，也能自觉或不自觉地运用机会成本、边际分析法等原则做出选择。但随着阅读面的扩大和在社会上活动交往的增加，我对这种理性人假说逐渐有所动摇。“自私”固然是人的本性，但自私的人也有许多不自私的行为。这种行为肯定不是主流，但对社会却有不可忽视的效果。在美国，没有那些成功人士的捐助，能有那么多的名牌大学和基金会吗？正是许多人无私的奉献，才有了这个社会上许多美好的东西。按理性的方式行事，更有些远了。许多人其实是以非理性的方式行事的。以我自己为例，效用最大化、边际分析法，我可以讲得头头是道，但实际消费中有几次想到了这些原则？而且从事后来看，我的许多次消费肯定是边际效用为零，甚至为负。这种不理性在许多人身上都多次发生过。即使那些创立这些理论的人，他们会完全按照理性的方式做选择吗？看来经济学这个手电筒是用来照别人的，但最后谁也没照到。

理性人假说的动摇绝非小事，因为整个经济学体系都建立在这个基础之上。离开了这个前提，严密、精致的理论分析，逻辑性极强的数学推导，就都不那么坚实了，由此得出的结论也要打个折扣。经济学的基本中心之一就是证明市场机制的完善性，建立在理性人假说之上的一般均衡理论证明了这一点。从历史实践来看，谁也不会否认市场机制。但“完善”二字绝谈不上。市场机制出了多少问题？引发了多少次灾难？人们选择市场经济，并不在于它完善，而在于没有其他更好的选择。

当然，经济学家也不会长期忽视这些问题。其实，市场经济理论的创立者、现代主流经济学的奠基人亚当·斯密在他提出“经济人”

和“看不见的手”的同时，也提出了人性的复杂性以及看不见的手会引发的问题。可惜他的继承者新古典经济学家忽略了后一种分析，而夸大了前一种分析。也许还有特立独行的学者想到了这个问题，不过他们被势不可当的主流经济学淹没了，也有更多的人和我一样因愚蠢的虔诚而不思考其他。

不过人们终究会不断追寻真理。强调理性人假说和市场机制完善性的主流经济学总会遇到挑战。最早产生影响的是西蒙的“有限理性”假说。西蒙教授认为，人不可能像主流经济学认为的那样完全理性，由于种种原因，他们有理性，但并非完全理性，而是有时理性，有时不理性；在有些问题上理性，在有些问题上不理性。换言之，理性是有限的。西蒙由于这个理论和其他贡献而获得了1978年诺贝尔经济学奖。其后兴起的则是我们这里要重点介绍的行为经济学了。

主流经济学日益数学化，靠数学推导建立了逻辑严谨的理论体系。在现代，奠定数学分析方法基础的是萨缪尔森的《经济分析基础》。我们不否认数学工具的运用和由此产生的数学经济学与计量经济学对经济学发展的重大意义，但主流经济学并不完善，数学方法也不是研究经济学的唯一方法，这就产生了行为经济学与实验经济学。行为经济学认为，人不是纯理性人，而是社会人。决定人们决策的不仅仅是经济理性，更重要的还有由许多因素共同决定的心理因素。这种心理因素中既包含理性，也包含许多非理性的，或者利己但不理性的因素。这些心理因素无法用数字来表达，也不能包括在数学模型中。数学模型中用随机变量来代表这些无法衡量与无法预测的因素，实际上否认了这些因素在决策中的作用。运用行为经济学的方法研究人们的经济行为，就要从对现实生活的观察和对人类行为的实验出发。所以说，观察现实和实验经济学是行为经济学的基础。2002 年，对实验经济学做出开创性贡献的弗农 · 史密斯和对行为经济学做出开创性贡献的丹尼尔 · 卡尼曼共同获得诺贝尔经济学奖，这绝非偶然（可惜另一位对行为经济学做出开创性贡献的经济学家阿莫斯 · 特沃斯基由于英年早逝未在获奖之列）。行为经济学对经济学发展的重要性越来越大，另一位行为经济学大师理查德 · 塞勒终于在 2017 年获得诺奖。行为经济学更加贴近现实，因此我称之为“接地气的经济学”。

理查德 · 塞勒也是行为经济学的开创者之一，而且对这门学科的发展做出了许多重要贡献，他获得诺奖当之无愧。塞勒现任教于芝加哥大学布斯商学院，芝加哥大学是盛产诺贝尔奖得主的地方。塞勒在《美国经济评论》和《政治经济学杂志》等知名刊物上发表过许多重要文章，也出版过许多著作。本文将根据已译为中文的《赢家的诅咒》《助推》和《“错误”的行为》来介绍他对行为经济学的贡献。

《赢家的诅咒》出版于 1991 年，是塞勒的行为经济学论文集。20 世纪 80 年代，塞勒在康奈尔大学任教，一次开会时另一位经济学家哈尔 · 瓦里安（他的中级微观经济学教科书在中国影响甚大，被广泛用作研究生的教材）告诉他美国经济学会正在筹办一份《经济展望期刊》（*Journal of Economic Perspectives*，这是一本非常好的杂志，收录的文章主要介绍经济学的最新进展，且不难读，我在美国进修时常读这本期刊，回国时还带了一些，并在回国后写的《重要的还在于学习》中对这本杂志称赞有加），希望他写专栏。在巴里·奈尔伯夫（他是介绍博弈论的《策略思维》的作者之一，这本书也极好，我常推荐给学生）和约瑟夫·斯蒂格利茨（诺奖获得者）的鼓励下，塞勒就经济中的反常现象为该杂志撰写专栏。这个专栏从1987年第一期开始。塞勒写了4年，共13篇文章，这本书就由这13篇文章组成。

这本书13篇文章的中心是分析经济中的反常现象。反常现象是指与主流经济学的分析和预测不一致的现象，但在现实经济中普遍存在。这些现象包括与囚徒博弈不一致的公共产品"搭便车"，与利己动机不一致的利他主义，与最后博弈不一致的对公正的关注，与传统理论不一致的行业间工资差异与流动性解释，与最大化目标不一致的赢家反而吃亏的"赢家的诅咒"，人们对自己拥有的东西评价更高（禀赋效应）、对损失的反应大于等额收益的损失规避与无差异曲线分析的不一致，与效用分析中偏好的转逆不一致的偏好反转，与消费函数不一致的跨期选择，与消费和储蓄理论不一致的心理账户，与传统博彩中不一致的热门—冷门偏差和前两名及前三名市场的无效率性，股市中有效市场理论和资本资产定价模型与1月效应、周末效应、月度转换效应等的不一致，华尔街股市的均值回归，封闭式共同基金的四种反常现象，外汇市场上的远期贴水溢价、风险预期失误等。

从对这些反常现象的分析中，塞勒运用博弈论、金融学、劳动经济学、心理学等跨学科知识在消费者选择、自我控制、储蓄行为和金融领域做出了巨大贡献，构成了行为经济学的基本内容。其中最重要的是：

禀赋效应。这个概念由塞勒在 1980 年提出，基础是特沃斯基和卡尼曼的前景理论。这一概念认为，人们在决策中对利害的权衡是不均衡的，即对“避害”的考虑大于“趋利”。这就挑战了消费者选择分析的基础，即效用取决于客观资产价值，而且它还冲击了科斯定理，即只要交易成本为零，产权配置的最初状态与效率无关。根据禀赋效应，最初的产权配置应更注重效率而不能过分指望市场调节。

跨期选择。此概念由塞勒与其合作者列文斯坦在 1989 年提出。跨期选择是指将成本与收益分散在各个期间进行决策。在跨期选择的情况下，人们的长期理性选择能力是值得怀疑的。与忽略心理分析的经济学家不同，塞勒认为心理学对这种决策既有破坏性又有建设性，他注重心理学理论与经济研究的结合。

心理账户和储蓄理论。人们如何评价不同的经济交易下的公平?塞勒在 1990 年提出，消费者经常会从价格比较中提取积极或消极的交易效用，并与自己的消费偏好结合得出相应的公平标准。人们更倾向于把小的损失和大的收获合并起来看待。心理账户概念最重要的是自我控制，它假定人们为了实现一定的目标也会在心里记账。塞勒对主流经济学中莫迪格利安尼的生命周期理论做出了两点重要的修改:一是人们对收入的敏感大于各种形式的财富;二是人们缺乏耐心，短期内对贴现率的重视大于利率。

行为金融理论。在这个领域塞勒贡献甚大。他提出在评价投资组合时，短视的损失厌恶使一大部分投资者放弃股票投资的长期高回报率，去投资具有稳定回报的债券。塞勒发现了“输者赢者效应”，即投资者对过去的输者组合过分悲观，对过去的赢者组合过分乐观，导致股价偏离其基本价格。等一段时间之后市场自动修正，前期的输者赢得正的超额收益，而前期赢者的超额收益为负。据此，他提出了预测股票收益的新方法，即采用反转策略买进过去3~5年的输者组合，卖出赢者组合。塞勒对股市的研究有三项重要结论：第一，价格变动可能与影响进出市场的习俗相关；第二，机构投资者对他们的投资组合进行季节性调整是一种“装饰门面”的活动；第三，日历效应与好消息、坏消息发布的时间选择相关。塞勒对封闭基金、折价或溢价等均有研究，这些研究对金融理论和现实的研究影响重大。

2000年后，塞勒把他的行为经济学研究运用于分析消费者行为和政府政策之中，这些成果体现在他与哈佛大学法学院教授卡斯·桑斯坦于2008年合写的《助推》中。这本书的副标题是“如何做出有关健康、财富与幸福的最佳决策”，由此可以看出，其目的在于帮助人们做出更好的消费决策以及指导政府如何运用政策来引导人们做出这种决策。行为经济学不是纸上谈兵，而是要真刀真枪运用于实际的，不是黑板上的经济学，而是实用性很强的生活中的经济学。

英文“nudge”（助推）一词的原意是“用胳膊肘等身体部位轻推或轻戳人的肋部，以提醒或者引起别人的注意”。以“助推”为书名，就是提醒你可能会犯的错误，助你回归正确之路。但如何助推呢？

塞勒把人的思维方式分为两种：一种是不假思索的直觉，即“直觉思维系统”或“自动系统”；另一种是比较认真的思考，即“理性思维系统”或“省思系统”。主流经济学假设人们用的是理性思维系统，但现实中人们运用更多的则是直觉思维系统，这种思维方式会引出错误的选择。这就需要设计一种方式，让直觉思维少犯错误。如为儿童摆放食物时，把有利于健康的食物放在容易看见、容易够到的地方，这种食物摆放方法就是助推。他提出了“自由主义的温和专制主义”的概念，这就是在不牺牲人们自由选择权的前提下运用助推的方式来引导大家。助推是一种全新且有效的引导式管理模式。这本书的作者之一桑斯坦用助推的方法帮助奥巴马竞选取得了成功，英国前首相戴维·卡梅伦也十分欣赏他们的思想和实践。

这本书第 1~5 章分析了如何用助推来克服偏见与谬误。靠直觉思维，难免会做出错误选择，如吸烟、肥胖等等都是这种偏见与谬误导致的结果。得克萨斯存在的在高速公路上乱丢垃圾的现象通过“不要给得克萨斯抹黑”为中心的公益宣传助推而得以消除，同样，用数字也可以为人们戒烟戒酒助推。第 6~9 章“探索如何更好地省钱、投资和借贷”，即家庭理财方法，直觉思维导致许多人“今朝有酒今朝醉”，不关心养老问题。塞勒建议：第一，为储蓄计划设计自动登记的方式；第二，“明天储蓄更多”。这就是要在传统的社会养老之外助推人们更多地进行储蓄。在讨论了参与一项保险计划并决定投资多少钱之后，又讨论如何进行投资，以及如何设计更好的信贷方案，如何打造更为人性化的社会保障体系。第 10~12 章讨论如何改善人们的健康状况，包括面对政府针对人们的医疗健康问题提供的复杂选择体系，人们应该如何做出选择；如何提高器官移植中的捐赠比例；如何为健康创造一个良好的环境，例如环境保护。第 13~15 章分析在许多没有多少自由的领域，如教育、医疗、婚姻中如何通过制度改进创造更多的自由。第 16~18 章可以看作总结，介绍了一些小的助推，提出会有越来越多的人认同助推，但要警惕恶意的助推行为和助推者，并建议把助推作为自由放任和国家干预以外的第三条道路。

第三本书《“错误”的行为——行为经济学的形成》可以看作一本回忆录，不过不是对个人经历的回忆，而是对行为经济学从 1970 年到现在的发展历程的回忆。书中介绍了众多经济学家对这门学科做出的贡献，勾勒了一幅群体图像。当然，也有塞勒本人在这一学科中耕耘并做出贡献的记录，包括他与特沃斯基、卡尼曼等人的合作。读这本行为经济学发展史，你会对这门学科的内容、贡献与社会的关系有更多的了解。只有知道了这门学科重要概念与理论的形成过程，它与实验经济学的关系等相关内容，你才能更好地理解行为经济学。

了解塞勒对行为经济学的贡献还应该注意几点。第一，行为经济学并不是对主流经济学的否定，而是对它的发展，或者更准确地说，是“扬弃”。它用的许多概念和分析方法仍来源于主流经济学，不了解主流经济学也学不好行为经济学。塞勒也认为，就整个经济学而言，还没有什么可以取代主流经济学。行为经济学无非是对主流经济学的一些失误进行了补充和发展，使经济学更贴近现实、更接地气，从而更有助于建设一个美好世界。第二，行为经济学前途无量。现在，越来越多的人接受行为经济学，它目前的分析主要集中在传统的微观领域，但塞勒预见它会进入宏观领域，还会有更丰富的成果。第三，行为经济学主要是由美国经济学家创立的，它用的例子、进行的实验都以美国为背景，分析的中心是美国人的行为。它得出的结论有一定的普遍适用性。但需要特别提出的是，中国人的行为有自己的特色，心理也不同于美国人，中国的经济与社会制度与美国有很大区别。因此，如何运用行为经济学的理论分析中国人的行为，设计出适合中国的助推方法，仍是一个亟待研究的问题。也许在运用行为经济学研究中国人的行为时，我们还可以为这门学科的发展做出新的贡献。

这三本书都不是“沉闷的经济学”，也没有数学统计，读起来很有趣，大家都可以读懂。这三本书可以浅读、泛读，也可以深读、精读。不同的人有不同的读法，并有不同的启发与收获。读者可以先读《“错误”的行为》，对行为经济学有一个大致的了解，再读其他两本书。

愿你愉快地读完这三本书，帮助你摆脱“偏见”与“谬误”，做出更好的选择，你也可以“助推”一下朋友和家人，让新的一年更加美好。

经济学家　梁小民

2018 年元旦

推荐序二

塞勒三部曲导读

一般来说，获得诺贝尔经济学奖的学者不是代表自己，而是代表其所在的领域获奖的。一般来说，一旦一位经济学家获得了诺贝尔经济学奖，就意味着其所在的领域进入了经济学的主流。一般来说，一旦其所在的领域进入了经济学的主流，这个领域的原创力就会减弱，随后涌进来的是无数跟风的研究。

但是，2017 年诺贝尔经济学奖得主理查德·塞勒却不一样。

即使获得了诺贝尔经济学奖，塞勒身上依然洋溢着一股“异端”气质。获奖之后，他在其任教的芝加哥大学简短致辞。他在致辞里讲道，或许这是院长和系主任第一次没有用“浑蛋”这个词儿来形容他。然后，他又“补了一刀”：以后领导们还会不会再用这个词儿来形容他，他也不确定。你可以想象得出来，台下的院长、系主任，可能还有素来跟塞勒不和的几位资深教授，恨得牙根痒痒却又不得不故作大度且开心的样子。

塞勒研究的领域是行为经济学。这是最近十年来发展最为迅猛的经济学领域之一，也是少数从不驱逐“外来人口”的经济学领域。经济学家向来认为自己的学科是社会科学皇冠上的明珠，他们不“入侵”其他学科的阵地，就是给其他学科莫大的面子了，怎么可能容忍其他学科“入侵”经济学的地盘呢？唯独在行为经济学的帐篷里，进进出出的都是三教九流、各色人等，亦正亦邪。在正统的老一辈经济学家看来，行为经济学就是瞎搞。塞勒的同事，同样是诺贝尔经济学奖得主的法玛（Eugene Fama）教授曾经这样评价塞勒：“他做的研究很有趣，但什么价值也没有。”法玛对塞勒还算客气，两人有时会一起打打高尔夫球。芝加哥大学的另一位经济学大牛，也拿过诺贝尔经济学奖的米勒（Merton Miller）教授，据说在楼道里见到塞勒连招呼都不打。

喜欢也好，不喜欢也罢，死气沉沉的经济学最需要的就是一场新的“范式革命”，而无论是环顾还是远眺，隐隐然具备挑战原有“霸权”、发动一场革命的新领域，可能也就是行为经济学了。甚至，我们有可能期待，未来的社会科学将打破藩篱，统一为一种社会科学，那么这种社会科学的发源地就是行为经济学的营地。

理查德·塞勒有三部重要的著作，一是其学术自传《“错误”的行为》，二是《赢家的诅咒》，三是他与著名法学家卡斯·桑斯坦合著的《助推》。中信出版社现将这三部重要的著作一并出版，可以帮助中国读者更好地了解塞勒教授以及行为经济学。

《“错误”的行为》与塞勒的学术道路

塞勒教授1945年出生于美国新泽西州。他的家族是从乌克兰移民到美国的犹太人。塞勒教授的父亲是保险公司的精算师，母亲是一名教师。跟别的学霸不太一样，塞勒上过的学校不算最好的——他大学本科在凯斯西储大学（Case Western Reserve University），硕士和博士是在罗切斯特大学读的。打个不太恰当的比方，这个经历有点儿像一个中国学生在重点大学读完本科，然后到普通大学读了硕士和博士。要知道，很多经济学的学霸都是一路从哈佛、MIT（麻省理工学院）这样的顶级名校读下来的。如果你是在哈佛、MIT读经济学，好处是能够直接跟着导师（尤其是年轻一点儿的导师）一头扎进学术前沿，走上一条捷径。像塞勒教授这样的求学经历，可能更多地要靠自己摸索，但也可能正是由于走了这样一条路，才使得他另辟蹊径、独树一帜。

走上这条“离经叛道”的路注定充满了艰辛。塞勒在罗切斯特大学的博士论文指导老师罗森说，当年，塞勒的老师们对他能够取得的成就“并不抱多高的期望”。刚刚博士毕业的时候，塞勒很难找到一份正式的工作，只得在罗切斯特大学当一名类似“临时工”的讲师。他写的论文也不符合主流学术期刊的口味，很难发表。更要命的是，塞勒觉得主流经济学的基本原则是错的。

主流经济学假设人们都是理性人——如果你是个消费者，就不会乱花一分钱。广告、推销员、“双11”，对你一点儿影响都没有；如果你是个生产者，就不会丢掉赚每一分利润的机会。决策失误、一时冲动、错失良机，对你而言根本不可能发生。就像塞勒教授所说的，主流经济学假设我们都有爱因斯坦一样的智商，计算机一样的记忆力，圣雄甘地一样的意志力。理性人假设并非仅仅是经济学家的一种工作假设，到最后，这种假设发展成了经济学家的信仰。由于每个人都是理性人，他们在市场经济中的决策一定会导致所有的资源都得到最优的配置，因此，市场经济是完美的，所有的政府干预都是错误的。讲到这里，你可能就会明白，为什么主流经济学家要誓死捍卫“理性人”假设了。

在《“错误”的行为》一书中，塞勒讲到自己是如何逃离这一“范式”的。塞勒还在罗切斯特大学读博士的时候，发现了一个很奇怪的现象。他做了一个问卷调查，其中问了受访者两个问题：

A. 如果社会上流行一种致命的疾病，染病的人会在一周之内没有痛苦地死掉。你染上这种病的概率是万分之一。请问，假设你不幸染病，那么你愿意最多花多少钱治疗这种病？

B. 同样是这种病，假设你的老板要派你到疫区调查情况。到了疫区之后，你染上这种病的概率是万分之一。请问你的老板要给你多少赔偿，你才愿意到疫区去？

按照主流经济学的理论，这两个问题是等价的，都是在问“万分之一的死亡率值多少钱”，但是，受访者对这两个问题的回答却差异很大。很多人在第一种情况下选择花较少的钱治疗，但在第二种情况下却要求得到巨额的补偿。为什么会是这样呢？塞勒去找他的指导老师求教。他的指导老师却说，别在这种问题上浪费时间。

于是，塞勒只好自己去寻找答案。有一次，他读到两位以色列籍心理学家卡尼曼和特沃斯基关于决策心理的研究，又听说他们要到斯坦福大学访学的消息，就专门跑到加州，找到卡尼曼和特沃斯基。卡尼曼就是畅销书《思考，快与慢》的作者，也是2002年诺贝尔经济学奖得主。特沃斯基是卡尼曼的合作者，要不是他去世得早，他也能一起获奖。他们三个人志同道合，共同开创了行为经济学。不同之处在于：卡尼曼和特沃斯基是从心理学攻入经济学阵营，而塞勒则是打开了经济学的大门，欢迎心理学的进入。

卡尼曼和特沃斯基会怎么解释塞勒发现的反常现象呢？他们提出了“前景理论”，根据这一理论，决策者会选择一个参照点，其对得失的判断往往根据参照点来决定，而人们对损失比对获得更加敏感。也就是说，如果是在赚钱的时候，人们当然赚得越多越快乐。在卡尼曼和特沃斯基的实验中，收益增量带来的快乐强度大约是增量的0.5~1倍；但如果是在赔钱的时候，人们赔得越多越不开心。在卡尼曼和特沃斯基的实验中，损失增量产生的痛苦大约是同等收益增量的2.5倍。也就是说，人们特别不愿意遭受损失。

塞勒则提出了“禀赋效应”，与“前景理论”互相印证。“禀赋效应”讲的是，人们非常不愿意失去自认为原本属于自己的东西。这个理论对经济学的冲击很大。比如说，按照“禀赋效应”，即使不考虑交易成本，所有权的最初分配都会在很大程度上影响资源的最终配置。

塞勒教授在反对“理性人”假设的道路上越走越远。“禀赋效应”其实仍然假设每个决策者都会试图使其偏好最大化，只不过要考虑到一个“参照点”，也就是“禀赋”（所有权的最初分配）。后来，塞勒教授又提出了“心理账户”（mental accounting）理论。这个理论进一步偏离了主流经济学，却和现实更为接近。

“心理账户”理论注意到，消费者会把其支出分为不同的账户，比如花在买衣服上的钱、出去旅游的钱，或是买菜的钱。如果你去海南度假，花了 20 000 元。刚刚回来，又听旅行社说，有一个去北海道的旅行团，可以给你一个特别优惠的价格，团费原价 20 000 元，现在只需要 5 000 元。你会考虑吗？很多人都会犹豫。但是，如果这时候商场打折，原价 20 000 元的名牌服装，现在的价格是 5 000 元，你会考虑买吗？我相信很多人会立刻掏钱买。这说明消费者是把出去旅游的钱和买衣服的钱放在了不同的“心理账户”中。

为什么会有“心理账户”呢？塞勒教授讲道，这和我们的“自我控制”有关，我们之所以把钱放在不同的“心理账户”里，是为了防止自己乱花钱。在“心理账户”理论的基础上，塞勒教授进一步提出，消费者的效用包括两个部分，一个部分是获得效用，即买到了商品和服务之后获得的满足感，另一个部分是交易效用，是跟交易价格相关的。交易效用又跟消费者心目中期待的“公平价格”和实际交易价格之差有关。如果消费者觉得交易价格比他心目中的“公平价格”更高，即使他买到了自己心仪已久的东西，也会觉得很不爽。

总结一下，在塞勒教授看来，人性比“理性人”假设所想象的更为复杂。人不是完全理性的，而是有限理性的。人没有坚强的意志力，只有有限的意志力。此外，人不是完全自私的，因此公平问题始终受到人们的关注。

《赢家的诅咒》与经济学中的“反常”

《赢家的诅咒》是塞勒教授在《经济展望期刊》上发表的专栏文章的合集。他的这组文章旨在发现经济学中的“反常”（anomalies）。“赢家的诅咒”就是其中最著名的一篇文章。

20 世纪 70 年代，研究油田拍卖的几位工程师发现了一个有趣的现象。假设有个油田的开采权要拍卖，有很多家石油公司来竞拍。谁也不知道这个油田在地下的储量到底有多大，只能靠自己猜。每个公司都会给这个油田一个估值，每个公司都按照自己对这个油田的估值报价。

一般来说，公司会按照比自己的估值低一些的价格报价，而报价最高的公司将获得油田的开采权。但在现实的拍卖中，结果如何呢？这三位工程师发现，一般来说，竞拍中的赢家往往会变成输家。为什么这么说呢？因为，最糟糕的情况是，油田的实际价值没有竞拍成功的公司的报价高，这家公司花的钱越多，亏的也就越多。稍微好一点儿的情况是，这个油田的价值比公司的报价高，但没有公司当初的估值高，所以公司也会觉得吃亏了。这就叫“赢家的诅咒”。

真的有“赢家的诅咒”吗？1983 年，两位经济学家巴泽尔曼和萨缪尔森做了一个实验。他们在课堂上拍卖一个存钱罐子，罐子里装满了硬币。学生们不知道里面有多少钱。每个学生都来猜，到底里面有多少钱。猜完了就竞价，出价最高的学生可以获得这个罐子和里面的硬币。罐子里实际上有 8 美元的硬币。他们做了许多次实验。学生们的猜测各不相同，平均估值是 5.13 美元。也就是说，大部分学生对罐子的估值都远低于真实价值。但赢家的出价平均是 10.01 美元，这意味着，平均每个赢家要亏损 2.01 美元。

课堂实验或许无法代表真实世界，但在现实生活中，“赢家的诅咒”比比皆是。比如，在 1969 年阿拉斯加北湾油田的拍卖中，赢家的出价是 9 亿美元，而次高的报价是 3.7 亿美元。这是不符合理性假设的。如果按照理性假设，赢家的报价和次高的报价应该相差不多才对。这只是一个特例吗？当然不是。研究者观察了很多油田竞拍，发现在 26% 的案例中，中标价是次高价的 4 倍甚至更高，在 77% 的案例中，中标价至少是次高价的 2 倍。

从 1954 年到 1969 年，墨西哥湾地区拍卖出了 1 000 多份租约，其中有 62% 的租约是赔钱的，另有 16% 的租约勉强持平，只有 22% 的租约最后赚了钱，但收益率并不高。我们再来看看身边的例子，最典型的就是央视广告“标王”。从 20 世纪 90 年代中期开始，各家企业争相在央视砸下重金，抢夺“标王”的桂冠。1995 年孔府宴酒的中标金额是 0.31 亿元，2015 年翼龙贷花了 3.6951 亿元，才拿下“标王”称号。荣登“标王”宝座的企业当然有好企业，比如茅台，但大部分“标王”很快就变成了“倒王”。听我给你报报它们的名字：孔府宴酒、秦池酒、爱多VCD、步步高和熊猫手机。“赢家的诅咒”纠缠着这些曾经风光一时的企业：2002年，孔府宴酒宣告破产；秦池酒已经无人知晓；2004年，爱多VCD的掌门人胡志标被判有期徒刑8年；2005年，熊猫手机的前掌门人马志平因涉嫌“虚报注册资本”被批捕。而那些没有破产的“标王”企业，在成为“标王”之后就真的平步青云了吗？恐怕这里面的苦闷，只有它们自己知道。

为什么总是会有“赢家的诅咒”呢？有两个原因。首先，最根本的原因是信息不对称，因为竞拍者不知道标的物的真正价值，所以只能靠主观猜测，这就会带来判断失误。其次，最直接的原因是傲慢。赢家过于自负，总认为自己比市场上的其他参与者判断更为准确，而且求胜心切，志在必得。抱着这样的心态，不犯错误那才叫反常。

《助推》与“自由意志的家长制”

在一个极端的经济自由主义者看来，既然人是理性的，理性的人自然会为自己的一切行为负责。比如，如果开车的人不系安全带，骑摩托车的人不戴头盔，那是他们自己的选择。政府非要规定大家系安全带或戴头盔，是不会有效果的，大家不会听政府的话。如果有人吸毒或是卖淫呢？在极端的经济自由主义者看来，不管你喜欢不喜欢，这也是你无法干涉的。反对吸毒或是卖淫，只会使吸毒或卖淫转入地下，反而更难控制，对社会的危害更大，所以最好的办法就是让吸毒或卖淫合法化。

我想，大部分经济学家都会反对政府的直接干预。政府来规定我的孩子必须学什么知识，这在我看来是非常荒谬的。政府来规定我的饮食搭配，也是我不能接受的，即使政府说这样的饮食搭配是更健康、更合理的。但是，通过行为经济学的研究我们可以知道，每个人都有可能犯错误，也很容易做出其实不利于自己的选择，遇到这种情况，我们该怎么办？政府是否应该帮助个人避免做出错误的决策？

2008 年，塞勒教授和法学家卡斯·桑斯坦合著了《助推》。这本书很快成了全球畅销书，也受到各国政府的关注。书中提到，我们可以采取一种“自由意志的家长制”（libertarian paternalism），改善人们的最终决策。自由意志和家长制听起来是水火不容的，却能达成一种微妙的平衡。自由意志是指我们要保留人们自主决策的权利。家长制是指我们可以适当地影响人们做决策的过程，好让他们做出对自己更为有利的选择。

举例来说，如果政府强制规定人们不能吃垃圾食品，只能吃健康食品，这就是一种粗暴的干预。尽管政府的用心可能是好的，但结果一定很糟。这种粗暴的专制主义在现实中随处可见。但是，如果我们换一种方式呢？比如，我们可以把新鲜的水果以更低廉的价格、更方便地提供给消费者，那么，很可能就会有更多的消费者主动地选择健康食品。这就是塞勒和桑斯坦所说的“助推”。

吃不吃健康食品，其实还是小事。像养老金计划，不仅对个人，而且对整个社会，都是一件大事。美国的养老保险制度非常复杂，员工需要在各种五花八门的方案中做出选择。正如我们说过的，选择的机会越多，人们就越不愿意做出选择。于是，许多美国人就放弃了参加养老保险计划。这一选择对自己不利，因为到了退休之后，员工的收入水平会下降；这对政府也不利，因为这最后还是得由政府买单。有一些美国公司做了一个小小的调整，以前的方案是你要主动选择，才能加入养老保险计划，如今的方案是如果你不反对，就默认你同意参加养老保险计划。

塞勒和桑斯坦提出了“明天储蓄更多”的方案，并得到美国国会中保守主义者和自由主义者的联合支持，这在美国政治中也算是一个奇迹。“明天储蓄更多”是公司为其员工提供的养老金计划。签了这份合约的员工在加薪时，其在养老金账户中的储蓄额也会自动调高，于是，储蓄率随工资的上涨而上升。如果员工觉得存得太多，他们也有选择退出该计划的自由。这一方案没有强迫任何人做他们不想做的事情，也没有任何欺诈和隐瞒，只是巧妙地把人们的懒惰天性和他们的长远利益结合起来，让人们自己做出更有利的选择。

在塞勒和桑斯坦看来，在很多情况下，我们只要做出小小的调整，就能极大地改变决策的结果。比如，总会有人把尿尿到公共厕所的小便池外边，但是，如果在小便池里刻上一只苍蝇，男士就会自动地瞄准那只苍蝇尿尿，于是，尿到小便池外边的现象便减少了80%。如果你想让人们节约能源，仅仅在墙上张贴一些“节约能源，保护环境”的标语是没有用的。如果让每个家庭在收到账单的时候，都能够从账单上看到自己的用电量和邻居的用电量的对比，那么，出于“同侪压力”，很多人就有更大的自觉性去注意节约资源。这说明，帮助人们改进其行为的最好方法就是提供反馈。

对于是否在政策设计中采用“自由意志的家长制”方法，我持谨慎的保留态度，因为我们必须先相信政府是无私而善良的，才能相信它会为了我们的利益，帮助我们改善决策。但是，这一方法也给了我们很多日常生活的启示。家长对孩子的爱是无私的，老师对学生的关心也是发自内心的，为了让孩子和学生做出更好的选择，我们是该奉行毫不干预的自由主义原则，粗暴独裁的专制主义原则，还是找到一种中庸的“自由意志的家长制”呢?

北京大学汇丰商学院经济学教授

何帆

前言

你有一位朋友是埃克美石油公司（Acme Oil）的总裁，他偶尔会打电话来问你一些问题，并征询你的意见。这次他的问题是有关竞价投标的事，另外一家石油公司破产了，被迫要出售一部分土地，这些地原先是为了要开采石油而购入的。埃克美石油公司对其中一块地很感兴趣。直到前不久，他估计只有3家公司会来竞标这块土地，而埃克美打算出价1 000万美元。但是现在他得知，还有另外7家公司会来投标，总共有10家公司参与投标。那么，埃克美的出价应该提高还是降低呢？你会给他什么样的建议呢？

____

你会建议他提高还是降低出价呢？对这个问题，大部分人的直觉是提高出价。毕竟，现在竞标的人多了，如果你不提价，就会得不到这块土地。然而，大家常常忽略了另一项重要的因素。假设竞标中每一位参与者的出价，都只会比他们认为的土地价值略低一点儿（仅留下一些获利的空间）。当然，没有人知道这块土地的石油储量：有些投标人会猜得过高，有些会猜得过低。为了便于推论，我们假设投标人的估计平均来说是准确的。那么，谁会赢得此次的标的呢？中标人是对地下石油储量估计得最乐观的人，而他出的价很可能高于这块土地的价值。这就是令人畏惧的“赢家的诅咒”（winner’s curse）。在有许多竞标人的竞标项目中，中标人常常是输家。可见，避免赢家的诅咒的关键因素就是投标人越多，出价要越保守。虽然这看起来可能违背常理，但这才是理性的。

本书就是关于经济学的反常现象，赢家的诅咒即是一例。反常现象是与理论不一致的事实或者观察。在此，理性出价理论建议我们，当投标人数增加时，出价要降低，然而大多数人提高了出价。反常现象要令人信服需要具备两个要素：一是能做出明确预测的理论，二是与预测相矛盾的事实。在经济学反常现象的案例中，两个要素可能都很难获得。我们不缺乏经济学理论，但理论经常无法产生确定的预测。我们如果对理论预测的结果无法达成一致，就无法对什么是反常现象达成一致。在有些案例中，事实上经济学家向来主张有些理论是无法检验的，因为它们在定义上就是无懈可击的。例如，效用最大化理论就被认为是同义反复的——如果某人做了某事，无论事情看起有多奇怪，这必然是效用最大化的选择，否则那个人就不会这么做了。如果找不到一套数据可以反驳的话，这个理论就是无法检验的（事实上，这不是真正的理论，倒比较像一个定义）。然而，虽然许多经济学家安于其理论在表面上是无法反驳的，但其他的经济学家则一直忙着设计精巧的测试来做验证。在经济学上，有一项自然定律显然永远成立：有检验就会有反常现象存在。

何谓经济理论？所有的经济分析应用，无论是企业理论、金融市场理论还是消费者选择理论，都基于相同人类行为的基本假设。两项关键的假设为“理性”及“自私”。假设人类要为自己尽可能地获取最大利益，而且假设人类会想出最佳的方法达到这个目标。的确，如果一个经济学家花了一年的时间找出某个棘手问题的新解答，例如在失业时找工作的最佳方法，那么这个经济学家会心满意足地假设那些失业者已经解决了这个问题，并且按照这个方法去找工作了。经济学家必须非常努力才能分析解决的问题，却假设其他普通人能以直觉的方式解决，这样的假设反映出的谦虚品质或许值得赞扬，但这也令人疑惑。当然还有另一个可能性是，人们就是理解错了。根据赫伯特·西蒙的“有限理性”理论，这种“认知错误”的可能性显然很重要。人脑就像一台个人计算机，它有很慢的处理器，而且记忆系统既小又不可靠。我不知道你的情况如何，但是在我两耳之间的这台个人计算机，就有着超出我想象的“磁盘故障”。

另一个经济学假设——“自私”，又是如何呢？人们究竟有多自私呢？标准经济模型的困境，以我的居住地伊萨卡地区的驾驶员的表现就可以说明。康奈尔大学后面有一条小溪，横跨这条小溪的是一座只能允许一辆车通过的双向通行的桥梁。在交通高峰期，两个方向都有数辆车等着过桥。情况如何呢？大多数时候，一个方向有四五辆车通过后，后来的车会停下来，让另一个方向的四五辆车通过。这样的交通规划在纽约市已经行不通了，同样，在任何一个经济模型中也行不通。在纽约市以这样的规则运行的桥梁，实际上会变成单行道，行驶方向则是由历史的偶然——第一辆抵达该桥梁的车辆的行驶方向来决定！在经济模型中，人们都被假设为像纽约人一样，而不是伊萨卡的居民。这样的假设是否有效呢？很幸运地，伊萨卡的驾驶员所表现出的合作行为，并非是独一无二的。我们中的大多数人，即使是纽约人，也会为慈善捐款、清扫露营地，在餐馆桌上留下小费（即使是我们不打算再去的餐馆）。当然，有许多人也会不诚实地报税（反正政府只是在浪费纳税人的钱），在向保险公司索赔时夸大损失（只想拿回自己的钱），在高尔夫球赛中作弊（如果没有人监管，他们在 8 月就可以采用冬天的规则）。我们不是纯洁的圣人，也不是罪人，我们只是凡人而已。

不幸的是，并没有太多人住在经济模型的世界里。例如，储蓄行为的主导经济模型——生命周期假说，就没有考虑到储蓄决策过程中最重要的人为因素——自制力。在这个模型中，如果你意外得到 1 000 美元，理论上预期你会全部存起来，因为你希望将这笔钱平均分配到余下的人生阶段中。如果必须要以这样的方式花掉，谁还需要意外之财呢？

我们还会做其他经济学家认为奇怪的事情。看看这个例子：你拿到两张超级碗的门票，比赛刚好是在你居住的城市举行。不仅如此，参加比赛的还是你最喜欢的球队！（如果你不是橄榄球迷，请以其他能让你感到兴奋的比赛为例。）赛前一周，有人来找你，问你是否愿意出售你的门票，你可以接受的最低卖价是多少（假设以任何价格出售门票都是合法的）。现在，换个角度，假设你没有超级碗的门票，但是你有机会可以买到门票，你愿意支付的最高价格是多少？对于大多数人而言，这两个答案的票价至少会差1倍。典型的答案是，我不会以低于400美元的价格出售一张门票，而且我不会用超过200美元的价格买一张门票。这样的行为对于你而言可能是合理的，但是根据经济学理论，你的这两个答案应该基本相同才对，所以这种行为被视为一种反常现象。这不是说作为“理性选择”的理论或模型本身有什么错误，理性确实意味着买与卖的价格要近乎相等。问题出在限定理性选择和描述真实的选择时，我们使用了相同的模型。如果人们并非永远是理性的，那么我们在解决这两个不同的问题时，就可能需要两个不同的模型。

当然，我绝非第一个批评经济学在人类行为方面做了不符合实际的假设的人，那么我所做的有什么不同呢？要了解这里所说的反常现象是如何提出一种新的经济学批判的，首先对过去经济理论的解释做一番回顾将会有所帮助。最有名的理性模型解释是1953年由米尔顿·弗里德曼提出来的。弗里德曼主张，即使人们无法做经济模型计算，他们的行为看起来就像他们能做这样的计算一样。他以一位专业的台球选手做比喻，这位选手并不懂物理学或是几何学，但是每次击球时就好像他能运用这类知识一样。基本上，弗里德曼的立场是，只要能够依据理论做很好的预测，即使假设是错误的也无关紧要。基于这个观点，本书强调理论的真实预测。我发现，撇开假设不说，理论的预测准确性是很脆弱的。

另一个解释和弗里德曼的解释在思想上是一致的，它承认人们会犯错，但是在解释整体行为时，这些个人错误不是问题，只要这些错误的影响会彼此抵销。不幸的是，这个解释也同样站不住脚，因为大家观察到的许多背离理性的选择是系统性的——错误偏向同一个方向。如果大多数人有向同一个方向犯错的倾向，那么他们即使选择的是理性的理论，在预测行为时也会犯错。我的合作伙伴、心理学家丹尼尔·卡尼曼及阿莫斯·特沃斯基强调的这一点，使对经济学行为的新批评更具实质性。

另一个解释的观点是，在人们有很强的动机做最优选择的市场中，“非理性”或“利他主义”都不会对市场产生影响。在交易成本很小的金融市场中，这个论点的影响尤为广泛。在金融市场中，如果你重复做蠢事，就会有很多专业人士很开心地赚走你的钱。因为这个理由，金融市场被认为是所有市场中“最有效率”

的。因为大家普遍认为金融市场的运作最有效率，所以我在本书中对金融市场给予特别关注。但令人惊讶的是，我们发现金融市场也充满了反常现象。

但是，为何要写一本关于反常现象的书呢？我认为有两个理由使我将这些反常现象放在一起。第一，要单独评估事实是不可能的。一个反常现象只是新鲜好玩，但是13个反常现象则可能反映了一种模式。科学哲学家托马斯·库恩评论道："发现始自对反常现象的认知，也就是认识到自然在某种程度上违反了典范对一般科学现象的预期结果。"在本书中，我希望实现第一步——认识反常现象。也许在这一点上，我们将看到新的、修正的经济理论版本。新的理论会保留人们会尝试尽其所能的理念，但这些人也有友好和合作的人性优点，并且他们储存及处理信息的能力也是有限的。

01

合作

有时，你也许会想起短剧《巨蟒》（*Monty Pythons*）中的一幕。剧中有两个角色，一个是约翰·克里斯饰演的银行家，另一个是特里·琼斯饰演的福特先生。福特先生正拿着锡杯做慈善募款。

银行家：您好！我是个商业银行家。

福特先生：您好，您的大名是……

银行家：呃……我突然想不起自己的名字，不过我是个商业银行家。

福特先生：了解。不知道您是否愿意为孤儿院捐些钱呢？（他一边摇晃着自己的锡杯。）

银行家：我不想太早露出底牌，但我们很乐意开发孤儿院市场，并做所有相关事项……请问你大概要多少钱？

福特先生：这……呃……您是个有钱人。

银行家：是的，我是有钱人，非常非常有钱。

福特先生：那么，呃，1英镑如何？

银行家：1英镑，我看看，请问这笔贷款要以什么做担保呢？

福特先生：先生，这不是一笔贷款。

银行家：什么？

福特先生：这不是一笔贷款。

银行家：啊？

福特先生：我们会给你这个东西，先生。（他递给福特一面小旗子。）

银行家：这作为股权凭证是不是小了一点儿，是吧？听着，我想我最好通知法务部门处理。你可否星期五再来一趟呢？

福特先生：嗯，必须这么麻烦吗？你能不能直接给我1英镑？

银行家：可以，但是我不知道你要做什么用。

福特先生：是为了孤儿。

银行家：做什么呢？

福特先生：作为礼物。

银行家：为什么？

福特先生：礼物。

银行家：喔，礼物。

福特先生：是的。

银行家：可以避税？

福特先生：不是，不是，不是。

银行家：不是？那么，很抱歉我听不懂，你可否解释你到底要做什么呢？

福特先生：嗯，我要你给我1英镑，然后我会去把这1英镑送给孤儿。

银行家：然后呢？

福特先生：就是这样了。

银行家：不，不，不，我一点儿都不懂，我的意思是，我不想看起来像个笨蛋一样，但是这件事对于我来说，好像在整个交易过程中我损失了1英镑。

福特先生：是的。

银行家：是的！那我有什么动机要给你那1英镑呢？

福特先生：为了让孤儿高兴。

银行家：（完全迷惑）高兴？你确定你没有搞错？

福特先生：是的，很多人都给我钱。

银行家：啊？这么简单？

福特先生：是的。

银行家：那些人一定是有病。我想你一定给不出一份列有他们姓名和地址的名单吧？

福特先生：不会，我就是在大街上向他们募捐。

银行家：我的天呀，这是多年来我听过的最令人兴奋的新点子！这么简单，这么聪明！如果你这个点子不值1英镑，我不知道还有什么是值钱的。(他从福特手上拿过锡杯。)

福特先生：喔，谢谢你，先生。

银行家：这里唯一的问题是，在我给你1英镑之前，你就告诉我这个点子了。这可不是做生意的方式。

福特先生：不是吗？

银行家：不是的，恐怕不是的。所以，嗯，你走吧！(他拉动控制杆，打开福特先生脚下的地板，福特先生尖叫着落入陷阱中。)很高兴和你做生意。

许多经济分析——其实是所有的博弈理论——都是从一项假设开始的，就是假设人们兼具理性与自私。著名的囚徒困境即为一例。囚徒困境博弈具备如下的架构：博弈中的两个对手必须同时且秘密地各自选择策略。在传统的故事中，这两个人是共同犯下罪行且被分开囚禁的犯人。如果两人都保持沉默（合作），那么两人都会被轻判，只需坐牢一年。如果只有一人认罪且同意做证指控对方（背叛），这个人将获得自由，而另一人将被判刑十年。如果两人都认罪，他们都会被判刑五年。这个博弈的有趣之处在于认罪是占优策略——无论另一方怎么做，认罪都是比较划算的。如果A认罪，而B不认罪，则认罪的A可以获得自由，

而不是坐牢一年。换个角度来看，如果B也认罪，则A认罪的结果是获刑五年，而不是十年。因此，基于理性与自私的假设，可以预测以这个架构进行博弈的人，都会选择背叛。这是假设人们都够聪明，能够计算出背叛是占优策略，而且人们对其他对手的下场毫不关心，甚至假设他们不会对未能做“正确的事”感到良心不安。

另一个类似的分析是被经济学家称作“公共产品”的案例。公共产品具有以下两项特质：（1）一旦将这个产品提供给一个人，再将它提供给其他人就无须额外的成本；（2）很难防止不付费的人使用这个产品。公共产品的传统例子是国防。你即使不纳税，也可以受到国家军队的保护。另一个例子是公共广播电台及电视，你即使没捐款，也可以收听或收看它们。同样地，经济理论预测在面对公共产品的问题时，人们都会“搭便车”（free ride），也就是说，他们即使享受收听公共电台节目的乐趣，也不会掏钱，因为他们没有（自利的）理由这么做（有关公共产品理论的现代论述，请见Bergstrom, Blume, and Varian, 1986）。

从理性自私的假设所推导出来的预测，在我们熟悉的许多案例中有不同的结果。实际上，公共电视成功地从观众那里募集到了足够的资金，能够持续播出节目。即使不是所有人，也有许多人会捐款给国际联合劝募协会及其他慈善机构。而当你到离家很远的餐厅吃饭，即使将来可能不会再去，但大多数顾客还是会给餐厅侍者小费。在总统大选中，即使单独一张选票改变选举结果的机会非常渺小，人们还是会投票。如同杰克·赫舒拉发（Jack Hirshleifer, 1985）所表述的："在分析上令人不安（虽然符合人性）的事实仍然是：从最原始到最先进的社会，更高程度合作的产生，超出了可以解释的那些只采取利己的现实策略的情况。"但是，为什么会这样呢？

在本章及下一章，我们将检视实验所显示的证据，来了解人们何时以及为何会合作。本章要讨论的是在公共产品的提供上，合作与搭便车的重要案例。

单次博弈的公共产品实验

要探讨人们为什么会合作，必须要检视单次博弈及重复博弈这两种情境。例如，是不是每个人都是在与他人反复地互动中发现合作的利益后，才会表现出合作的意向呢？一个典型的公共产品实验使用以下程序。一群受试者（通常是大学生）被带到实验室中，每个团队的人数不同，但是通常为4~10人。每个受试者会收到一笔钱，譬如5美元。这些钱可以留着带回家，也可以将一部分或全部投资在公共产品上，这通常称为"集体交易"。n名参与者投资在公共产品上的总金额乘以因子k就是投资回报（k大于1但小于n）。投资回报会平均分配给所有的团队成员。因此，当整个团队的金钱资源因每笔贡献而增加时（因为k大于1），每个人在每笔贡献中可以分得的份额将小于他投资的金额（因为k小于n）。举一个具体的例子，假设$k = 2$，$n = 4$，如果每个人都把自己的5美元投资在公共产品上，结果每个人会得到10美元。这是独特的帕累托最优配置：没有其他更好的方案可以提高每个人的福利了。另一方面，任何一位不做任何投资的个人都会提高自己的福利，因为一位参与者付出5美元，换得的只有2.5美元的收益，而剩下的收益（7.5美元）则由其他参与者获得。在这个博弈中，理性、自私的策略是自己不做任何投资，并希望其他参与者做投资。如果有一位参与者不投资，而所有其他人都投资5美元，最后，不投资的参与者会有12.5美元，而其他参与者每人只有7.5美元。这些条件就构成了所谓的“社会两难选择”的困境。

经济理论对这类博弈的结果做了什么样的预测呢？一种预测被称为“强搭便车假说”，就是没有人投资给公共产品。这当然是由自私理性模型预测出来的结果。一个比较不极端的预测被称为“弱搭便车假说”，它认为有些人会搭便车，但有些人不会，从而产生了公共产品的“次优水平”，虽然不必然是零。弱搭便车假说显然不会产生非常精确的预测结果。

单次博弈（one shot）公共产品实验的结果不太支持强搭便车假说。虽然不是每个人都会投资，但只要有一部分人投资，公共产品通常都会提供最优水平的40%~60%。也就是说，平均而言，受试者会把手中资金的40%~60%投资给公共产品。在马韦尔和埃姆斯（Marwell and Ames，1981）的一项研究中，这些结果在许多条件下是成立的：受试者可以是第一次参与，也可以是刚经历过一次实验；受试者团队可以由 4 人或 80 人组成；实验的参与者持有的货币金额也在一定范围内变化，虽然在拥有较高投资额度的实验中，公共产品的贡献率会稍微降低。事实上，马韦尔和埃姆斯发现的 40%~60% 贡献率只有一个显著的例外，那次的受试者是一群来自威斯康星大学经济系的研究生，他们的贡献率下降到 20%，因此他们将论文题目命名为《经济学家搭便车：其他人呢？》（Economists Free Ride: Does Anyone Else?）[①]（有趣的是，被告知这项实验的经济学家们预测实验的贡献率平均为 20%，但那是对于所有的参与者而言的，并非只有他们的学生。）

重复博弈

对马韦尔和埃姆斯观察到的惊人的高合作度，我们很自然地想问，如果同样的参与者重复几次参与同样的博弈，会有什么结果。这个问题已经有经济学家研究过了：金和沃克（Kim and Walker, 1984），艾萨克、沃克和托马斯（Isaac, Walker, and Thomas, 1984），艾萨克、麦丘和普洛特（Isaac, McCue, and Plott, 1985）。这些论文的实验设计同马韦尔和埃姆斯的设计类似，只是博弈通常要重复进行十次。这些论文中出现了两个主要的结论：第一，

① 这项结果没有再出现过，因此应被视为是初步的结论。无论如何，我们很想知道经济学家是否不同于其他人。在慈善捐赠方面，经济学家这个群体的捐赠是否少于其他类似的群体？在其他城镇的餐馆用餐时，他们是否更不可能给小费？

在开始的博弈中观察到的合作概率，类似于马韦尔和埃姆斯所得到的合作概率。例如，在横跨不同设计的九种不同的实验中，艾萨克、麦丘及普洛特获得公共产品53%的贡献率。第二，在几次重复后，发生合作概率大幅降低的情形。在五次测试后，对公共产品的贡献率只剩下最优贡献率的16%。艾萨克、沃克和托马斯的实验也得出贡献率越来越低的结论，虽然下降的速度没有那么急剧。[①]

为什么贡献率会因重复博弈而下降呢？一个合理的推测为，受试者在实验过程中学习到了一些事情，引导他们采取搭便车这个占优策略。也许受试者在第一次测试时不了解这个博弈，但随着重复博弈次数的增加，他们知道了搭便车是占优策略。然而，按照其他实验的证据，这个解释似乎是不太可能的。例如，在第一次的测试中，观察到的合作率通常约为50%，即使是有经验的受试者也是如此，有经验的受试者是指曾经参加过其他多次测试公共产品实验的主体（例如，艾萨克和沃克）。安德烈奥尼（Andreoni, 1987）也曾直接用重做实验这种简单的程序，探讨这个学习假说。受试者被告知将参与十场公共产品的博弈，在这十次博弈完成后，再告诉受试者将与相同的对手，再进行另外十个回合的博弈。安德烈奥尼在第一场的十个回合中，获得与先前的研

① 在投资公共产品会有高报酬的实验中，最初的贡献率为52%，到第十回合贡献率降到32%。而报酬低的实验中，最初的贡献率为40%，最后回合的贡献率为8%。

究者相同的结果：贡献率是逐渐下降的。但是在第二场的实验中，贡献率回升到与第一场开头回合的贡献率差不多的情况（第二场博弈的第一回合贡献率为44%，而第一场博弈的第一回合贡献率为48%）。这样的结果，似乎排除了合作由于受试者误解这项博弈本质的任何解释。[①]

互惠式利他主义

对为何我们在实验室内外会观察到这么高的合作程度，目前的一项相当流行的解释催生了互惠式利他主义机制。这项解释大部分是由阿克塞尔罗德（Axelrod，1984）提出来的，它的产生基于观察到人们有互惠的倾向——仁慈对待仁慈，合作对待合作，敌意对待敌意，以及背叛对待背叛。因此，当考虑到其他人对自己的合作或背叛将来可能做出的回应时，搭便车可能在实际上是收益较少的策略。合作的做法本身（或是身为一个合作者的名声）比较有可能获得他人互惠式的合作回应，因此符合合作者的最终利益。

基于互惠式利他主义的原则，最系统性的策略是最先由阿纳托尔·拉波波特（Anatol Rapoport）提出的“一报还一报”策略。在这个策略中，一位参与者由合作开始，然后选择对方上一次博弈时采用的策略作为自己的依据。这个解释真正的力量在于，反

① 戈策和奥贝尔也得出了类似的结论。

复式的社交两难交互式计算机游戏以及理论分析都显示，采取这种互惠式利他主义的个人或小团体，比不采用这种策略的个人或团体，“长期而言”在统计上都倾向于得到更高的回报。事实上，在两场阿克塞尔罗德设计的计算机模拟博弈中，由博弈理论家提出的各种策略，经过多次重复的配对比较后，结果一报还一报策略“胜出”。因为这类长期概率现象和“演化”有关，我们可以推断出，互惠型的人比非互惠型的人有更强的“内在适应性”。因此，这样的倾向有一定的遗传根据，它应该是为适应社交世界演化而来的。

互惠式利他主义的内涵之一是，当你的对手在未来没有互惠回馈的可能性时，例如在匿名或是只玩一次的互动状态下，个人在两难的情况下是无法合作的。然而，即使在单次博弈实验中，我们也观察到有50%的合作率。所以，互惠式利他主义无法直接用来解释上述的实验结果。同时，在重复的两难状况下，当有超过两个人以上的参与者时，要用一报还一报策略或是根据互惠式利他主义的其他策略都有困难。如果一个群体中有些成员在第t回合选择合作，而其他人选择背叛，那么想要采取一报还一报策略的参与者，在下一回合时应该怎么做。

有一个相关的假说，似乎符合重复博弈实验观察到的贡献率逐渐下降的现象，是由克瑞普斯、米尔格罗姆、罗伯茨以及威尔逊（Kreps, Milgrom, Roberts, and Wilson, 1982）提出的。他们研究了有限次数的囚徒困境博弈，发现如果两位参与者都是理性的，那么两人的占优策略是在每一回合都选择背叛。虽然一报还一报策略在无限次数反复的囚徒困境博弈（或是在给定的某次实验之后，博弈结果变动的概率极小）中已经显示出是有效的，但在已知结束次数的博弈中，则是另一回事。在任何有限的博弈中，两位参与者都知道，他们应该在最后一回合选择背叛，所以在倒数第二回合就没有理由选择合作。以此倒推，合作从来都不会有利益。克瑞普斯等人的研究显示出，如果你的对手是你认为不理性的人（即在一个有限次数的博弈中也可能采取一报还一报策略），那么在博弈的初期阶段选择合作，就可能是理性的行为（这可以诱导你不理性的对手也选择合作）。由于公共产品博弈也具备类似的架构，可以说，参与者是按照克瑞普斯等人所解释的方式理性的行动的。然而，实验的结果再一次排除了这个解释。即使是合作完全不符合自私理性的单次博弈或是重复博弈的最后一回合，合作率也从未降到零。

除此之外，安德烈奥尼（Andreoni，1988）设计的另一个实验也提供了反驳互惠假说的其他证据。第一组有 15 位受试者，分成 3 组，每组 5 人，进行重复博弈。另一组有 20 位受试者，分成 4 组，每组 5 人，进行同样的博弈，但是每个小组的成员每次都不同，同时受试的主体不知道在哪个回合会遇上其他 19 个人中的哪 4 个人。在这个条件下，合作不具有策略优势，因为下一回合的参与者实际上会是不认识的人。如果在这些实验开始的几个回合中观察到有合作的情形，就可以排除是策略性的合作。安德烈奥尼发现，在陌生人的情境中，合作率确实略高于参与者不变的情境。（这个比例虽然小，但在统计上是显著的。）

通过这些实验我们可以得出一个结论，就是人们有合作的倾向，除非经验告诉他们互动对象在占他们的便宜，合作才会停止。这个“合作准则”（norm of cooperation）在无限次反复的博弈中，与互惠式利他主义有共同点，但是就如我们所看到的，这个行为在互惠式利他主义不适用的状况下也能观察得到。罗伯特·弗兰克（Robert Frank, 1987）对这类行为提出了一种解释。弗兰克的主张是，那些采取合作原则的人可以借由诱导其他人的合作，以及吸引其他合作者的互动来获得好处。弗兰克论点的关键在于，一个人无法一直成功地假装是合作者来诱导他人——就像一个人无法一直让别人相信他的谎言一样。[①]更进一步说，正是因为合作者按照定义能够彼此辨识，所以他们能够选择性地互动并排除背叛者。

利他主义

对为何人们会在实验室及真实世界中都采取合作策略，还有其他解释，其中之一是，人们会受到“以他人之乐为乐”的驱使而行动。安德烈奥尼将之命名为“纯粹的利他主义”（Andreoni,

① 如已故的参议员塞姆·欧文所说的：“说谎的麻烦在于，你必须对所说的话有完美的记忆。”没有人能够如此。记住真正发生过的事相对容易些，虽然连这个也不容易做到。

1987b)，亚当·斯密的《道德情操论》(*The Theory of Moral Sentiments*)中对此有生动的叙述："无论假定人类有多自私，在人的天性中明显有一些原则，会让他对其他人的命运感兴趣，并认为给予别人幸福是必要的，虽然他除了在看到别人幸福而觉得快乐之外别无所得。"如果把看到别人快乐而引起自身快乐也看成是"自私的"(根据这个一知半解的说法，利他主义在定义上是不可能的，因为人们从来都在做他们"要"做的事)，上述这段话捕捉到了一个概念，就是人们不光会被自己的利益驱使，也会被他人的利益驱使，因此他们可能有动机通过合作的行动，来做一些利他的行为。假设这种纯粹的利他主义是贡献公共产品的原因，它会产生的一个问题是，这种贡献无法纯粹地以其效果来解释。如果可以，那么政府对同样目标物的贡献，应该会"排挤"掉私人的贡献，因为无论资金来自哪里，结果都完全相同。这样的排挤效果显然不完全如此。事实上，艾布拉姆斯和施米茨(Abrams and Schmitz, 1978, 1984)及克洛特费尔特(Clotfelter, 1985)的计量研究显示，政府增加对这类活动的投资只会造成私人贡献率减少5%~28%。

还有另一种类型的利他主义也一直被用来作为解释合作的假设，它指的是合作行为本身，而非合作的结果。明显地，做对的事(好事、有荣誉的事……)是许多人的动机。这种行为有时被称为"不纯粹的利他主义"，它常被描述为良心的满足，或满足非工具性的道德命令。

01
合作

过去十年，罗宾·道斯、约翰·奥贝尔和阿方斯·范德·克拉格特（Robyn Dawes, John Orbell, and Alphons van de Kragt）一直在研究纯粹与不纯粹的利他主义，以及其他促使人们合作（或不合作）的原因。他们有一组实验（道斯等人，1986）是要研究搭便车的动机。这些实验有以下规则：给 7 个陌生人每人 5 美元，如果有足够的人将其资金投资给公共产品（是 3 人还是 5 人，依实验而定），则这个群体中的每个人无论是否做了投资，都会各得 10 美元的奖金。因此，如果有足够多的受试者做了投资，在结束时，做了贡献的人会拥有 10 美元，而没做贡献的人会拥有 15 美元。如果太少人投资，结束时，没做贡献的人会拥有 5 美元，做了贡献的人则没有钱了。受试者不可以彼此交谈（这点在后续的实验中已有修正）。在这个实验中，可以找出两个不做捐赠的理由。第一，受试者可能害怕他们做了贡献，但没有足够的其他人做贡献，所以他们的贡献是无效的。这个背叛（搭便车）的动机称为“恐惧”。第二，受试者可能希望有足够的其他人做贡献，并希望最后能拥有 15 美元，而非 10 美元。这个搭便车的动机被称为“贪婪”。恐惧与贪婪的相对重要性，可以通过调整规则的方式来检验。在“没有贪婪”的情况中，收益做了变动，即如果贡献人数足够多，则让所有的受试者都得到 10 美元（而不再是贡献者 10 美元，搭便车的人 15 美元）。在“没有恐惧”的情况中，给予贡献者“退款保证”：如果受试者做了贡献，但没有足够的其他人贡献，贡献者将可以拿回捐款。（但是如果贡献人数够多，最后公共产品可以供应的话，则贡献者将只拥有 10 美元，而搭便车的人会拥有 15 美元。）结果显示，造成搭便车的因素里，贪婪比恐惧更重要。在标准的博弈中，贡献率平均为 51%。在没有恐惧（会退款）的博弈中，贡献率提高到 58%，但是在没有贪婪的博弈中，贡献率为 87%。①

另一个可能的解释是，没有贪婪的情况能产生稳定的均衡，而没有恐惧的情况则不能。在没有贪婪的情况中，如果受试者相信降低收益的机制可以促使其他人做投资，这将会强化他们做投资的动机，因为投资唯一的负面结果，只有在如果没有足够的人投资时才会发生。相对地，在没有恐惧的情况中，认为可退款的条件会鼓励其他人做投资的受试者，自己也会受到搭便车的诱惑。同样，他们认为其他人也会受到诱惑，因此自己应该做贡献，等等，这是一个无限的循环。

要在这些博弈中引导出合作行为，最有力的方法之一，是允许受试者彼此交谈。另一项实验是 12 个小组以上述的相同收益来进行博弈，但是允许受试者彼此讨论。讨论的效果非常惊人（泛德克特等人，1983）。每个小组在讨论时段指定要合作的成员。分配决策最普遍的使用方式是抽签，也有用自愿的方式。有一个小组尝试用个人之间的效用比较来决定相对的“需要”。无论使用何

① 请注意，在受试者认为他的贡献是关键（也就是说，正好 $m-1$ 位其他人会投资）的概率大于 50% 时，投资有可能是自私的理性。然而，做投资的受试者常常不相信他们的投资是必要的。

种方法，都有效。结果全部 12 个小组都能提供公共产品，而其中有 3 个小组有超额的受试者做了投资。这些结果与先前的研究结果一致。被指定作为贡献者的受试者，不能贪婪地指望用搭便车的方式获得更多，因为他们的投资（被认为）是能否获得奖金的关键（除了 3 个小组例外，因为他们有超过要求人数的受试者做投资）。尤其是，如果相信被指定要做投资的其他人会被指定贡献的机制驱使，这样的信念将会强化而非削弱每位被指定的贡献者的投资动机。

上述彼此讨论的价值有一个可能的解释，就是它“启动”了道德考虑，产生做“正确的事”的效应（也就是说，不纯粹的利他主义）。例如，埃尔斯特（Elster, 1986）认为在这类情况下，群体的讨论产生关于群体行为的争论（这很难为自私做辩护），这样的争论不只会影响到听的人，也会影响到参与讨论的人。为了检验这项假说，范德·克拉格特等人在 1986 年进行了一组新的实验。在这组实验中，7 名受试者每人收到 6 美元。他们可以保留这些钱或是用它投资公共产品，而这项公共产品对群体中其他 6 名受试者的价值是 12 美元。在这个例子中，保留那 6 美元是占优策略，因为这样做的人可以拥有 6 美元，以及从其他每一位贡献者处获得 2 美元。

这 14 位受试者会在等候时先彼此见面，但是不可以交谈，然后以完全随机的方式分成两组。其中一组可以讨论决策，另一组则不可以讨论。组织者告诉其中一组，12 美元会被分给他们自己小组里的其他 6 个人，而告诉另一组钱会给别组的 6 个人。因此，现在有四种情况：讨论或不讨论，以及钱是给自己组或是给另一组。如果讨论只是厘清个人的收益，那么在这些情况下，应该都不会提高合作率，因为搭便车是占优策略。然而，如果讨论会提高合作行为的效用，那么无论钱是给自己组或是给其他组，讨论都同样有效——毕竟，这些成员在通过随机抽签的方式分组之前都是非常类似、难以区别的人（参与实验的人，通常都是大学生或是社区里较穷的人）。

结果很明显，在不能进行讨论的情况下，只有大约 30% 的受试者会投资，而这些贡献的人指出他们的动机是要“做正确的事”，与财务上的收益无关。①讨论将合作率提升到 70%，但是只有在受试者相信钱会给他们自己组的时候，否则合作率通常会低于 30%。的确，在这样的群体中，“最佳的”结果可能是，自己组的成员都保留他们的钱，而另一组的人去出钱（再提醒一次，受试者是在实验开始前十分钟，以随机方式被分组的）。

因此，群体认同在避免采用占优策略上，显然是一项关键性

① 在一个类似的一次性模拟实验中，霍夫施泰德特（Hofsteadter, 1983）发现在他那些杰出的朋友中，有一个大致相同的合作率。大多数人会背叛，但是有些人合作是因为不纯粹的利他主义。身为一位合作者，丹尼尔·德尼特教授（Daniel C. Dennett）说道：“我宁愿当买布鲁克林桥的那个人，也不愿是卖掉它的人。同样地，我宁愿花靠合作得到的 3 美元，也不愿花靠背叛得到的 10 美元。”（霍夫施泰德特称这是在两难状况下选择合作的“错误理由”，然而这是上述不讨论的实验中受试者常常会给出的理由。）

因素。这个结果与以往关于“最小群体”范式的社会心理学研究是一致的。例如，塔菲尔和特纳（Tajfel and Turner, 1979），以及特纳和吉尔斯（Turner and Giles, 1981）的论文就提到过这一问题，这些研究一再表明，规则的调整对投资分配改变的影响远弱于10分钟的讨论。例如，一个由丢硬币来决定收益的“共同命运”群体，会引导受试者以增加合作率的方式尝试去“补偿”自己群体中的非合作者。而在认为非合作者是属于其他小组时，他们则会降低合作率，即便涉及的人身份未知时也是如此（Kramer and Brewer, 1986）。

在允许讨论的小组中，人们会普遍地承诺要投资。在第二个系列的实验中，奥贝尔、道斯和范德·克拉格特（Orbell, Dawes, and van de Kragt）研究这些承诺在合作的产生上是否重要。也许人们是受到自己承诺的约束，或相信当其他人做了承诺，也会受到承诺的约束，所以如果他们选择合作，就能获得“满意的”收益。研究的主要结果是，只有在每个群体成员都承诺要合作时，做承诺才会与合作关联。在这类大家都做了承诺的群体中，合作率远高于其他群体。而在不是每个成员都做承诺的群体中，每个受试者合作或背叛的选择与受试者是否承诺要合作，或承诺要合作的人数多少不相关。结果，整个群体中承诺要合作的人数，与群体的合作率是不相关的。如果全体承诺创造出或反映了群体认同的话，这些数据与群体认同的重要性就是一致的。

评论

在环绕伊萨卡的乡间地区，农夫常常会将一些新鲜的农产品放在路边的桌上。在桌上有现金盒，顾客在拿走蔬菜时会将钱放入现金盒内。那些盒子只有一个小小的投入孔，所以钱只能放入，无法取出。同时这些盒子是固定在桌上的，别人无法轻易搬走。我们认为使用这个制度的农夫恰好是利用了人性的模型。他们觉得会有足够的人愿意自助付钱买新鲜的玉米，所以值得将新鲜玉米放在那里。农夫也知道如果那些钱可以轻易被拿走，就会有人将钱拿走。

不同于这些农夫，经济学家不是避免对人性做判断，就是做了过分严格的假设。“搭便车问题”的确存在。我们无法指望所有人都会为了善的理由而自愿做贡献，而任何自愿制度都可能使公共产品供应不足（在外部性的情况下，则是公共之恶太多）。另一方面，强搭便车预测明显是错的——不是每个人每次都会选择搭便车。

普遍搭便车和在最优水平上做普遍投资之间有很大差距。要了解公共产品议题及其他两难选择困境里出现的问题，去探索一些经济学通常忽略的课题是很重要的。例如，什么因素决定合作率？很激励人心的是，我们注意到合作与公共产品的投资报酬之间是正相关的。群体透过合作取得越多的收益，就会看到越多的合作情形——合作的供给曲线向上倾斜。然而，关于讨论所扮演的角色及群体认同建立的研究结果就比较难融入传统经济分析中。（有一位尝试这么做的经济学家提出，小组讨论只会使受试者混淆到无法了解自己的最佳策略是当个背叛者。）

更一般地，我们需要小心检视“自私的理性”在经济模型中所扮演的角色。阿玛蒂亚·森（Amartya Sen, 1977）描述总是自私理性的那些人为“理性的傻瓜”（rational fools），因为只根据自我收益所做的相互选择，一定会导致总体的次优选择。也许我们需要多多研究“明智的合作者”（sensible cooperators）。

本章与罗宾·道斯合著

02

最后通牒博弈

一天深夜，你的女儿麦琪从就读的大学打电话回来，征询你的意见。她很少需要你的意见，但是每次她来问你时，都为时已晚。这次听起来很有趣，她已经答应要参加学校经济系所做的一个实验。实验规则事先就被公布出来，以便受试者能够仔细思考他们的选择。实验是关于两个对手之间的议价，麦琪扮演参与者A。开始时麦琪会得到10美元，然后她要将这笔钱分给另一名学生（参与者B），麦琪不知道这名学生的身份。规则规定她必须提出一个数字给参与者B，然后参与者B可以接受这项提议，并拿到麦琪所提出的金额，或是拒绝这项提议，然后两人都拿不到钱。麦琪问她聪明的经济学家老爸的问题是：她应该出多少钱呢？

你支支吾吾地说必须去查一些研究文献，才能提供建议。因此，第二天一早你立刻冲到图书馆。结果，相关的理论出现在阿里尔·鲁宾斯坦的一篇论文（Ariel Rubinstein,

1982）中。你立刻注意到鲁宾斯坦一开始就做了声明：他所做的只是在双方行为是理性的前提下，将议价情况中可能会发生的事做理论化的推理而已。他将这个问题与另外两个问题区分开来：（1）实证的问题——在实际上会达成的协议是什么；（2）规范的问题——公平的协议是什么。

在读过鲁宾斯坦的论文，包括一开始的声明之后，你理解到麦琪所参与的简单博弈，理论上的结果相当明显。参与者A应该跟参与者B提出1美分的出价。参与者B会接受这个出价，因为1美分总比没钱好。然而，你很快就会了解到为何鲁宾斯坦这么谨慎。1美分的出价似乎是个有风险的策略。如果参与者B将这么低的出价视为侮辱，拒绝这个出价的成本对于他来说只有1美分。或许麦琪应该提出高于1美分的出价？但要高出多少呢？你会给她什么样的建议？

正在思索要如何跟麦琪说的时候，你接到本地一位商人的来电，他想邀请你担任咨询顾问，这是比麦琪征询你意见更少发生的事。那名商人在你居住的大学城拥有一家汽车旅馆。有一件事困扰着他：一年之中总是有几次，像是毕业典礼或是返校日的周末，旅馆房间会有供不应求的情况出现。例如，在毕业典礼期间，由于旅馆房间不足，有些家长必须住到50英里[①]外的旅馆。他的汽车旅馆住一晚的价格通常是65美元，镇上的流行运营方式是维持这个价格，但是客

① 1英里≈1.61千米。——编者注

人必须至少住三晚。他估计在毕业典礼期间，一晚 150 美元的价格且维持至少住三晚的要求，可以很轻易地让全部的房间都住满客人。然而，这样做他觉得有些不妥，担心被贴上“哄抬高价”的标签，且认为这样的标签会损害他的生意。他说：“你是经济学家，请告诉我应该怎么做？”在思考这个问题的同时，你发现这和麦琪的两难困境有共同之处，你可能需要拥有比经济学理论更多的知识，才能为这两位新“客户”提供建议。但是，那是什么呢？

简单最后通牒博弈

麦琪所描述的博弈即为“最后通牒博弈”（ultimatum game）。首次用这个博弈进行实验的是三位德国经济学家古思、施米特伯格和舒瓦茨（Güth, Schmittberger, and Schwarze, 1982, GSS）。他们将 42 位经济系学生的样本分为两组，一组扮演参与者 A 的角色（分配者），另一组扮演参与者 B 的角色（接受者）。每一个分配者要将 c 马克（DM）的钱，分配给自己与接受者。如果提出的出价 x 被对方接受了，则分配者可获得 $c-x$ 马克，而接受者可获得 x 马克。如果出价被拒绝，两个人都拿不到钱。而待分配的金额 c 为 4~10 马克。在一周后，同样的受试者会被找来再测一次。

如果鲁宾斯坦模型是个好的实证模型，那么应该可以观察到两个结果：（1）分配者所提出的出价应该接近0；（2）接受者应该接受所有大于0的出价。实验数据与这两项预测均不符合。在第一次实验中（受试者无经验），最常出现的分法是50%（21个案例中有7个），而平均的出价是0.37c。在c为4马克时，有两个出价者要求得到全部的c，其中之一被接受了[①]，另一个被拒绝了。其他的出价至少有1马克，而有个1.2马克的出价遭到了拒绝。

在允许分配者思考一个星期之后，再进行第二次实验，这一次的出价似乎不那么大方了，但是仍然比ε（epsilon，现行货币的最小单位）大得多。平均出价是0.32c，只有两个参与者主动提出对半分。而少于1马克的出价只有一个，并遭到拒绝。有三个1马克的出价，也被拒绝，还有一个3马克的出价也被拒绝了。所以21个出价中有5个是被拒绝的。

分配者与接受者所采取的行为都与理论不符。然而，接受者的行为比较容易解释。当接受者拒绝一个大于0的出价时，就表明他的效用函数中有非货币性的参数（简单来说，表示他受到侮辱了）。拒绝一个0.1c的出价，意思是“我宁愿牺牲0.1c，也不要接受我认为不公平的分配”。拒绝一个大于0但是不公平的出价的意愿程度，我将在稍后加以探讨。分配者的行为可以用两种动机中的一个（或两者一起）来解释：提出很大出价的分配者，不是

① 我们不能确定0马克出价的接受者是搞错了，还是表现得太大方，或只是对于议价理论有深刻的理解。

爱好公平，就是（或同时）担心不公平的出价会被（理性地或被误解地）拒绝。进一步的实验显示出两种解释都有一定的有效性。

为了研究接受者的行为，GSS在第二轮实验中找到了37个新的受试者。在这个研究中，受试者被告知会参加两次博弈，一次是当分配者，一次当接受者。所有的博弈c都是7马克。规则要求当他们是分配者时就只做分配，当他们扮演接受者时，要说明所能接受的最低出价是多少。（请注意这些是对真实状况的反应，不是假设性问题的答案。）在这个实验中，分配者的反应比起先前实验中所观察到的，要大方得多，平均出价是$0.45c$。更有趣的是受试者作为接受者时的反应。除了两名受试者外，其余人都指出最低需求至少要1马克，最低需求的中位数为2.5马克。

卡尼曼、克内齐和塞勒（Kahneman, Knetsch, and Thaler, 1986b, KKT）做了两个相关的实验。第一个实验在不列颠哥伦比亚大学进行，重做GSS的研究是为了确定实验的结果是否是因受试者对实验任务有所混淆而导致的。他们以c为10加元进行了简单的最后通牒博弈。受试者同样被询问在两种角色中会怎么做。实验用两个步骤来确定受试者了解实验的本质。第一，询问受试者两个初步的诊断性问题。在参与研究的137名受试者中，有22人被除名，因为他们对这两个问题都未能正确回答。第二，对受试者进行提问，而不是要受试者直接陈述他们的最低需求。例如：如果对方对你提出0.5加元的出价，你会接受还是拒绝？这个问题被重复提问，但出价每次增加50加分。在三次不同的实验中，最低可接受的出价，平均值在2.0加元到2.59加元之间变动，与GSS所得到的结果大致相当。[①]

KKT进行的第二次实验研究了两个问题。第一，如果出价无法拒绝，分配者会不会保持公平；第二，受试者会不会牺牲金钱去惩罚对“其他人”不公平的分配者。第一个部分，要求康奈尔大学心理系的学生，将20加元分配给自己跟班上另一位不知名的同学。只给他们两个分配选择：他们可以保留18加元，给对手2加元，或是他们可以平均分配，各得10加元。（以这些资金进行大规模的案例研究并付钱给每个人是不可能的，所以受试者被告知，将以随机方式挑选8组学生实际付给他们金钱。）与先前的实验不同的是，接受者不能拒绝分配者的出价。然而，分配者的出价仍是非常慷慨。161位受试者中有122人（76%）将20加元平均分配。因此，在最后通牒博弈中所观察到的慷慨出价，的确可以用分配者爱好公平来解释。

在完成研究的第一部分后，组织者询问相同的一批学生另一个问题。他们被告知将与两位在实验第一部分未被选上的同学搭档。其中一人已拿了18加元（称他为U，代表不平均分配），另

① 这三组实验以不同的学生群体为受试者。在全部的案例中，参与者都被告知他们实验的伙伴是别的班的人。分配者的出价与古思等人得到的结果类似，出价平均范围在4.21加元到4.76加元之间。有趣的是，最大方的出价是由心理系学生对另一班心理系学生提出的。心理系学生对商学系学生的出价则没那么大方，但是最不大方的出价是商学系学生对心理系学生的出价。同样地，提出最低的、最小可接受出价的，也是商学系的学生。

一人已拿了10加元（E，代表平均分配）。然后要求一名受试者在以下两种方案之间做选择：他可以拿走6加元，给U 6加元；或是他可以拿走5加元，给E 5加元。因此，从这个问题可以看出，受试者是否宁愿少拿1加元和之前慷慨的陌生人分钱，也不要多拿1加元和之前贪婪的陌生人分钱。明显的大多数人（74%）选择拿较小的报酬，以便跟E分钱。

两阶段议价博弈

GSS（1982, p.385）的结论是，博弈论“在解释最后通牒博弈行为上的帮助不大”。为了证明博弈论的合理性（或至少是在叙述上的有效性），博弈论专家宾莫尔、谢克德和萨顿（Binmore, Shaked, and Sutton, 1985, BSS）进行了两组实验。他们修正GSS的设计，在议价博弈（bargaining game）中增加了第二阶段，并让参与者通过联网的计算机互相沟通。两阶段博弈开始时与以前一样，参与者A扮演分配者，参与者B扮演接受者，c为100便士。分配者提出x的出价（自己保留$c–x$）。如果这项出价被拒绝了，实验便进入第二回合，参与者对换角色，而资金降到δc，折扣因子δ在这个例子中被设定为0.25。第二回合是一个简单的最后通牒博弈，c为25便士，而参与者B现在是分配者。透过简单的“逆向归纳”，可以得到这场子博弈的精炼均衡。如果博弈进行到第二回合，那么参与者B可以只出价1便士，留给自己24便士。因此，参与者

B在第一回合中会接受超过24便士的任何出价，所以参与者A应该在第一回合出价25便士。

这个博弈要进行两次。在第一次的博弈中，分配者的出价与先前实验中所观察到的相类似。典型的出价是50便士，只有10%的概率在24便士到26便士之间。同时，第一回合的出价有15%遭到拒绝（虽然理论预测博弈将不会进行到第二回合）。在第二次的博弈中，邀请在第一次博弈中扮演参与者B的人参加，这次是让他扮演参与者A的角色（未搜集其假设对手的反应）。这次受试者的行为比较符合博弈理论。典型的出价只比均衡值25便士略低。作者的结论是，“一旦参与者完全了解博弈的架构后，公平性的考虑很容易被策略利益的计算取代”。然而BSS的实验，从三个方面提出如何解释实验结果方面的质疑。

第一，受试者直到第一次博弈结束后，才被告知要再玩一次。如果受试者早知道这是个大家会轮流扮演参与者A的博弈，他们可能会觉得选择均衡的$0.75c$可以达到公平分配的结果。

第二，在进行实验时，BSS采取了不寻常的步骤，告诉受试者该怎么做。尤其是书面指示中包括了下列信息：“我们希望你如何做呢？如果你尽量最大化你的获利，那就是帮了我们的忙。”在没有控制的实验中（虽然第一回合的结果与GSS所得到的相似），很难说这样的指示可能会对结果有什么样的影响。然而，在另一个类似的情况下，书面提示证明会产生有力的影响。霍夫曼和斯皮策（Hoffman and Spitzer, 1982）做了一项实验，非常类似最后通牒博弈。分配者（以抛硬币方式决定）可以在两种结果之间做选择：一个是分配者拿到12美元的报酬，接受者拿不到钱；或是在两位参与者同意的情况下，他们自己分配14美元。当然，理论预测参与者会同意分配14美元，但分配者所得不可少于12美元。结果，每一对参与者都同意平均分配14美元，也就是每人7美元。在霍夫曼和斯皮策（Hoffman and Spitzer, 1985）的第二篇论文中，他们尝试了解为何会产生这样的结果。两项控制变量交叉产生四种情况：（1）分配者的角色由抛硬币决定，或是玩一个简单的游戏，胜者担任分配者。（2）抛硬币或是简单游戏的赢家，被告知他们“赢得”担任分配者的权力，或是被告知他们“被指定”担任分配者。以这两种控制变量而言，第二种是比较有力的。游戏或是抛硬币的差异并不大，但是被告知“赢得”分配权的受试者明显拿走了较多的钱。显然，我们需要对这类需求特质做进一步的研究。

第三，BSS所设计的两阶段博弈，与简单最后通牒博弈有一个关键的差异。25便士的均衡出价很明显大于0。这表示与简单最后通牒博弈相比，这里的接受者拒绝均衡出价的成本会比较高，均衡出价因此是比较公平的。为了了解这些因素是否重要，古思和蒂茨（Güth and Tietz, 1987）以折扣因子0.1和0.9进行了一个两阶段博弈。当δ为0.1时，均衡出价相当不公平，为0.10*c*。当δ为0.9时，均衡出价是0.90*c*（对自己很不公平）。伴随着参与者角色互调，共进行了两次博弈，[①]资金额度则为 5 马克、15 马克或 35 马克。

这些实验的结果并不支持BSS的“如果参与者有机会思考的话，理性会主宰一切”的结论。当δ为 0.1 时，从第一次到第二次的出价（偏离均衡出价）是增加的（从 0.24*c* 到 0.33*c*）。在δ为 0.9 的情况下，第二次的平均出价也增加了（从 0.37*c* 到 0.49*c*），且朝向均衡值移动。在两次实验及三种不同的*c*上进行平均，则在δ为 0.1 时，平均出价为 0.28*c*，δ为 0.9 时为 0.43*c*。没有一个接近对应的均衡值 0.1*c* 及 0.9*c*。不同的*c*也为证实实验结果的稳定性提供了一些证据。如果我们比较*c*是 5 马克和*c*是 35 马克的博弈，我们发现在δ为 0.1 时，出价只在一定程度上趋向均衡水平（从 0.33*c* 到 0.24*c*），而在δ为 0.9 时，会略微偏离均衡（从 0.36*c* 到 0.34*c*）。因此，提高资金在改善博弈论的描述性价值上面，帮助很小。[②]

---

① 在这里有一个额外规定，即参与者B不得在拒绝出价之后又提出一个让自己拿得更少的出价，这样的行为视同协议不成，两个参与者都拿不到钱。因此当δ为 0.1 时，如果参与者A提出大于 0.1*c* 的出价，这就相当于是最后通牒博弈，因为如果参与者B拒绝，就宣告协议不成。后面会讨论到的欧奇斯和罗斯（Ochs and Roth, 1988）做的实验，表明这条规定可能具有实际效力。

② *c*为 1 000 美元，或是 10 万美元的最后通牒博弈，结果会如何呢？我们都没有研究经费可以进行这样的实验，所以我们只能用猜的。我自己的猜测是，接受者可接受的最低出价会随着*c*的增加而增加，但不是线性的关系。在*c*为 10 美元时，最低可接受出价的中位数约为 0.2*c*。在*c*为 1 000 美元时，我猜想这个出价会降到 0.05*c* 到 0.1*c* 之间（50 美元到 100 美元之间）。最低的可接受出价可能也会随着财富的增加而增加，这表示对抗不公平的出价是一件正常的事。

多阶段博弈

尼林、索南夏因和施皮格尔（Neelin, Sonnenschein and Spiegel, 1987, NSS）也对最后通牒博弈的分析做了贡献。在他们的实验中，受试者为普林斯顿大学中级微观经济学班的学生。受试者参与一系列的实验，这些实验有二到五个回合（事先宣布），而c为5美元。参与者A在奇数回合出价，参与者B在偶数回合出价。如果最后一回合的出价被拒绝，则两位参与者都拿不到钱。折扣率的变动设计成使均衡出价在第一回合永远是（$1.25+\varepsilon$）美元（或1.26美元）。在二回合博弈的第二局，c为1.25美元。三回合中c先降到2.50美元，再降到1.25美元。五回合中，c的值为5.00美元、1.70美元、0.58美元、0.20美元及0.07美元。[①]受试者先参加一场练习赛（四回合），然后再依序参加二回合、三回合、五回合博弈，每场次的对手都是不同的匿名对手。受试者在每场博弈中扮演同样的角色。

NSS设计背后的思路是，不同长度的博弈其结果可以拿来比较，以避免结论是特定博弈专有的结果。在检验实验结果时，大家很快就领悟到这项设计的价值。二回合博弈中，博弈理论的预

① 请注意导出第一回合均衡出价所必需的逆向归纳法，用在三回合及五回合博弈时会比较复杂。五回合博弈的分析：如果博弈到达第五回合，参与者A为分配者，他给参与者B的出价是0.01美元（按照假设，参与者B会接受），所以参与者A在这一回合能得到0.06美元。这意味在第四回合，参与者B必须提供给参与者A至少0.06美元，自己保留0.14美元，以此类推。

测结果非常好。在50名分配者中（NSS称为“卖方”），有33人的出价在1.25美元到1.50美元之间（均衡值为1.26美元），这些结果与BSS实验所得的结果类似。然而，在三回合的博弈中，结果则完全不同。在50名参与者中，有28人提出以2.50美元平分的出价。而有其他9人的出价与平分的出价差异在0.50美元之内。请记住，这个博弈的均衡出价仍然是1.26美元。

而五回合博弈则产生了另一种类型的结果。最常出现（14人）的第一回合出价是1.70美元，50人中有33人的出价在1.50美元到2.00美元之间。NSS注意到，参与者A对参与者B的出价所采取的策略，似乎是第二回合要用的策略。但这是二回合博弈，而非更长时间博弈的均衡出价。这样的策略之所以会被采用，可能是因为参与者缺乏远见，只会一步一步地考虑，或者只是保守，希望将对方（因为理性或是不理性的原因）拒绝出价的风险降到最低。

NSS 进行第二次的实验，受试者参与四次五回合博弈，所有的回报增为3倍（c为15元）。结果在本质上是不变的。70%的出价在5.00美元到5.10美元的范围内（第二回合的c为5.10美元）。没有任何出价接近均衡值3.76美元，同时也没有任何学习的证据。也就是说，在四次实验中，出价方面没有明显的趋势。

到目前为止最有野心的一组实验来自欧奇斯和罗斯（Ochs and Roth, 1988）。他们引入了以下的创新：第一，受试者依次进行10次议价博弈，所有的参数都维持不变（但是每次的对手都是不同人)。[①]这个特点可以测试受试者是否能靠着练习而成为够格的经济学家。第二，每个受试者各有不同的折扣率。让参与者们针对100个单位（chips）的价值进行议价。每个博弈的第一回合，对双方而言每一单位的价值都是0.30美元（因此c为30美元）。在第二回合，每一单位对参与者A的价值是δ_1（0.30美元），对参与者B的价值为δ_2（0.30美元）。三回合博弈的第三回合，折扣率被平方。两种折扣率都由共同认知（common knowledge）决定，但是两者不一定相等。有四种不同的（δ_1，δ_2）组合:（0.4, 0.4),（0.6, 0.4),（0.6, 0.6）及（0.4, 0.6)。这四种情况搭配不同回合数（二回合或三回合)，产生了4×2种实验设计。

作者使用这个复杂的实验设计来测试议价理论的两个启示:（1）参与者A的折扣因子应该只在三回合的博弈中有影响（经由逆向归纳可以看出原因)。（2）保持折扣率不变，参与者B在三回合博弈应该比在二回合博弈中的收益少。（这是事实，因为在三回合博弈中参与者A必须要第一个和最后一个出价。）同时，理论对不同的实验组合中全部28个配对的结果都做了预测。

这些实验的结果对博弈理论的描述性价值并没有太多的支持，即使是最后回合的实验结果也是如此。在8种不同实验组合中，博弈理论只在其中的一组有解释效力。在其他7种组合中，理论上的平均出价，都没有落在实际平均值的两个标准差之内。同时，

① 受试者被告知在完成实验后，会随机选择其中一个回合，根据那个回合的结果付给他们报酬。

前文所提到的两个额外预测也失败了。参与者A的折扣率在不应该有影响的博弈中，却关系重大；博弈的回合数应该起作用的，却没有产生影响。作为衡量理论解释实验数据的简单能力，欧奇斯和罗斯将观察到的平均出价，对最后回合每种实验组合的理论出价进行回归分析。这个回归式的相关系数R^2为0.065，而理论出价的系数与0差距不到一个标准差。[①]

GSS及KKT之前的实验发现，接受者会拒绝大于0但是不公平的出价，欧奇斯和罗斯也有相同的发现。在这些博弈中，如果参与者只在乎金钱上的收益，那参与者B将不会拒绝参与者A的最初出价，后来又在自己的出价中让自己拿得比较少。然而，欧奇斯和罗斯发现，81%的参与者B的出价中，参与者B要的钱少于参与者A当初提给他的出价。这再次证明受试者的效用函数中有金钱以外的参数。

我们已经看到，博弈理论作为一个实证行为模型仍然无法令人满意。在作为规定性工具上也有不足之处。在欧奇斯和罗斯的实验中，没有一个受试者使用博弈论的策略，那些最接近占优策略的人，也并不是收益最大的人。事实上，在8种实验组合中有4种（10次实验里）平均要价最高的参与者，其平均收益是“最低的”。

---

① 表示理论预测值与实际值之间的相关性不大，且理论值对实际出价的影响近乎没有。——译者注

市场上的最后通牒博弈

人们抵制他们认为不公平分配的意愿，在经济学上有超越议价理论的启示。每当一个垄断者设定了一个价格（或工资），它就具有了最后通牒的性质。正如在最后通牒博弈中的接受者，可能拒绝一个数目很小但是大于 0 的出价，买方也会避免买一个标价将消费者剩余压缩到最小的不公平交易。在一次高管教育课程中，两组参与者被问到以下的问题。其中一组收到了以下有方括号的版本，另一组则收到有圆括号的版本。

> 在一个炎热的午后，你躺在沙滩上，非常想喝冰镇饮料。过去 4 个小时，你一直在想，如果能来一瓶你最爱的冰啤酒该多好。这时，有个同伴起身去打电话，并提出要从附近唯一卖啤酒的地方（一家高档的度假饭店）[一家小而破烂的杂货店] 带回一瓶。他说啤酒可能很贵，问你愿意付多少钱。他说如果价格低于或等于你说的价格，他就会买。但如果高于你说的价格，他就不买。你信任你的朋友，而且也不可能跟（酒保）[店家] 讨价还价。你愿意出多少价钱呢？（Thaler, 1985）

请注意，这个情节是简单的最后通牒博弈，回答问题的人是接受者的角色。高档饭店版的价格均衡值为 2.65 美元，而杂货店版的均衡值为 1.50 美元。因为考虑到成本的不同，一瓶啤酒要价 2.65 美元在度假饭店似乎是合理的，但在一家破烂的杂货店则是“抢钱”。

一般而言，消费者可能不愿意参加一个对方拿走大部分剩余的交易。这可能解释了为何有些市场无法以卖方定的价格出清（例如，超级碗橄榄球赛入场券、星期六晚镇上最热门餐馆的座位预订、布鲁斯·史普林斯汀演唱会的门票等）。[①]每当卖方与买方有持续关系存在且市场出清价格被认为是不公平的高时，卖方会有动机将价格降到均衡价格之下，以保住未来的生意。[②]（这些问题详细的讨论请见Thaler, 1985；Kahneman, Knetsch, and Thaler, 1986a。）

评论

贝尔、雷法和特沃斯基（Bell, Raiffa, and Tversky, 1988）认为，在不确定情形下，区分三种决策理论是有用的。“标准化理论”告诉我们，一个理性的主体应该会做什么。“描述性理论”告诉我们经济个体实际上是如何去做的。“指示性理论”则是在我们面对自己认知上或是其他方面的限制时，建议我们要如何做。议价博弈的研究，指出我们需要一个类似以上三种理论的博弈理论。目前的博弈理论是标准化的理论，是在自私与理性为共识的情形下，描绘出最优行

① 在市场出清价格等于均衡价格时，供给等于需求。而上述市场中，卖方所定的价格（官方价格）低于均衡价格，此时需求会超过供给。——译者注

② 即官方所定的价格低于均衡价格，需求会大于供给，因此出现黑市，而黑市价格非常高也就反映出均衡价格非常高的事实。——译者注

为。为了描述人们的真实行为，实验研究也正在寻找必要的证据。然而，在协助发展指示性博弈理论上，我们的相关研究仍然很少。对麦琪问题的分析显示出我们研究上的空白。为了解决收益最大化的出价问题，必须要能描绘出接受者的接受函数。对每一个已给定的出价，接受者会拒绝的概率是多少呢？

在多阶段博弈中，最优策略就更不清楚了。试想在NSS的五回合博弈中，*c*为15美元。在第二到第五回合，*c*值分别为5.10美元、1.74美元、0.60美元及0.21美元。那第一回合的最优出价是多少呢？此处有两个重要的“指示性”博弈理论上的考虑:（1）什么样的出价参与者B认为是公平的？（2）参与者B了解这个博弈吗？这两个因素可能都很重要。为了对第二个因素所扮演的角色有点概念，我在康奈尔大学MBA（工商管理硕士）班的定价及策略课程的期末考试中安排了一个题目。这门课要求学生修过中级微观经济学，并且在班上已经讨论过博弈理论、逆向归纳法及简单最后通牒博弈。试卷上有8个问题，学生必须回答其中五道题。我这个题目以描述NSS五回合博弈开始，假设两个参与者都是理性的，且两个人都希望在博弈中得到最多的钱。然后问学生：第一回合参与者A提出的能被参与者B接受的最低出价是多少？

班上30个学生中，只有13个人选择回答这一道题，而且只有9个人的回答是正确的。这显示班上超过一半的学生不确定他们知道答案，而在认为知道答案的学生之中，有30%答错。很明显，这不是一个小问题，逆向归纳法不是直觉上很明显的概念。

为了要了解这个问题的重要性，试想有一个参与者A考虑出价4美元给参与者B。虽然参与者A可能知道这是大于参与者B想得到的，但是如果参与者B认为他可以得到5.09美元，他可能就会错误地拒绝这个出价。

所以，如果麦琪参与这个五回合博弈，在给她建议之前，我们想知道她的对手有多聪明。他读过博弈理论吗？不要说逆向归纳法了，他会减法吗？为了发展"指示性"博弈理论，认为理性及财富最大化为共识的假设必须要做修正。一个理性的、最大化财富的参与者，必须了解他的对手可能两者都不是，因此必须对他的策略做适度的改变。[①]请注意，在发展指示性的博弈理论上，理论工作和实证工作两者都必不可少。单纯的理论无法告诉我们，对手的效用函数中有哪些因素，以及要为他的理性划定什么样的限制。

从这个研究可以很明显地得出一个结论，就是公平的观念在协议结果的决定上，扮演重要的角色。然而，对公平的概念[②]并不

---

① 这类分析在专业桥牌上是很普遍的。不像许多其他的竞赛场合，桥牌比赛中，专家常常会碰到业余的对手。在碰到业余对手的场次，最优策略在一定程度上是靠引诱对手出错。

② 我们必须强调公平这个课题是很复杂的。公平的理解常常与经济学家看来是自然的观点有差距。例如，卡尼曼、克内齐和塞勒（Kahneman, Knetsch, and Thaler, 1986a）发现大多数人相信排队比市场公平，而亚利及巴–希尔（Yaari and Bar-Hillel, 1984）发现当做公平的判断时，人们会把"需要"和"想要"区别开来。公平的主张在协议中也是相当普遍的。当议价者因自私的理由使用公平的主张时（"我认为我应该拿多一些，因为这样才公平……"），这样的主张仍然是有效果的（Roth, 1987）。

排除影响行为的其他因素，包括贪婪。在BSS的论文中，他们将问题表达成两种极端立场之间的对抗。他们将人区分为“公平人”以及“博弈人”，平均分配每样东西的人被视为“公平人”，而行为像是符合经济理论的人（也就是自私且理性的），被视为是“博弈人”。我敢肯定，大多数人都不完全是任何一个极端观点所描述的人。反而是，大多数人喜欢多一些钱甚于少一些钱，也喜欢被公平对待，而且喜欢公平对待他人。当这些目标互相冲突时，受试者会做某种程度的取舍。[①]行为显然在很大程度上取决于情境和环境中其他微妙的情况。在一些实验中，大部分的分配者选择平均分配，而在另一些实验中，大多数人又是选择博弈论式的分配。未来的研究应该探索会产生每一种行为的因素，而不是试图证明一种行为或另一种行为具有优势。

用公平人或是博弈人概括受试者的行为特征实在过分简单化了，就跟硬要区分“硬的”和“软的”一样。经济学家倾向于认为自己以及他们模型中的个体有“硬心肠”（还有头、鼻子及四肢）。经济人通常被假设是关心财富多于公平及正义的。相反，许多经济学家认为其他社会科学家（以及他们模型中的个体）是“软弱者”。最后通牒博弈的研究掩饰了如此简单的特征。即使在

---

① 关于这点，在卡尼曼等人（Kahneman, Knetsch, and Thaler, 1986b）所做的实验中，分配者只容许在两种分配20加元的方式中做选择（18对2，或10对10）。大多数人选择平均分配。然而，如果他们有中间分配的选项，像是12对8，可能许多人会选择这个。

被拒绝的风险不存在的情况下，分配者也有选择“软弱”（50对50分配方案）的倾向。然而，与经济模型不一致的是，接受者的行为明显是强硬的。事实上，他们会对分配者说：“带着你微不足道的出价滚一边去吧！”

03

跨行业工资差异

几年前我们系雇用了一位新的秘书。她精明能干，我们很高兴有这样的同事。但是，让我们失望的是，才过了几个月，邻近城市的IBM公司就挖走了她。她说，她被列在IBM公司的备用录取名单上已经有一年之久了，而且他们给她的工资远高于任何本地雇主，拒绝IBM当然是愚蠢的行为。我当时就想，她为IBM部门间的备忘录打字的价值，真的会比为我们打报告原稿和审稿报告的价值高那么多吗？还有，为什么IBM会觉得支付高于行情的工资是有利润的呢？

微观经济学中最重要的原理之一就是“一价定律”（law of one price）。这个概念是说，如果市场运作良好，且没有很大的交易成本或运输成本，同样的物品无法以两种不同的价格出

售，因为所有的买方都会到价格较低的市场去购买，而所有的卖方都会到较高价的市场出售。很快地，不同的价格必会趋向一致。在一些市场中，像是金融市场，这样的法则是很稳固的。在任何时刻，黄金的价格在世界各地的交易所都不会相差超过几便士。在商品市场上，价格则有较大差异（Pratt, Wise, and Zeckhauser, 1979），虽然有些差异可以用提供的服务不同来解释。如果你在布鲁明戴尔百货公司买一台食物处理机，你所体会到的购物环境会比大卖场好。如果消费者愿意为购物气氛、礼节及充分告知的销售协助付费的话，那么不同的价格并不是反常现象。

然而，我前任秘书的例子暗示着，在劳动市场上可能存在严重违反一价定律的情形。的确，只要看一下报纸上的招聘广告，或是人力中介公司的名单，就能确定我秘书的故事绝非罕见。许多公司的招聘广告上，有些工作的性质看起来很类似，例如秘书、数据输入员、“电话销售代表”等，但是工资的差异极大。从康奈尔大学MBA毕业的学生，常常会获得同样的城市里好几家公司所提供的工作机会，然而它们之间的工资差异非常大。事实上，一位最近毕业的学生就接到纽约市两个相似的财务工作的录用通知，两份工作提供的年薪差异达45 000美元！这么大的差异似乎很明显地违反了一价定律。而且，这些偶发的资料创造的印象，已被更严密的研究证实了。即使在（可衡量的）员工素质是一样的情况下，一些行业显然比其他行业的工资高。这些跨行业的工资差异，也适用于跨职业类别（如果一个行业中的某个职务的工资较高，则该产业的所有职务也倾向于工资较高），而且这是长期现象。为什么呢？

事实

有一个简单的方式可以显示出跨产业工资差异的存在，并能衡量其重要性。选择一套包含员工特征及收入情况等良好信息的大数据组，例如“当前人口普查”（CPS）数据。首先构建一个回归方程，然后得每个个人的工资率（取对数）放在等号左边，一组个人特征的资料放在右边，像是年龄、教育、职业类别、性别、种族、工会地位、婚姻状况、宗教信仰，等等。现在，在这个回归方程里加上产业虚拟变量，看结果会如何。

克鲁格和萨默斯（Krueger and Summers, 1988）以及迪肯斯与卡茨（Dickens and Katz, 1987a）曾以“当前人口普查”数据进行上述计算。他们都发现了大量的产业效应（在其他可控变量不变时，产业工资与平均工资的差异数额），而且大多数产业效应都是高度显著的。例如，克鲁格和萨默斯发现1984年有下列比例的产业效应：矿业，24%；汽车业，24%；皮革业，–8%；石油，38%；教育服务业，–19%（天哪！），加权（以雇用人数）标准差是15%。迪肯斯与卡茨也获得类似的结果，而且这种结果在工会员工与非工会员工的样本上几乎没有差异。请注意，这些结果是在控制个人特征之后观察到的。

跨产业的差异并不是最近或是短期的现象。斯利克特的研究（Slichter, 1950）发现了1923年到1946年稳定的产业模式。在这段时期，他发现产业工资的相关系数为0.73。克鲁格和萨默斯（Krueger and Summers, 1987, p.22）将1923年的数据与他们1984年的数据做比较，更新了这项分析。他们发现："1923年相对高工资的产业，像是汽车制造业，在1984年仍是高工资产业；而低工资产业，像是靴鞋制造业，在1984年仍是低工资产业。1984年产业工资与1923年产业工资的相关系数为0.56。这个相关程度因为产业定义的改变及抽样误差，也可能被低估。我们认为这一点证明：已经有一段非常长的时间，工资结构都维持相对稳定。"

产业工资模式也有国际普遍性。克鲁格和萨默斯（1987）的研究提出了一个关于1982年14个国家的制造业工资的相关系数矩阵。这些相关系数非常高，尤其在发达资本主义国家。例如，美国的产业工资与加拿大、法国、日本、德国、韩国、瑞典及英国等国的产业工资，相关系数都超过0.80。美国工资与波兰及南斯拉夫的工资之间的相关系数，分别为0.70和0.79。

关于跨产业工资模式，最令人印象深刻的事实可能是跨职业类别的稳定性。卡茨和萨默斯（Katz and Summers）计算了秘书、清洁工及管理层的产业工资差异。他们发现了显著的产业差异，这种差异和所有员工间的差异幅度大致相同。例如，矿业的秘书工资大约高于平均值23%，而皮革业的秘书大约低于平均值15%。找出职业类别工资差异呈现一致性的原因，是产业工资结构理论的一项关键任务。

可能的辩解

在将产业工资差异认定为反常现象之前，有两项简单的解释必须要先排除掉。第一，高工资只是补偿高工资产业中一些无法衡量、令人不悦的工作条件的差异。例如，矿业的高工资当然可以解释是因为矿厂的工作环境不舒适、不安全。第二，高工资产业可能雇用较优秀的员工。毕竟在“当前人口普查”中员工素质的数据是稀少的。在转向对这些课题做更详细的分析前，应该要先指出不同职业工资差异的一致性与这两个假说是相悖的。一个产业可能因为技术的原因想要在某些职务上雇用高素质的员工，但是，为什么所有的职务都会工资较高呢？同样地，高薪产业中的某些职务可能工作条件很艰苦，但是为什么这些产业中的秘书与管理层也应该拿高薪呢？

补偿差异无疑是产业工资的一项重要决定因素（Rosen, 1986），但这个假说明显无法解释上面所说的差异模式。为了检验这类因素的重要性，克鲁格和萨默斯（Krueger and Summers, 1988）使用1977年“就业质量调查”（Quality of Employment Survey）的数据，尝试在工资估计等式中加入一组（10项）工作特征变量，这些特征包括每周工作时数、班别（日班、夜班）、工作是否危险、工作条件的性质等。加入这些变量后，并没有大幅改变所测量到的跨产业工资差异。

辩驳补偿性工资假说的一项有力论点来自辞职率的数据。如果高薪产业只是在补偿工人讨厌的工作条件，那么没有理由预期雇主会支付超过挽留这些员工所必要的工资。可以用检验辞职率来检验这一点。如果明显高薪的产业真的支付了高工资，那么他们的员工应该不愿意离职。事实上，研究人员发现，高薪产业真的有较低的离职率（Katz and Summers; Akerlof, Rose, and Yellen），这表明这些产业的员工觉得，他们的工资高过他们的机会成本。

未观察到的员工素质的解释更难评估。克鲁格和萨默斯（Krueger and Summers, 1988）使用两种方法来研究这个问题。第一，他们对有员工素质管理和没有员工素质管理的工资估计回归工程做了比较。他们认为，不可测量的员工素质可能与可测量的有相关性。如果这个前提被接受，产业工资的差异就是因为不可测量的员工素质上的差异造成的，那么，工资回归方程加上员工素质变量，应该会大幅降低产业工资效果。然而，当他们在工资回归方程增加了教育、工龄及年龄（人力资本的粗略衡量指标）之后，产业工资差异的标准差仅下降了1%。他们的结论是："除非相信不可测量的员工素质远比年龄、工龄及教育来得重要，否则这项证据很难将跨产业工资差异归结于员工素质上的差异。"不可观察能力模型的支持者，像是墨菲和托佩尔（Murphy and Topel, 1987）就接受上述说法。他们主张，工资方程式只解释很小部分的变化，而大部分不可解释的变化是因为不可观察的能力。他们坚持认为，产业工资差异与可观察的能力指标是正相关的，而且极有可能，不可观察的素质与可观察的素质也呈现正相关。

另一个研究不可观察素质的方法，是看那些转到另一个产业去工作的人（因为素质维持不变）。执行这项任务比表面上看起来要困难得多。其中会有许多因“测量误差”和“选择性偏差”引起的复杂问题。因为有些转换产业的员工，可能其中一个（或甚至两个）产业会被研究调查员归类到错误的产业类别，因此造成“测量误差”。克鲁格和萨默斯用其他来源的直接数据试图纠正这个分类错误的问题。“选择性偏差”的出现，是因为从低薪产业转换到高薪产业的员工有可能是比较优秀的员工。“选择性偏差”被认为对估计工资差异来说是正向的偏差（相对于真的、经质量调整后的数值），因为观察到的转行者可能有不可测量的素质差异，而这些差异与产业工资差异是正相关的。[①]

充分了解这些潜在问题后，克鲁格和萨默斯尝试用1984年“当前人口普查”中离职员工的资料，来测量工资差异的程度。克鲁格和萨默斯只用那些非自愿离职的员工数据，因此选择性偏差会降低，并且他们还尽可能修正产业分类的错误。他们发现很强的产业效应，其程度与简单横截面回归中发现的数值大小基本相同。他们的结论是，跨产业工资差异不太可能用不可测量的员工

① 然而，有一项因素可能会起反作用，就是一个低薪产业的员工可能愿意接受比原来职位低的岗位，以争取进入高薪产业。对于这些转换者而言，行业差异是被低估的。

素质来解释。吉本斯和卡茨（Gibbons and Katz, 1987）、布莱克本和纽马克（Blackburn and Neumark, 1987）的研究也得出类似的结论。然而，墨菲和托佩尔（Murphy and Topel, 1987）又尝试使用不同的“当前人口普查”样本和不同的程序去修正可能的分类错误，他们估计转换产业的员工，最初得到的只有约 1/3 的产业工资差异。他们引述这些结果来支持他们的看法，即产业效应主要是因为不可观察的素质因素。

这些相互矛盾的研究，使得不可观察素质假说的评估变得很困难。然而，如果工资模式确实能反映不可观察的能力，那么，认为产业工资差异与其他能力指标（像是智力）是正相关的，似乎也合理。布莱克本和纽马克（Blackburn and Neumark, 1987）对此做了研究，他们使用了“全美年轻男性长期追踪研究”数据，该数据库中有许多受访者的智商测验分数。他们发现，在对一般可观察的素质指标（包括教育）做了控制之后，产业工资与其工人的平均智商分数之间有负相关的关系。当然，可能高薪产业所购买的员工素质与智商无关，但单就这项研究结果的表面来看，能力假说似乎遭到了严重的打击。

哪些行业工资高？为什么？

为了揭开这些产业工资模式的奥秘，研究人员找到四项似乎可以与薪酬水平相关的产业特征：公司规模、利润及市场垄断势力、资本密度、工会密度。

有一个实证上的现象，与产业工资差异一样的强有力、一样的反常，那就是大型企业支付的工资高于小型企业。布朗和梅多夫（Brown and Medoff）发现，工厂规模与企业规模都对工资有很重要的正向影响，即使在控制了员工特征及工作条件之后亦然。所以，在平均规模较大的产业中会有工资较高的倾向。然而，公司的规模在解释产业内的工资差异方面，比在解释跨产业工资差异方面更为有力，[①]企业规模看起来甚至会强化产业效果。

研究人员还发现与产业工资水平相关的一个次要因素，就是"支付能力"，这种能力以企业的市场力量或是获利能力来衡量。市场力量的一项指标是"四企业集中率"（产业中最大四家企业销售额所占比例）。集中率愈高的产业，也许更能获利，因此可以付得起较高的工资。然而，研究人员检验集中率与工资之间的关系后，却发现混合的结果——有些研究发现集中率会拉高工资，但其他的研究却发现，在控制了员工素质之后，两者之间的相关性变得不显著了。

支付能力的另一个更直接的指标是盈利能力。然而，这项变量不是没有缺点的。目前可得的盈利资料是企业自己申报的，这些盈利指标在理论上不是真正的经济利润指标，而且会有企业操作的可能。同时，利润率明显地与工资呈现负相关，因为在其他

---

① 格罗申（Groshen, 1988）也发现大机构存在显著的产业内效应。这种效应看起来与产业效应在影响程度上大致相同。

条件不变的情况下，多付给员工1美元必然就使利润减少1美元。然而，仍有研究发现，利润率是产业薪资水平的一项可靠的预测指标，对于非工会成员的员工更是如此。

斯利克特（Slichter, 1950）最早对资本密度与工资之间的关系进行了研究，他检验了产业中工资与劳动成本比例（劳动成本占总成本的比例）的关系。结果表明两者是负相关的，尽管较高的工资必然会造成较高的劳动成本比例。同样地，劳伦斯和劳伦斯（Lawrence and Lawrence, 1985）、迪肯斯和卡茨（Dickens and Katz, 1987a）发现高资本劳动比率的产业倾向于支付较高的工资。我们在解释因果关系时，仍要小心。高资本密集度的企业，也许是因为技术因素而支付给员工较高的工资，或是公司需要付高工资才能以资本替代劳动力？

最后一项显示出与产业工资率有关的因素是“工会密度”（产业内员工属于工会成员的百分比）。大部分研究都发现，工会化的程度会同时提高产业内工会成员及非成员的工资——虽然弗里曼和梅多夫的研究（Freeman and Medoff, 1984）发现对非工会成员是没有影响的。而且，我们发现解释这一点很困难。到底是工会提高了工资，还是高工资产业吸引了工会的成立？下文将对此进行详细论述。

理论上的解释

这些观察到的跨产业工资差异所引发的疑惑是，针对一种员工素质，有些产业似乎比其他产业支付了更高的工资。为什么？正如克鲁格和萨默斯（Krueger and Summers, 1987）指出的，只有两类理论上的解释，在逻辑上与所说的事实是一致的。第一，企业选择放弃利润最大化；第二，因为某些理由，高工资企业发现降低工资会造成利润减少。基于第一项假说的理论模型需要解释为何经理人选择付较高的工资，而不是让利润最大化的工资。高于机会成本的工资与利润最大化相一致的模型中，不是假设高工资可以增加产出（“效率工资”模型），就是这是对于集体行动威胁的理性反应。

公司不最大化其利润的观点，一度被认为是邪说。然而，最近几年，传统的“管理决断权”，被冠上了一个令人尊敬的名称“代理理论”[①]，企业经理人不追求股东财富最大化已经不是立即开除他们的理由。然而，经济学家所偏好的代理理论，是说经理人为了“自己”而牺牲股东的财富。经理人降低利润来增加员工的财富，尤其是与经理人距离遥远的蓝领员工，这是令人难以理解的。也许就是这个原因，据我所知并没有正式以代理理论（经理人对利润和高薪员工同样偏好）来解释跨产业工资差异的模型。

① 代理理论指企业的经理人在有信息优势时，可能利用决策的权力做有利于自己的决策，由此可能造成组织或股东的损失。

然而，上述事实的确暗示这个假说是可能的。如同克鲁格和萨默斯强调的，较高的工资出现在高利润以及低劳动成本的产业中。确切地说，这些正是大家预期会发生这种行为的产业。

大家比较关注的是“效率工资模型”，即高于竞争性工资可能是有利润的。[①]效率工资模型的基本概念是：产出靠员工的努力，而努力与工资正相关。你付的工资越高，你得到的员工努力越多。根据各种不同的“努力—工资”正相关关系，有一些不同版本的模型被提出来。这些模型可以分为四类：

> **1. 偷懒模型：**在大部分工作中，要对工作付出多少努力，员工是有一些裁决权的。论件计酬常常不切实际，因为“件数”很难计算，而且监督的成本又很高。偷懒效率工资模型中，支付高于市场工资水平的公司，会做一些监督工作，并解雇那些被抓到偷懒的员工。公司借由支付高于市场工资水平的方式，降低员工偷懒的诱因，因为被发现后会导致“经济租”的损失。[②]根据偷懒模型，高工资产业应该是那些有高监督成本的产业，及（或）员工偷懒会导致相对高成本的产业。

① 这个资料的简要说明请见珍妮特·耶伦（Janet Yellen, 1984）的文章。比较深入的研究，特别是关于跨产业工资差异的问题，请见卡茨（Katz, 1986）。斯蒂格利茨（Stiglitz, 1987）则提供了另一项强调理论分析的研究。

② 高于市场行情部分的损失，另找工作将无法拿到这部分。经济租是“报酬减去机会成本”，亦即生产要素的所有者，所获得的收入超过要素机会成本的剩余，也就是要素所有者或是生产者的利润。

2. 人员流动模型：公司可能也希望支付的工资高于市场出清工资[①]，以减少人员流动。萨洛普（Salop, 1979）、斯蒂格利茨（Stiglitz, 1974）认为，以这项前提为基础的模型与偷懒模型很类似（确实来说，是相同的）。此处的概念是支付高薪以减少辞职人数。人员流动模型预测，高薪产业是那些人员流动成本最高的产业。

3. 逆选择模型：斯蒂格利茨（Stiglitz, 1976）、魏斯（Weiss, 1980）提到，在这些模型中，雇主无法不花分文就能了解员工的能力，不论是应聘者的或是在职者的。它的假设是，应聘者的平均素质会随着工资提高而提升。这些模型显示，对于员工素质差异比较敏感的产业，或是在衡量员工质量上需要较高成本的产业，会提供较高的工资。

4. 公平工资模型：阿克洛夫（Akerlof, 1982, 1984）、阿克洛夫和耶伦（Akerlof and Yellen, 1988）、索洛（Solow, 1979）提到过，公平工资模型的前提是员工如果认为得到的是公平的工资，他们就会更努力。这个假设使得公司愿意支付高于竞争性水平的工资，即使员工还没有意识到这一点。如果员工相信公平就是要公司与员工共享经济租［支持此看法的证据，请见卡尼曼、克内齐和塞勒（Kahneman, Knetsch and Thaler, 1986a）的论文］。公平工资模型预测，有高利润的公

① 在此工资水平，供给等于需求。

司会是支付高工资的公司。模型同时也预测，高薪会出现在团队工作及员工合作特别重要的那些产业中。

应该注意的是，效率工资模型的这个分类方式不应该被解释为这些模型是彼此排斥的。公司支付高于竞争水平的工资，可能是为了减少员工偷懒现象及降低员工离职率、吸引高素质的应聘者，以及提升员工士气。每一个概念都有意义，并且都有某种程度的有效性。此处讨论的重点是，这些模型对于跨产业工资差异的解释到了何种程度。需要解释的关键事实是，产业工资在不同职务类别间具有一致性。根据偷懒、人员流动及逆选择所做的模型，在解释为什么高薪产业应该支付高于市场水平的工资给秘书和门卫这方面，似乎没有太多贡献。公平工资模型在这方面则有较佳的表现。如果一个产业因为一些外在的原因，必须支付较高的工资给一些员工（例如对矿工的补偿性差额），那么就可能因为“内部公平”的原因而付高薪给其他员工。公平工资模型也符合产业工资与利润的相关性，以及符合长期以来持续性的工资差异（高薪变成了行业标准）。然而，公平性在解释强烈的国际关联方面，尤其是东欧国家的情形，则没有太大贡献。

公司支付高于竞争性工资的另一项逻辑解释与集体行动的威胁相关。在迪肯斯的模型中，如果雇主提高工资来防范集体行动，那么非工会成员的员工可以从工会化的威胁中获利。该模型预测，工会行动威胁最大的产业会有较高的工资，也就是那些员工预先就倾向于加入工会、法规有利于工会形成、公司有经济租可以分享的产业。

产业工资差异方面有些证据是符合工会威胁模型的。模型预测，美国的高薪与工会密度有相关性，也与产业利润有相关性。然而，克鲁格和萨默斯（Krueger and Summers, 1987）提出了另一种合理的看法：

> 历史上的证据显示，高薪产业在制造业大规模工会化之前，就已经支付了相对较高的工资。例如，美国三大汽车制造商通用汽车、克莱斯勒和福特在组织工会之前就已是美国工资水平的领先者了。此外，工会倾向于在那些有较佳能力支付高薪的产业里，集中组织努力，反正这些产业似乎都会与非工会成员的员工分享他们的经济租。最后，国际性的证据显示，没有工会威胁的国家与那些集体谈判盛行的国家相比，其产业工资结构是类似的。凡此种种显示，工会密度与产业工资差异有相关性，但可能不是产业工资结构本质的决定因素。

评论

1. 上述实证上的发现有多令人惊讶？有些读者读过本章的初稿之后，建构了一个学校劳动市场的案例，在此例中，“产业”工资差异被认为是正常的。假设我们将学院及大学分成两大“产业”：研究型大学和教学型学院。请注意，两个产业中大部分的教员都有博士学位，因此通过一般途径得到的研究数据中他们的素质是显有区别的。现在对所有教员做一个工资的回归分析，包括一个“产业”变量。如果产业变量解释了大部分的变化，会不会有人感到惊讶？当然不会。所以为何其他产业变量的显著性，被视为是不支持竞争性劳动市场的证据？

我不认为这样的模拟是令人信服的。首先，请注意，学校劳动市场之所以能被区分为不同产业，并非无理由的。我们有很好的理由相信这个市场是以能力来对员工分类的（至少在研究方面如此，教学可能是另一回事）。但我们没有类似的假设，认为汽车员工应该比皮革员工更有能力。同时，这种模拟并未处理跨职务类别的工资差异一致性的问题。我们能期望研究型大学里的保安工资较高吗？若是如此，我们会认为他们是更好的保安吗？最后，我认为学校劳动市场中有些东西更能模拟产业工资形态。想想经济系、商学院及法学院里经济学家的工资，商学院及法学院显然根据员工素质支付了大笔的额外津贴，近年来似乎还增加了。虽然可能有人会说这是补偿性差额，但是商学院或法学院里的经济学家很少会要求转入经济系。我反而认为这样的高薪可以用内部公平考虑来解释——如果付给经济学教授的工资低于新进的会计学助理教授，那么看起来不太公平吧！当然，高薪可以吸引到好的人才，所以长期以来，专业学院里的经济学家平均质量会提高。

但是重点在于，是先有高薪的（因为公平的理由）。据我所知，并没有什么技术上的理由使得商学院及法学院比经济系更需要（或实际上得到）较高素质的经济学家。

至于产业工资模型是否可以用能力上的差异来解释，我认为这其实是在争论这样的模型是反常现象还是个谜。如果高薪产业真的得到了较高质量的保安及秘书，那么劳动市场的竞争理论就能维持成立，但是有一个问题仍然让我们困惑：为何对于汽车产业经理人来说，拥有比皮革产业的经理人更整洁的办公室及更好的打字员是利润最大化的行为呢？

2. 在对跨产业工资差异的各种理论尝试进行评估时，我震慑于其与所谓的“西蒙的悲叹”（Herb Simon’s Lament）之间的相关性。多年以来，西蒙一直批评专业经济学家不去对经济决策做直接的观察。欠缺这类直接观察，就很难评估许多经济理论。就偷懒模型来看，员工在他们认为有丢掉高薪工作的危险时，是否还会努力工作？更进一步地说，他们是否足够努力，可以证明他们值得较高的工资？支付高薪的公司，是否是那些从员工的努力中获得最多利益的公司？就我所知，我们实际上并没有实证基础可以评估偷懒模型。

人员流动模型的情况只是稍微好一点点，因为离职率的数据是公开的，可以查看高薪是否会降低离职率（的确是的）。但是，如果我们想知道观察到的工资模型和离职率是否符合利润最大化，我们就必须知道各产业人员流动的成本是怎样变化的。高薪产业是不是流动成本最高的产业，谁知道呢？

虽然公平工资模型看起来与数据最符合，但是直接的实证支持仍然太少。如果士气高的话，员工是否更有生产力？一般常识和社会心理学对“公平理论”的研究，都显示这种效应是正确的。但是，我们仍然无法检验公司是否已找到真正的效率工资，使从增加的士气所得的边际收益等于边际成本。[①]

要处理这些问题中的任何一项，我们都需要更多所谓微观的微观经济学或是“纳米经济学”知识。经济学家可能得付出大量努力才能搜集到真正的组织运营数据。除非这个行业愿意奖励这类耗时的研究活动，否则许多有趣的问题仍得不到解答。

3. 阿克洛夫和耶伦的公平工资模型与前面两章的议题，存在很有趣的联系。在第 1 章有关合作的议题讨论到的反常现象是：在公共产品—囚徒困境的情况下，虽然自私行动是占优策略，但人们常常会采取合作策略。而且在参与者能够彼此交谈，以及（或是）对团体有某种认同感的情况下，合作是较为普遍的。第 2 章提出最后通牒博弈的证据。在这些博弈中，我们观察到两类反常行为。第一类，分配者提出慷慨的出价，常常是近“五五开”的平均分配。第二类，接受者常常会拒绝让他们感到带有侮辱性的低出价。

如果我们将这两个研究范例结合在一起，会发生什么事？假

① 这方面有一项有趣的研究结果是拉夫和萨默斯（Raff and Summers, 1987）评估福特汽车 1913 年工资加倍的决策。

设两个受试者先参与一个最后通牒博弈，然后再参加一回合的囚徒困境博弈。以下的推论看似合理：假如接受者在最后通牒博弈中获得他们认为不公平的出价，他们会在囚徒困境博弈中倾向于不合作。更一般地说，在最后通牒博弈中，对接受者提出1便士的出价，然后再要求他帮忙，可能不是个好策略。

现在来看下面的案例，两家大企业在同一小区设厂，两家企业的职员实际上从事完全相同的工作。H公司是高薪产业，付给这些职员的工资为WH，而L公司是低薪产业，付给这些职员的工资为WL（WL＜WH）。假设H公司决定将职员类员工的工资降为WL，这样的行为是否可以获利？这要视员工的反应而定。如果他们认为以前的工资（与公司支付给其他厂的员工的工资相同）是公平的（看起来很有可能），那他们可能会以各种方式来抵制减薪，可以说他们变得不合作了。员工合作度降低，很容易就会抵销掉减薪而获得的利益。林德贝克和斯诺尔（Lindbeck and Snower, 1988）提出的一个模型非常接近这个观点。

总之，我发现产业工资模型是很难理解的，除非我们假设企业在设定工资时，关注到了员工对公平的感受，而这是一个只有经济学家才会发现其争议性的假设。

04

赢家的诅咒

下次你晚上出门发现身上现金不够的时候，可以在附近的小酒馆里做一下这个实验。拿一个罐子，里面装满硬币，记下这些硬币总共是多少钱。然后，到吧台当着众人的面，拍卖你手上这个装满硬币的罐子（你要说会付给胜出者纸币，以免有人不喜欢硬币）。你很可能得到以下结果：

1. 平均的出价将远低于硬币的总值。（出价者为风险规避者）

2. 胜出者的出价将会超过罐中硬币的总值。

通过这个实验，你不仅可以获得夜间娱乐所需的资金，也可以让酒馆里的顾客明白赢家的诅咒的危害。

赢家的诅咒是一个概念，首次在论文中讨论此概念的是大西洋富田公司的三位工程师，卡彭、克拉普和坎贝尔（Capen, Clapp, and Campbell, 1971）。概念很简单，假设有多家石油公司有兴趣购买某块土地的开采权。我们假设该权利对所有的投标人而言，价值都是一样的，也就是说，这个竞标是所谓的“公共价值”竞标。而且，假设每一个投标人都从他们的专家那里得到这项权利的价值估算。假设这些估值是没有偏误的，那么估值数的平均值就是这块开发区的公共价值。这个竞标可能会出现什么情况呢？我们知道，要估计某个地方的石油蕴藏量是非常困难的，专家的估价差异会非常大，有些过高，有些过低。即使一些公司的出价会低于专家的估价，但那些专家提供高估价的公司，其出价也会高过估价低的公司。事实上，赢得竞标的公司很可能是专家估价最高的公司。如果真是这样，竞标的赢家就可能是输家。可以从以下两个方面说赢家是“受到诅咒”的：（1）他的中标价超过这块开发区的价值，该公司因而会蒙受损失；（2）开发区的价值低于专家的估价，中标的公司因而感到失望。我们将这两者分别称为赢家的诅咒版本一和版本二，而且即使是比较温和的版本二，在中标公司盈利时也适用，只要利润低于投标时的预期都算。两个版本中的赢家对于结果都不会满意，所以两个定义似乎都很恰当。

如果所有的投标人都是理性的，就不会发生赢家的诅咒，这样赢家的诅咒就构成了市场环境里的一个反常现象［参见寇克斯和伊萨克（Cox and Isaac, 1984）的研究]。然而，在公共价值的竞标中，理性地出价是有困难的。理性出价需要先区别事前已得信息条件下的标的物的预期价值，以及在赢得竞标条件下的预期价值。然而，即使一个投标人理解了这个基本观念，如果投标人低估了因其他投标人的存在而必须做的调整金额，赢家的诅咒版本二还是可能会发生。

竞标的一般形式是出价高的人获胜，并支付他所出的竞标价，此处有两项作用相反的因素要考虑。其他投标人的数量增加，意味着你要赢得竞标，你的出价必须要更积极，但是如果你中标了，其他投标人数量的增加也会增加你高估标的物价格的机会——这表示你的出价不应该太积极。①寻求最优出价并非小事。因此，投标人在各种情境下是做对了还是被诅咒了，这是个实证上的问题。我会从实验及实地研究两方面提出证据，显示赢家的诅咒可能是个普遍的现象。

实验证据

上面引述的硬币罐的例子，实际上曾由马克斯·巴泽尔曼和威廉姆·萨缪尔森（Max Bazerman and William Samuelson, 1983）在

① 如同卡彭等人（Capen et al., 1971, p. 645）所述："如果打败其他两人或三人赢得一块开发地，他可能会对自己的好运感觉还不错。但是如果是赢过50个人才取得标的，那应该做何感想呢？感觉应该很不好吧。"

实验条件下进行过。他们的受测主体是波士顿大学微观经济学班上的MBA学生。竞标的标的是装了硬币或是每个值4美分的回形针的罐子。受试者不知道的是，每个罐子价值8美元。受试者提交了密封的出价，并且被告知，出价最高的投标人将获得标的物价值减去出价的差额。他们一共举行了48场竞标（12个班，每个班4场）。直到全部实验完成后才给受试者回应。同时受试者还需对每个罐子估价（点估计及置信度为90%），每个班上猜得最接近实际价值的人可以获得2美元的奖金。

结果，对罐子真实价值的估算是向下偏差的。平均估价为5.13美元，远低于真实价值8美元。这个偏差，加上风险规避，比较不利于观察到赢家的诅咒。然而，中标价平均是10.01美元，造成中标人平均会有2.01美元的损失。很明显，这些实验不需要国家科学基金会的资金赞助！

萨缪尔森和巴泽尔曼（Samuelson and Bazerman, 1985）还进行了不同背景下的另一系列赢家的诅咒实验。在我们继续讨论之前，你可以自己试试看这个问题：

> 在下列练习中，你代表A公司（收购者），目前正考虑以公开收购的方式并购T公司（目标公司）。你打算用现金收购T公司100%的股份，但是不确定应该出价多少。主要问题的症结是：该公司的价值完全决定于其目前正在进行的一项大型石油探勘计划的结果。

T公司的一切状况取决于勘探的结果。最糟的情况是（如果勘探完全失败），在目前团队经营下的该公司，一文不值——每股0美元。最好的情况是（勘探完全成功），目前团队经营下的该公司价值可以高达每股100美元。在已知的勘探结果的范围内，所有的股份价值在每股0美元到每股100美元之间任何一个价位的可能性都是相等的。所有的评估都显示，这家公司在A公司手上的价值会远超过它在目前经营团队手上的价值。事实上，无论在目前经营团队之下的价值是多少，由A公司来经营该公司的价值将比由T公司经营要高出50%。

A公司的董事会要求你决定收购T公司股份应该出的价格。这项出价必须在勘探计划的结果出来之前提出，你现在必须做出决定。

因此，你（A公司）在出价时并不知道勘探计划的结果，但T公司在决定是否接受你的出价时，是知道勘探结果的。此外，A公司的出价，只要大于或等于T公司自己经营团队下的每股股票价值，T公司就都会接受。

作为A公司的代表，你在每股0美元到每股150美元的范围内仔细考虑要出价多少。你会出多少钱竞标呢？

典型的受试者大致上会以下列的方式思考这个问题：对于T公司而言，这家公司的预期价值为50美元，因而对于A公司而言，其价值将为75美元。因此如果我提议在50美元到75美元之间出价，A公司应该可以赚到一些钱。这样的分析未能考虑这个问题特有的信息不对称性因素。正确的分析必须要计算出价被接受条件下的预期价值。为了说明这个问题，我们举例来说。假设你出价 60 美元。如果出价被接受了，那么该公司在目前团队经营之下，价值一定不高于 60 美元。由于低于 60 美元的所有价格可能性都相同，这显示对于目前的股东而言，这家公司的平均价值是 30 美元，或对于你而言是 45 美元。出价 60 美元，你预期损失 15 美元。事实上，任何大于 0 的出价B，你都会预期损失 0.25B。因此，这个问题产生了赢家的诅咒一个极端的形式，任何大于 0 的出价都会对投标人造成预期损失。

这个实验是在两个条件下进行的。一个有货币上的刺激，另一个则没有。结果请见表 4–1，两个条件下的结果非常相似，有货币刺激时的出价稍低。在两种条件下都有超过 90% 的受试者出价大于 0，而大多数的出价都在 50 美元到 75 美元之间。

表 4–1

出价（美元）	无货币刺激（$N=123$）	有货币刺激（$N=66$）
0	9%	8%
1~49	16%	29%
50~59	37%	26%
60~69	15%	13%
70~79	22%	20%
80+	1%	4%

资料来源：萨缪尔森和巴泽尔曼（Samuelson and Bazerman, 1985）。

对于像这样的例子，经济学家的反应通常是假设：虽然人们可能被这类问题愚弄一次或两次，但他们终将随着经验的增长而发现其中的陷阱。谢尔·韦纳、马克斯·巴泽尔曼和约翰·卡罗尔（Sheryl Weiner, Max Bazerman, and John Carroll, 1987）通过计算机将这个“收购一家公司”的问题交给西北大学MBA学生回答，来研究这项假说。所有的受试者在货币的刺激下，重复实验20次，并在每回合实验之后就给出反馈。不管他们的出价是否被接受，以及他们赚了或是损失了多少钱，每次反馈都包括公司的“真实”价值。69名受试者中，有5人在实验结束前学会了出价1美元或者更少。这5名受试者，他们平均是在第八回合时，开始出价1美元或更低。其他人则无任何学习的迹象。事实上在最后几回合中，平均出价还逐渐升高。在这个问题上人们有可能学会避免赢家的诅咒，但是学习既不容易，也不迅速。

另一个系列的实验是由休斯敦大学的约翰·卡格尔及其同事所做的。其中许多实验具有以下结构：标的物以密封的方式竞标出售。标的物价值为X^*，价值每一回合都不相同，但是都介于X_L与X_H之间。在出价前，每个投标人都会得到这一回合标的物价值的线索。线索是从均等分配$X^* \pm \varepsilon$中抽出的X^i，ε每回合不同。受试者因此知道X^*的取值范围和他们抽到的X^i的值，该值相当于石油投标案例中的专家估价。然后开始进行投标，出价会被公布，赢家的获利或损失则记在他的账上。（开始时给予投标人一些资本，通常是10美元左右。一旦账上数字变成0，就不能再投标了。）实验操作包括改变ε、N（投标人数），以及竞标的方式（第一价格、第二价格、最低价格[①]）。一般而言，受试者会先参加3到5名投标人的小型团体，然后再参加6或7名投标人的“大型”团体。所有实验都有一项特征，就是每回合作者都会以竞标模型（模型中每个人都会理性地投标）预测结果。他们称这是风险中性的纳什均衡模型[②]。

卡格尔和莱文（Kagel and Levin, 1986）使用第一价格竞标，得出的结果随着团体规模的变化而变化。在小型团体中，典型的平均利润是RNNE利润的65.1%。然而，在大型团体中，被观察的每个竞标会损失0.88美元，而非RNNE预测的获利4.68美元。赢家的诅咒出现在大型团体的竞标中，因为受试者在团体规模增加时，投标行为会较积极，而RNNE会要求更保守的出价。

卡格尔、莱文和哈斯达德（Kagel, Levin, and Harstad, 1987）使用第二价格竞标方式实验也得到了上述的结果。同样，小型团体实验也有利润，这次是RNNE利润的52.8%，而在大型团体中，每场竞标的损失为2.15美元，不同于RNNE预测的获利3.95美元。

---

① 第一价格竞标，出价最高的投标人取得标的，投标人依其投标价格付款。第二价格竞标，出价最高的投标人取得标的，但是中标人支付的价款为第二高出价的价格。最低价格竞标，例如建筑承包竞标，中标人为出价最低的人。最低价格竞标可以用第一价格或第二价格的规则。

② 如果在知道其他所有投标人策略的情形下，仍没有投标人愿意改变自己的策略，这时就达到了纳什均衡。

最后，戴尔、卡格尔和莱文（Dyer, Kagel, and Levin, 1987）完成了一系列最低价格竞标。在这些竞标中，小型团体及大型团体都遭受损失。然而，该篇报告中最有趣及有创意的特色是，其中包括了由一群建筑公司经理参加的实验。实验经济学最常被批评的（尤其是实验结果与经济理论不一致时）就是受试者“只是一些在研究玩具问题的大学生，真实世界里专家不会犯这些愚蠢的错误”。那么，这些建筑公司经理人的实验结果如何呢？虽然做实验的人担心专家可能会使他们损失惨重，事实上，专家的表现并不会比学生们的表现更好或更差。这是让人很惊讶的，建筑公司经常参与最低价格竞标，如果它们沦为赢家的诅咒的祭品，那岂不是很快就要破产了吗？戴尔等人相信会发生这样的结果，是因为经理人学会了特定情况下的经验法则，而不是相关的理论：

> 我们相信，在这一领域，这些主管学会了一套特定情况下的经验法则，让他们在实践中能够避开赢家的诅咒，但是这种经验无法应用在实验室里……然而在不同环境下，即使结构上类似，但因为缺乏熟悉的参考数据，这些行事法则将无法转化成应用。当人们置身于新的环境中，这个环境没有他们常见的激励因素时，学习过程必须从头来过，因为没有理论可以借鉴，过去的经验也将无法使用。

实地资料

实验室的证据显示出，要避免赢家的诅咒并不容易。即使是有很多学习机会的、有经验的受试者，也不能解决“收购一家公司”的问题，而且也不懂得当投标人数量增加时需要变得更保守这一道理。在“真实世界”的巨额竞标中，投标人是否会犯同样的错误呢？有许多研究者声称发现了能证明在市场上有赢家的诅咒的证据。以书籍出版业为例，德绍尔的报告（Dessauer, 1981）指出：“问题就在于，大多数通过竞标而拿到版权的书，结果是无法赚回预付金的。事实上，这类书籍经常是悲惨的失败，因为它们的价值被高估了。”[①]科斯和道格拉斯（Cassing and Douglas, 1980）考察了职业棒球中可和任何球队签署合约的自由球员市场，得出的结论是：自由球员的工资是过高的。大联盟棒球队的老板们似乎也得到同样的结论，因此用有效的联合行动策略来回应。[②]此处我要再探讨两种其他情境中的证据：离岸石油及天然气租赁，以及企业并购。

从油气开采权投标案的证据开始是很适合的，因为这个领域促成了卡彭等人的精彩论文（Capen et al., 1971）。他们首次提出赢

① 当然，这段引用的叙述可能是真的，但是如果销售的分配曲线足够偏斜（skewed）的话，就不是赢家的诅咒的证据。

② 有人指出，戴尔等人实验中的建筑商经理人在强调勾结技巧（cartel skill）的实验里，比在最优出价策略的实验里，表现得更好。

家的诅咒这个概念。他们的讨论是这样开始的：

> 近年来，在以密封式竞标取得租赁权的地区，许多大型公司很小心地检视它们的公司及所处的产业在这些地区的记录。这些地区中最受瞩目，而且也许是最有趣的是墨西哥湾。大多数分析师都得到了令人震惊的结果：虽然该区域的石油和天然气储量丰富，但是整个产业并不能获得如其所预期的投资报酬。事实上，如果不看1950年之前的时代（那时土地便宜得多了），你会发现墨西哥湾的利润回报，还不如当地的信用合作社。

作者引述许多研究来证明他们的观点，并提出了一些他们自己发现的有关出价分布的有趣数据。他们的报告说，他们称之为“认真的竞争者”的最高出价和最低出价之间的概率通常高达5到10，最高值可达100。虽然这个结果可以用“一些公司递交了低出价的投标书是希望没有其他人投标”来解释（卡彭等人分析的样本中有15个开发区的确如此）。此外，作者还提出其他有趣的数据。在1969年阿拉斯加北湾原油的出售案中，中标金额为9亿美元，而第二价格只有3.7亿美元。有26%的开发区其中标金额超过第二价格4倍或更多，而77%的开发区超过至少2倍。虽然这些数据不能真正证明任何人是不理性的，但它们肯定符合赢家的诅咒的情况。

卡彭、克拉普和坎贝尔的论文在1971年发表，当时关于墨西哥湾的租赁信息还没有出来。然而，沃尔特·米德、阿斯布乔恩·摩西德乔德、菲利浦·索伦森（Walter Mead, Asbjorn Moseidjord, and Philip Sorensen, 1983）研究了这些租案的结果。他们计算 1954 年到 1969 年之间墨西哥湾 1 223 件租约的税前回报率，这段时间恰好在卡彭等人的论文发表之前。他们写道：

> 在所有 1 223 个租案中，以贴现率 12.5% 计算，平均每个租约的现值损失为 192 128 美元[①]……我们数据库里的所有租约中 62% 是没有油气储藏的。结果，承租方根本没有收益可以去抵销他们支付出去的红利及租金，或是他们的开发成本。这些租约中的另外 16%，虽然有生产，但是没有利润（以税后计算）。只有 22% 的租约有盈利，而这些租约，以税后计算，总共只有 18.74% 的利润。

这些结果似乎符合赢家的诅咒版本二，也就是说，确实是低于投标人在投标时的预期价值。此外，从 1970 年到 1981 年，原油的名义价格每桶由 3 美元上升到 35 美元，而原油价格这样变化，是他们购买时没有预期到的。至于为何回报率如此低，作者大胆地提出了他们的看法："最初五项租约（从 1954 年 10 月 13 日到 1959 年 8 月 11 日）的回报率很低而且是负数，这显然反映出对于可能挖掘的石油储量估计得太过乐观。"

① 此处的成本与售价都用名义价格，因此这样的贴现率看似很合理。

亨德里克斯、波特和布德罗（Hendricks, Porter, and Boudreau, 1987）对相同的租约案做了另外的分析。他们使用5%的实际贴现率及实际价格序列，假设石油公司不能预期石油输出国组织（OPEC）造成的价格冲击。他们还做了几个与米德等人不同的假设。他们的研究结果与米德等人的结果相反，显示出即使在实际油价维持不变的情况下，公司仍能够获利。不过，他们的资料也部分地支持了赢家的诅咒。针对18家参与过非常多次投标的个别公司或集团（平均投标次数为225次），亨德里克斯等人计算了它们每一家日后的获利情况。他们假设当初所有的出价都乘以常数θ，而其他公司仍维持原来的出价。然后求出使利润最大的θ值，即θ^*。如果所有的公司都根据风险中性纳什均衡行为来做选择，那么θ^*会是1。然而，在18家公司中，有12家的θ^*小于1，中位数是0.68。美国德士古石油公司（Texaco）似乎受到了特别的诅咒，它的θ^*为0.15，这表明它应该降低出价到原先的1/7！许多公司真正赚到的利润，与最优出价可赚得的利润的差异大约达数亿美元之多。作者的结论是："这个结果显示一些公司可能是系统性地高估了开发区的价值，以及（或是）未能完全预期到'赢家的诅咒'的影响。"

理查德·罗尔（Richard Roll, 1986）将赢家的诅咒的概念应用在企业并购中难以理解的现象上。难解的问题是，为什么这些公司愿意支付高于市场价格的巨额溢价，去收购另一家公司呢？实证证据显示，虽然在收购案中，目标公司的股东赚得大笔利润，但是买家是获利极低或是毫无获利的。那么，为什么这样的收购案会发生呢？罗尔提出了“傲慢假说”来作为一个可能的答案。根据这个观点，出价的公司一般都现金充裕，①它们通过找出目标公司，估算其价值，然后在估价高于市场价值的情形下进行投标。由于罗尔很看重有效市场假说②，他相信（在协同作用或内部信息的情形下）收购者认为他们对真实价值的估算能够比市场做得更好的信念可能是错误的。罗尔指出：

> 对收购现象的其他解释，大多数依赖至少短暂期间内存在的严重市场无效率。这种无效率或者是金融市场忽略了投标公司拥有的相关信息，或是产品市场的组织无效率，导致潜在的协同、垄断、节税行为被滥用，或是劳动市场无法靠淘汰不良管理人员以增加利润而导致非效率。

为了检验傲慢假说，罗尔重新检视出价公司及目标公司在宣

① 阿斯奎斯（Asquith, 1983）的报告指出，成功的投标人在长达 460 天的兼并过程中，直至兼并前 20 天为止，获利可高出市场水平 14.3%，但在兼并前 20 天这种情况就结束了。根据这个事实，我认为傲慢假说可能是“熟练工”（hot hand）现象。大多数篮球球员及球迷都相信，球员的投篮表现有强烈的正序列相关性。也就是说，在前一球投进后，再次投进的可能性会增加，反之亦然。相对于这项认知，心理学家吉洛维克、瓦尔奥尼和特沃斯基（Gilovich, Vallone, and Tversky, 1985）使用真实的NBA数据研究后发现并没有序列关联性。所以，根据熟练工傲慢假说，最近表现良好的公司，可能是一时好运，错误地认为他们是熟练工（例如有好的经理人）并能在购买任何公司时创造奇迹。

② 有效市场假说将在第 9~13 章讨论。

布收购日前后的股价资料。傲慢假说预测：出价公司及目标公司合起来的价值应该有小幅下跌，代表交易成本损耗；目标公司的价值应会增加；而出价公司的价值应会下跌。[①]他认为实际证据是与这些预测一致的，并给出以下的结论：

> 从目前得到的结果中，我们可以得出的最后印象是，没有真正具有说服力的证据可以反驳即使是最极端的（傲慢）假说。这项假说假设所有的市场都完全有效率地运作，以及个别投标人偶尔会出错。投标人可能透过他们的行为表示他们相信收购案有利益存在，但是系统性的研究没有提供太多足以显示这种信念存在的证据。

虽然罗尔小心地解释评估这些研究有多么困难，但明显的是，在收购案中，出价收购的公司获利极少（如果有获利的话）。赢家的诅咒版本二似乎又再次与这些数据相吻合。

---

① 当然，这是一篇相信“股价是理性的”的论文。事实上，米勒（Miller, 1977）主张股价一般而言会受到赢家的诅咒的困扰，因为对一只股票最乐观的投资人是持有这只股票的人。因此，在收购案中，对收购结果乐观的投资人将会持有收购公司的股票。这个主张会受到悲观者可能卖空收购公司股票的考验。然而，许多投资人，不论是个人或法人，确实不会卖空，因此现有的卖空数量是否足以防止出现赢家的诅咒，仍是一个实证上的疑问。

评论

如果我对石油租约及收购案文献的解读正确的话，也就是说，赢家的诅咒确实存在于这些市场中，那么经济学家们应该会有多惊讶呢？赢家的诅咒的存在会带给经济学范式什么样的挑战？麦卡菲和麦克米伦（McAfee and McMillan, 1987）在他们的拍卖及投标的调查中说道："赢家的诅咒的观点（例如之前引用的德绍尔有关书籍出版业的例子）表明，投标人会因拍卖的结果而感到惊讶，这是违反理性基本概念的。"他们的话可以理解为："这些关于赢家的诅咒的叙述显示投标人犯了系统性的错误。但经济理论已经排除了这类错误。因此，这些叙述必定是错的。"这个立场的逻辑性是有问题的。理性是经济学中的一个假设，而不是一个展现出来的事实，记住这一点是很重要的。在给出实验研究结果的情况下，难道投标人在这些拍卖案中就不可能犯错吗？

同样有趣的是，我们注意到许多经济理论家有一些特定的倾向。一个理论家会花费时间研究一个问题，最后得到一个新的、过去经济学家们所不知道的观点。然后这个理论家就假设理论模型里的代理人已经了解这种新观点。既然假设代理人用直觉就能理解那么长时间才搞懂的要领，那么这个经济理论家不是太谦虚了，就是给了他模型中的代理人太多的理性。就如肯尼斯·阿罗（Kenneth Arrow, 1986）所说的："我们有一个有趣的状况：科学分析认定研究的主体会采取科学行为。这不一定会产生矛盾，但看起来确实已导致了大幅倒退的情况。”

在拍卖中其他参与者采取“次优行为”的可能性，引起了一个经济学理论中很少讨论的问题，也就是说，当你发现你的竞争对手犯错了，你会怎么做。竞标在理论上的典型处理方式是假设投标人是理性的，而且其他投标人的理性是共同认知。[①]假设你就是卡彭和他的同事，而你已经知道赢家的诅咒，那么你会比其他石油公司更有优势。你要如何利用你这个新的竞争优势？如果你的选择是最优地降低你的出价，那么你将会避免支付过高，但是你也只能赢得非常少的投标。事实上，你可能会决定根本不去投标！除非你要转行，不然这个解释没有说服力。你可能让你的竞争对手赢得所有的竞标，然后靠卖空他们的股票来赚钱，但是这个策略可能有风险。在石油开采的案例中，油价飙升，而石油公司的股价也会上涨，即使是那些乱投标的公司也如此。比较好的解决方案可能是与你的竞争对手分享你的新知识，促使他们也同时降低出价[②]。如果他们相信你的分析，那么这个博弈对投标人而言将会有利可图。当然，这正是卡彭、克拉普和坎贝尔所做的事。更一般地，对于不完全理性的博弈，经济学家应该在其最优策略的研究，投入更多关注。

---

① 如果你和我参加一个游戏，而理性是常识，那么我是理性的，你是理性的，我知道你是理性的，你知道我知道这个，我知道你知道我知道这个，等等。竞标理论在威尔逊（Wilson, 1977）、米尔格罗姆和韦伯（Milgrom and Weber, 1982）的论文中有探讨，最近的研究是麦卡菲和麦克米伦（McAfee and McMillan, 1987）做的。

② 感谢茱利亚·格兰特（Julia Grant）告诉我这一点。

即使人们已经知道了赢家的诅咒，还是很容易忽略掉它运作的一些细微方法。例如，哈里森和马奇（Harrison and March, 1984）讨论到“决策后震惊”的概念（一种类似赢家的诅咒版本二的情况），即决策者系统性地观察到，结果不如预期的好。他们发现，决策后震惊会发生在有很大不确定性且（或）有许多替代方案的决策情况。因此，这应该是真的：要雇用新员工的组织，面谈过越多应聘者，他们越可能雇用到好的员工，同时，这个人越可能不如公司的期待。类似地，布朗（Brown, 1974）讨论公司内资本投资计划的案例，如果有许多这类的计划在考虑，但只选上其中几个计划，那么即使整套计划净收益的预估值是没有偏见的（unbiased），真实的净收益也会倾向于低于预期。

赢家的诅咒是这类问题的典型，应该用现代行为经济学来研究，现代行为经济学是认知心理学和微观经济学的结合。关键因素是认知错觉的存在，这是一种心理作用，会导致绝大多数的受试者犯下系统性的错误。卡彭等人确认了认知错觉的存在，而巴泽尔曼和萨缪尔森（Bazerman and Samuelson）、卡格尔和莱文（Kagel and Levin）则证明了这一点。每当这类错觉出现，市场结果背离经济理论的预测的可能性就会存在。

我以卡彭等人的话为本章做总结：“对一块他认为值得投资的土地来投标，长期而言，这个人将会损失惨重。”

05

禀赋效应、损失规避及现状偏见

你认识的一位酷爱红酒的经济学家，多年前以低价买下一些不错的波尔多红酒。那些红酒如今已大幅升值，当初买进时不到 10 美元一瓶的红酒，如今可在拍卖会上卖到 200 美元。这位经济学家偶尔会喝一点儿这批酒，但是他不愿以拍卖会的价格卖掉，也不愿以那个价格再多买一瓶。

人们在出售一样东西时的要价常常会远高于他们获得此物时所支付的价格——这就是所谓的禀赋效应［塞勒（Thaler, 1980）］。这个例子同时也说明了萨缪尔森和泽克豪斯（Samuelson and Zeckhauser, 1988）所说的“现状偏见”，也就是对目前状态的偏好，这样的偏好使得那位经济学家倾向于不愿买他的葡萄酒也不愿意再买。这些反常现象是价值不对称的表现，卡尼曼和特沃

斯基（Kahneman and Tversky, 1984）称之为损失规避——放弃一项物品的效用损失大于得到它所获得的效用。在这一章里，我将搜集整理支持禀赋效应及现状偏见的证据，并讨论它们与损失规避之间的关系。

禀赋效应

一个呈现禀赋效应的早期实验是由克内齐和辛顿（Knetsch and Sinden, 1984）所做的。在那个实验中，实验者先给参与者一张彩票或是 2 美元。过些时候，再给每位受试者可以用彩票交换金钱，或用金钱交换彩票的机会。只有很少数的受试者选择交换。那些拿到彩票的人，似乎比拿到金钱的人更喜欢自己的彩票。

这项论证及其他类似的论证［请见克莱齐（Knetsch, 1989）］虽然令人关注，但是并未解决这个问题。有些经济学家觉得，如果受试者处于充满学习机会的市场环境中，这样的行为就会消失不见。例如，奈茨、史密斯和威廉姆斯（Knez, Smith, and Williams, 1985）主张买卖价格之间的差距，可能是因为不经思索地应用了一般常用的议价习惯，也就是说，少报真正“愿意支付的价格”（WTP, willing to pay），而夸大了出售时最低“愿意接受的价格”（WTA, willing to accept）。库塞、豪威斯和舒尔茨（Coursey, Hovis, and Schulze, 1987）的报告指出，WTP 与 WTA 之间的差距会随着市场化的经验增加而逐渐缩小［请见克内齐和辛顿（Knetsch, and Sinden, 1987）的研究结果]。为了说明这个问题，克内齐、辛顿和塞勒（Knetsch, Sinden, and Thaler, 1990）做了一系列新的实验，来确定在受试者面对市场规则并有学习机会时，禀赋效应是否仍然存在。我们在此介绍该系列实验中的两个。

第一个实验中，康奈尔大学经济学本科高年级的学生参与了一系列的市场活动。前三个市场交易的目标物是“引导价值代币”。在这类市场中，会告诉所有受试者代币对他们的价值，其中每名受试者的价值都不同。让一半的受试者拥有这些代币，另一半则没有，由此创造出代币的供给和需求曲线。

这三个连续的市场回合中，受试者的角色在买方和卖方之间变换，并在每回合中指定不同的个人赎回价值。实验者在每回合结束后搜集所有参与者的表格，立刻计算并公布市场出清价格及交易数量。每回合市场结束后，随机选取三个买方及三个卖方，根据其表格上所反映的偏好及市场出清价格给予报酬。

结果发现，这些市场活动并不能提供反常现象研究的材料。每一回合，市场出清价格正好等于引导的供给与需求曲线的交叉点，交易数量则落在预测数量的正负一单位之内。这些结果显示出受试者了解这个实验的任务，并且使用市场机制并不会带来高交易成本。

在这三次引导价值的市场活动之后，立刻发给每个座位上的受试者一个康奈尔咖啡马克杯，每个杯子在书店里售价6美元。实验者要求所有的参与者检查马克杯，包括自己的和邻座的。然后实验者告诉受试者接着要进行四个回合的马克杯市场交易实验，用和前面引导价值市场相同的程序进行，但有两点不同：（1）随机选取四个市场回合中的一个回合，只有这个回合的交易会被执行；（2）在这个有效的回合中，所有的交易都会被执行，不像在引导价值市场中只执行一部分。一开始指定的买家和卖家角色，在四个回合交易中都维持不变。出清价格和交易数量在每回合结束之后宣布。在第四回合结束后才指出要列入计算的是哪个回合，交易立刻执行——所有指出要卖掉马克杯的卖家，立刻以市场出清价格把马克杯换成现金，交易成功的买家也以同样的价格得到马克杯。使用这个设计，人们经过连续的几个回合可以得到学习，而每一回合都有潜在的约束力。之后，将遵循同样的程序再进行四个回合的市场实验，实验将会把标价为 3.98 美元的盒装圆珠笔，发给在马克杯市场中担任买家的受试者。

经济学理论在马克杯和圆珠笔市场的预测结果是什么？由于在引导价值市场中已经表明交易成本是不显著的，且所得效果很小，所以可以得到一个清楚的预测结果：当市场出清时，出价最高的受试者将会拥有这些目标物。我们称喜欢马克杯的那一半受试者为“马克杯爱好者”，另一半没那么喜欢马克杯的受试者是“马克杯厌恶者”。然后，因为马克杯是随机分发的，平均来说，有一半的马克杯爱好者会拿到马克杯，另外一半则没有拿到。这意味着在市场上，有一半的马克杯应该要进行交易，即马克杯厌恶者把杯子卖给马克杯爱好者。

理论所预测的50%交易并没有实现，共有22个马克杯和盒装圆珠笔发送出去，所以预测交易数量为11。在四个马克杯市场实验中，交易数量分别为4、1、2、2。在圆珠笔市场中交易量不是4就是5。经过四次实验后，两个市场中都没有显示出有什么样的趋势存在。交易量这么低的原因，由买方和卖方的保留价格可以看出。马克杯市场上，以中位数而言，持有者不愿以低于5.25美元的价格出售，而买方的中位数持有者，不愿支付高于2.25美元到2.75美元的价格。市场价格在4.25美元到4.75美元之间变动。在圆珠笔市场，出售价格与购买价格的概率比也大约是2∶1。实验重复了几次，结果都差不多：出售价格的中位数大约是购买价格中位数的两倍，而交易数量则少于预期的一半。

这个系列的另一个实验，能够让我们探究交易量很低，是不愿意买造成的还是不愿意卖造成的。在这个实验中，西蒙弗雷泽大学（Simon Fraser University, SFU）的77名学生被随机指派到三种情境中。第一组是卖方，给他们SFU的马克杯之后，询问他们是否愿意在0.25美元到9.25美元之间的某个价位出售。第二组是买方，被询问是否愿意在与以上相同的价格范围内购买马克杯。第三组被称为选择者，他们没有马克杯但是被要求在不同的价位上做选择：是要拿到马克杯还是那个数额的金钱。

请注意，卖方和选择者是处于相同的客观情况下，面对不同的价格，决定是要马克杯还是现金。然而，选择者的行为比较像买方而不像卖方。保留价格的中位数为：卖方，7.12美元；选择者，3.12 美元；买方，2.87 美元。这显示出低交易量主要是因为拥有者不愿放弃他们的东西，而不是因为买方不愿意放弃他们的现金。这个实验也消除了第一次实验里微小的收入效应，因为卖方和选择者处于同样的经济情况。

交叉的无差异曲线

微观经济学的首要观念之一就是，两条无差异曲线绝对不会交叉。这个结果依赖一个隐含的假设：无差异曲线是可逆的。也就是说，如果一个人拥有x，对于保留x或是拿它交换y，感受没有差别，那么当他拥有y时，拿来交换成x，他应该也觉得没有差别。然而，如果损失规避出现，这样的可逆性将不再成立。克内齐（Knetsch, 1990）以实验论证了这一点。一群受试者收到五支中价圆珠笔，而另一群受试者收到 4.50 美元。然后他们会收到一系列的报价，他们可以接受或拒绝。这些出价是设计来找出无差异曲线的。例如，拿到圆珠笔的某人会被问到是否愿意以 1 美元的价格出卖一支笔。在实验最后，从被接受的出价中（包括原始分配值）随机选出一个价格，决定受试者支付多少钱。在被接受和被拒绝的出价之间画出一条线，克内齐可以为每个受试者找出一条无差异曲线。然后他画出两组人（开始时得到圆珠笔和开始时得到现金的两组人）的平均无差异曲线。如图 5–1 所示。两条线很不相同：与开始得到货币的受试者相比，开始得到笔的受试者觉得圆珠笔的价值高。因此，两条曲线相交了。[①]

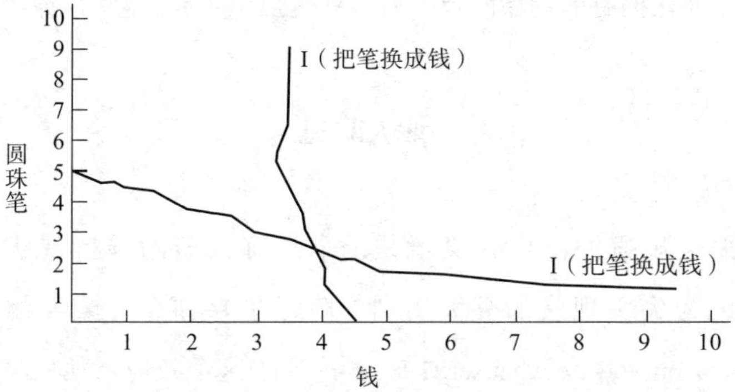

图 5–1　交钱叉的无差异曲线

是什么造成这些“瞬间的禀赋效应”呢？拿到礼物的受试者真的比那些没拿到的人更珍惜这些礼物吗？列文斯坦和卡尼曼（Loewenstein and Kahneman, 1991）最近的一个研究探讨了这个问题。63 人的班级中，有一半的学生拿到圆珠笔，其他人拿到的则是可兑换不特定礼物的代币。然后，他们要求所有参与者对后续将作为奖品的六件礼物，按照吸引力排名。最后，所有的受试者可以在一支圆珠笔和两条巧克力之间做选择。就如同之前的实验一样，这里有禀赋效应存在。那些一开始的禀赋就是圆珠笔的受试者，有 56% 的人选择了它，但是另一组的其他受试者却只有 24% 的人选择了圆珠笔。然而，在做吸引力排名时，禀赋为圆珠

① 这两条曲线都是从不同的个体取得的。然而，因为受试者是被随机指定到两个禀赋群组的，所以将交叉的无差异曲线归因于代表性个体（representative individual）是合理的。

笔的受试者并未觉得圆珠笔更有吸引力。这显示禀赋的主要效应，不是在强化拥有的物品的吸引力，只是强化了放弃它的痛苦。

现状偏见

损失规避的一个含义就是，个人有强烈的维持现状的倾向，因为失去现状的弊大于利。萨缪尔森和泽克豪斯的论文（Samuelson and Zeckhauser, 1988）论证了这个效应，他们将之命名为“现状偏见”。在一项实验中，一些受试者被要求做假设性的选择，如下所述。在一个“中性”环境下，没有设定现状：

> 你是报纸财经版的忠实读者，但过去你并没有太多资金可以投资。直到最近你从你叔叔那里继承了一大笔遗产。你正在考虑一些投资组合，你可以选择：一家中等风险的公司、一家高风险公司，或者国库券、政府债券。

其他受试者也面对相同的选择问题，但被指定一个选项作为“现状”。开头的假设是相同的，接着是：

> 直到最近你从你叔叔那里继承了现金与股票。股票中有一大部分投资在一家中等风险的公司……（做任何改变时，税金和经纪人手续费可以忽略不计。）

该研究中探讨了许多不同的情况，每种情况都使用同样的基本实验设计。汇总了所有不同的问题后，萨缪尔森和泽克豪斯因此能估计出一种情况被选择作为现状时，或当它是现状的竞争替代选项时的概率，作为中性状态下被选择的频率的函数。他们研究的结果显示，当某选项被指定为现状时，替代选项会明显地比较受欢迎。同时，现状的优势会随着替代选项数量的增加而提高。

哈特曼、多恩和伍（Hartman, Doane, and Woo）用加利福尼亚州电力用户的调查数据，做了一个在实地环境中的现状偏见测试。调查中用户被问及他们对服务可靠度和费用的偏好。他们告诉用户，回答问卷将能协助该公司确定未来的政策。回答者分为两个小组，一组的服务可靠度高于另一组。六种服务可靠度和费用的组合中，其中一种组合被指定为现状，要求每个小组分别陈述对六种组合的偏好程度。结果显示确实有现状偏见。在高可靠度的小组中，60.2%选择将现状作为他们的首选，只有5.7%表示喜欢另一组正在实验的低可靠度选项，尽管低可靠度的选项费用低了30%。然而，低可靠度的小组也很喜欢他们的现状：58.3%将其列为第一选择；这个小组中只有5.8%选择了高可靠度的选项，而其费用高了30%。①

关于现状偏见的一项大规模实验正在新泽西州和宾夕法尼亚

① 两个小组在收入和电力消费量上的差异很小，且看起来对结果也无显著的影响。这样的结果可否以学习或习惯来解释？也就是说，低可靠度的小组是已经学会如何处理经常性的停电，还是发现烛光晚餐更浪漫？这一点是无法排除的，但是应该强调的是，没有类似的解释可用于马克杯实验或萨缪尔森和泽克豪斯的调查，因此至少我们观察到的效应中有些可以归因于纯粹的现状偏见。

州进行。这两个州现在有两种汽车保险可供选择，一种险单保费较便宜，诉讼权有限制，而保费较高的险单的诉讼权无限制。新泽西州的开车族，原始选项是较便宜保费的保险，但有机会以较高价格取得无限制诉讼权。自从 1988 年新增这个选项之后，有 83%的驾驶人选择了原始选项。然而，在宾夕法尼亚州 1990 年的法律中，原始选项是较贵保费的保险，但人们有机会选择较便宜的保险。赫尔希、约翰逊、梅萨罗斯和罗宾森（Hershey, Johnson, Meszaros, and Robinson, 1990）研究了这项立法架构潜在的操纵效应。他们要求两组人在这两种保险中做选择，给其中一组人新泽西州的计划，而另一组是宾夕法尼亚州的计划。那些拿到新泽西州计划的受试者只有 23%决定买诉讼权，而拿到宾夕法尼亚州计划的受试者中有 53%选择保留诉讼的权利。根据这个研究，作者预测，选择诉讼权的宾夕法尼亚州人将会多于新泽西州人。时间将会告诉我们结果。

关于现状偏见的最后一个例子，承蒙《经济展望期刊》的员工提供。这是来自卡尔·夏皮罗（Carl Shapiro）对这个反常现象专刊所做的珍贵评论："有件事你可能会感兴趣：当美国经济学会（AEA）在考虑让会员在三种协会期刊中选择放弃一种并可以退费时，参与决策的一些著名经济学家明白地指出，如果一开始就给会员全部三种期刊（而不是一开始给两种期刊，三种都要则需另外付费），那么很少有会员会选择放弃其中一种。当然此处我们谈论的是经济学家。"

损失规避

这些观察结果以及许多其他研究都可以用损失规避来解释。风险性选择研究的一个中心结论就是，对这些选择的最佳解释是假设效用的重要载体并不是财富或福利状况，而是相对于中性参照点的变化。另一个重要结果是，这些变化所带来的损失比现状的改善或所带来的收益更大。这些关于选择的数据显示出，价值函数的斜率在原点的突然改变。现有的证据显示，在小量或中等程度的货币收益及货币损失区域内，其价值函数斜率的概率大约是 2∶1［特沃斯基和卡尼曼（Tversky and Kahneman, 1991）］。表示价值函数的示意图请见图 5–2。

将这个概念自然延伸到无风险的选择中，就是把交易选项和其他交易的特性也用相对于中性参照点的收益及损失来评估。方法说明如图 5–3。决策者可以在 A 状态和 D 状态之间做选择：A 状态是有比较多的商品 Y，比较少的商品 X；D 状态是有比较多的 X

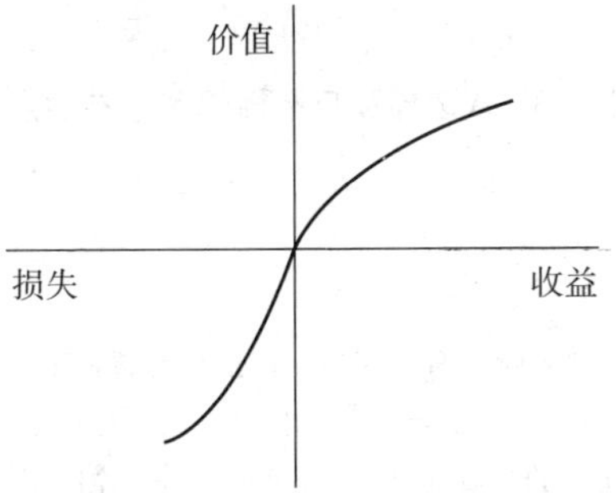

图 5–2　典型的价值函数图

商品，比较少的商品Y。四个不同的参照点如图所示。如果参照点是C，个人面对的是在两种收益之间的正向选择；如果参照点是B，则两个损失之间将面对负向选择；如果参照点是A或D，则是两者交换的情况。例如，如果商品Y是马克杯，商品X是金钱，在马克杯实验中卖方和选择者的参照点就是A和C。损失规避显示，在以A为参照点时拥有马克杯的状态和没有马克杯的状态的差别，大于以C为参照点时，这就解释了在这些条件下，受试者对马克杯赋予的不同价值。① [在引入参照点和损失规避的概念来

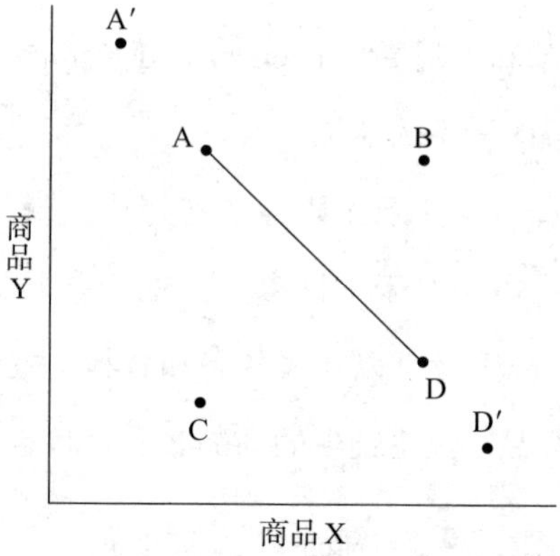

图 5–3　A选择和D选择的多个参照点

① 损失规避并不会影响所有的交易。在正常的商业交易中，卖方在做商品交易时不会遭受损失。更进一步说，证据表明，只要认为物品的价格不是特别高，买方就不会把正常购物所花的钱看成是损失。一般认为，损失规避主要是影响那些当初购买该商品是为了使用而非为了转售的人。

一般化消费者理论方面，正式的处理方式参见特沃斯基和卡尼曼（Tversky and Kahneman, 1991）的研究。]

一般而言，两个选项之间的差异，如果被当作是两个不利选项之间的差异，会比被当作是两个有利选项之间的差异时，影响力更大。现状偏见是这个不对称现象的自然结果：某个变化的不利影响比有利影响来得更严重。然而，即使在无法维持现状（维持现状不是选项之一）的情况下，还是可以看出收益和损失的权重不同。举个例子，思考以下的问题［引自特沃斯基和卡尼曼（Tversky and Kahneman, 1991）］：

想象一下，作为专业训练的一部分你被指定了一份兼职工作。现在训练已近尾声，你必须找份工作了。你考虑的两个可能的选项，除了人际及通勤的便利性不同，它们大致上很类似你之前的兼职工作。你比较了这两份工作和现在的工作，列出了下面这张表：

表 5–1

工作	与他人的接触	通勤时间
目前的工作	长时间独处	10 分钟
A 工作	有少数社交互动	20 分钟
D 工作	正常程度的社交互动	60 分钟

选项 A 和 D 是通过与一个参照工作对比来评估的，参照工作

的通勤时间更短，但人际交往情况较差（如图 5–3 中的 A′点）。这个问题的另一个版本给出了同样的选项，但是参照工作是“更多愉快的社交互动以及每天 80 分钟的通勤时间”，这与 D′点对应。受试者在第一个版本中选择 A 工作的比例是 70%，而在第二个版本中选 A 的比例是 33%。受试者对于相对于参照点他们会损失多少是比较敏感的。

强化的损失规避

有些买价与卖价之间的不对称性实在太大了，我们无法用普通的损失规避来解释。例如，塞勒（Thaler, 1980）告诉受试者他们得了罕见的致命疾病，在两周内有 0.001 的概率会无痛苦地死去。他们必须决定愿意支付多少钱立刻购买疫苗。同样的受试者也被问到如果参加医学实验，这个实验中他们有 0.001 的概率会快速及无痛苦地死去，他们想拿多少补偿金。对大部分的受试者来说，两个价格之间的差异超过 10 倍。

维斯库西、麦格特和胡伯（Viscusi, Magat and Huber, 1987）的一项研究，记录了在更真实场景下的类似效应。他们的受访者是从购物中心及五金店找来的，他们拿给受访者一罐假的杀虫剂，请他们检验效果。它的市面售价是 10 美元。受访者被告知如果使用方法不对，包括吸入体内与洒在皮肤上（针对有小孩的家庭，则以小孩中毒为主）杀虫剂都会造成伤害。目前的风险程度是每售出一万罐，就有15例受害。现在要求受访者回答，如果要消除或减少这些风险他们所愿意支付的价格（WTP）。对于没有小孩的家庭，为消除这两种风险而实际愿意接受的价格（WTA）平均是3.78美元。受访者也要回答如果两种风险都提高1/10 000的话，该产品要降价多少他们才会接受。结果是很戏剧性的：在这样的条件下，77%的受访者表示拒绝以大于0的任何价格购买这项产品。

在这些研究中，WTP和WTA之间显著的差异，可能反映出与自愿承受的额外风险相关的责任成本的巨大差异，而与降低或消除现有的风险相比，这两者之间差异很大。疏忽与故意犯错之间的不对称在法律理论上是常见的，心理学研究［李多夫和巴伦（Ritov and Baron）］已确定其在判断责任上的影响。不对称性会影响灾难发生后的责难及悔恨，也会影响预期的责难及悔恨，进而影响行为。

有另一种情况会牵涉到道德态度，就是在环境友善问题上的成本效益评估时，我们看到在买卖价格之间存在很大的差距。假设迪士尼公司出价要买下大峡谷，要将它开发成拥有全球最大滑水道的水上乐园。我们如何得知这个想法的效益是否大于成本？和往常一样，根据不同现状可以用两种方式问这个问题。如果现状是没有主题乐园，那么可以问人们所愿意接受的建造主题乐园的最低金额是多少（WTA）。另一种方式是，如果迪士尼目前拥有开发权，那么就问人们愿意支付多少钱（WTP）买这块地，以阻止主题乐园的开发。研究人员进行过调查，主要针对干净的空气及维护良好的公共公园这类的议题，来问问题。大多数研究发现，WTA远大于WTP［参见卡明斯、布鲁克雪尔和舒尔茨的论文（Cummings, Brookshire, and Schulze, 1986）］。典型答案上的差异实际上不能看出事情的全貌。就如一篇文献的两位观察者米切尔和卡森（Mitchell and Carson, 1989, p.34）提到过："使用WTA问题的研究不断收到大量的抗议性回答，像是'我不卖'或是'我要非常大或无限大的补偿金才同意'，而且经常碰到50%或更高的抗议率（断然拒绝回答问题）。"这些极端的反映就像是社区人们面对新风险提案时，如核电厂或废弃物处理设施，所表现出的愤怒情绪［康瑞瑟（Kunreuther）等人］。对这些人提出补偿通常没有用，因为他们会认为那是收买。①

对公平与公正的判断

禀赋效应的一个含义是，人们看待机会成本不同于"从口袋中掏钱"的成本。比起感觉到的损失，你放弃掉的收益所造成的痛苦还比较少。这样的感受强烈表现在人们对于公平行为的判

① 这种情况是，人们会大声说如何如何，但理论上却完全不是这样。有趣的是，对事件可能性进行评估的实务人士往往比较相信理论，而不是受访者［卡明斯、布鲁克雪尔和舒尔茨（Cummings, Brookshire, and Schulze, 1986）］。普遍接受的程序是用WTP来评估价值，即使在补偿的案例也是如此，它所根据的理论是，当收入效应很小时，WTP和WTA应该不会相差太多。

断上，卡尼曼、克内齐和塞勒（Kahneman, Knetsch, and Thaler, 1986a）发表的调查证据支持这个说法。他们以多伦多及温哥华的居民为样本，通过电话询问他们是否认为某项特定经济行为是“公平”的。在一些例子中，同样问题的另一版本被拿来问另一群受访者，每一个问题都要求受访者判断该行为是：（1）完全公平；（2）可接受；（3）有些不公平；（4）非常不公平。在报告结果时，（1）（2）两项被归为“可接受”，而（3）（4）两项被归为“不公平”。问题是被设计成利益的减少，还是实际的损失，会严重影响到公平与否的感受。例如：

问题A. 某热销车款开始出现缺货的情况，顾客现在必须等上两个月才能拿到车。某经销商一直以标售价格来卖车。现在它把车价调整为高出标售价格200美元。

受访者：130人　觉得可接受：29%　觉得不公平：71%

问题B. 某热销车款开始出现缺货的情况，顾客现在必须等上两个月才能拿到车。某经销商一直以低于标售价格200美元的折扣价在卖车。现在它将以标售价格来卖车。

受访者：123人　觉得可接受：58%　觉得不公平：42%

额外收费（顾客可能认为是一种损失）被认为比取消折扣（利益的减少）更不公平。这种区别解释了为什么那些向付现金的顾客收取一种价格，而对刷信用卡的顾客收取较高价格的公司总

把现金价说成折扣，而不是把信用卡价格作为额外收费。[塞勒（Thaler, 1980）]

人们对损失与收益减少的不同反应程度，可能可以解释为什么在通货膨胀时期更容易削减实际工资：

> 问题A. 一家利润微薄的公司，其所在的区域正面临高失业率，但没有通货膨胀。该公司决定今年要减薪7%。
>
> 受访者：125人　觉得可接受：37%　觉得不公平：63%
>
> 问题B. 一家利润微薄的公司，其所在的区域正面临高失业率且有12%的通货膨胀率。该公司决定今年只加薪5%。
>
> 受访者：129人　觉得可接受：78%　觉得不公平：22%

在这个例子中，当被设计为名义工资增加时，实际工资削减7%就被认为是公平的（问题B），但是当被设计为名义工资削减时，则被认为是相当不公平的（问题A）。

一般大众对公平的态度，表现在他们对这些公平性问题的回答中，这样的态度也充斥于许多法律领域法官所做的判决中。针对这个原则，最高法院法官奥利弗·温德尔·霍姆斯（Oliver Wendell Holmes, 1897）是这样解释的：

> 这是人类思维的本性。长期以来你喜欢并长期使用的、以为属于自己的东西，无论是财产或是观点，无论你是如何得到它的，它都会深深地根植于你的身体之中，别人要拿走它，必

使你痛恨并尝试自我防卫。法律所要求的正当性来自人类最深刻的直觉。

科恩和克内齐（Cohen and Knetsch, 1990）的研究说明，正如这句俗话“所有权为十分之九的法律”（possession is nine tenths of the law）所说的，这个原则也反映在许多司法观点中。例如，在侵权法中，法官会区分“因支出造成的损失”与“未实现的收益”。在某个案例中，被告的卡车上掉落的货物，砸中一根电线杆，造成原告的工厂断电。原告可以从被告那里得到支付给员工的工资，因为那是“正花费”（positive outlays），但是不能收回损失的利润，因为那只是“负损失（negative losses），只是赚钱机会的剥夺”。在合同法中也有类似的区分。如果违约的行为是为了获取未知的收益，而不是为了避免损失，在这种情况下，违约的一方可能会被要求遵照原来的约定。

评论

经济反常现象的本质就是它们违反了标准的理论。下一个问题是我们该怎么处理这个问题。在许多案例中，没有明显地可以修正理论的方法去符合现实，原因不外乎因为我们了解得太少，或是因为改变会大幅增加理论的复杂性，降低其预测的效果。然而，我们以禀赋效应、现状偏见及损失规避为主题所描述的反常现象，则可能是个例外，在这里需要对理论所做的修正既明显又容易处理。

要做的修正并非细枝末节：必须要放弃“偏好次序是稳定的”这个重要观念，将次序改为支持决定于目前的参考水平的偏好次序。偏好理论的修正版本将会给予现状一个特别的角色，扬弃一些关于稳定性、对称性及可逆性的标准假设（这些数据被证实是错误的）。不过这项任务没有那么艰巨，是可以处理的。把偏好理论一般化到用参照水平标记排序的无差异曲线中的方式很直接[特沃斯基和卡尼曼（Tversky and Kahneman, 1991）]。在评估结果时决定参照点的因素很容易理解：现状的角色以及权利和预期的角色，必须要建立起来，使得这些因素可以在做特定分析时，用来确定相关参照水平。

如萨缪尔森和泽克豪斯所述，忽略现状偏见的理性模型倾向于预测出“不稳定性高于现实世界所观察到的”。这段叙述应该要再加上：忽略损失规避的模型所预测的对称性及可逆性高于现实世界所观察到的，这是因为它忽略掉人们对利益和损失的反应在程度上可能存在的巨大差别。例如，对价格上升的反应和对价格下跌的反应，可能不是永远都像照镜子一般的对称。更一般化而言，损失规避效应显示出，在经济变量上对“改变”的反应的处理，应该例行性地将有利的改变和不利的改变分开处理。引进这样的区别处理，可以在复杂度增加的环境中，以可接受的价格或代价提高预测的精确度。

05
禀赋效应、损失规避及现状偏见

在这个议题上经过十几年的研究后，我们已经确信禀赋效应、现状偏见及损失规避是真实存在且非常重要的。我们再一次承认这个概念现在是我们天生禀赋的一部分，因而我们在天性上希望保留它，而不像其他人那样希望获取它。

本章与丹尼尔·卡尼曼及杰克·克莱乔合著

06

偏好反转

你曾经接到一个很有趣的任务：某个中东小国的交通部部长，请你对该国的高速公路安全计划提些建议。该国每年大约有600人死于交通事故，他们正在考虑两个可降低伤亡人数的计划。计划A预期可以将每年伤亡人数减少到570人，每年的预算成本为1 200万美元。计划B预期可以将每年伤亡人数减少到500人，每年的预算成本为5 500万美元。该国交通部部长问你哪个计划更有可能取悦选民。

你雇用了两家民意调查公司。第一家民调公司直接询问市民比较喜欢哪个计划。发现大约有2/3的受访者比较喜欢计划B，也就是能拯救更多生命的计划（虽然拯救生命的成本较高）。另一家民调公司使用“配对”程序，它告知受访者这两个计划的信息，但是没有告知计划B的成本。然后请这些受访者指出，要让两个计划看起来具有相同的吸引力，计划B的成本应该是多少。这家民调公司的推论是，受访者对这两个计划的喜爱程度，应该可以从他们对这个问题的反应中看得出来。也就是，如果受访者认为计划B的成本低于5 500万美元，两个计划对他而言是没有差别的，那么这位受访者应该是偏好计划A。另一方面，受访者如果愿意为计划B支付超过5 500万美元，那么此人应该是偏好计划B。然而，这项调查的结果发现，超过90%的受访者提出的成本价小于5 500万美元，这表示实际上他们偏好计划A而不是计划B。

这样的结果绝对是让人很困惑的。当人们被要求在两个选项中做选择时，非常明显的是大多数人喜欢B多于A，然而，当他们被要求对这两个选项估价时，绝大多数人所给的价格，显示他们喜欢A多于B。的确，第一家公司的简单选择方式所得出的是对人类生命隐含价值的估价，是另一家公司用配对程序得出的价值的两倍。

你怎么向这位部长报告呢？你决定召集一个内部会议，对这样的结果提出各种解释。也许其中一家民调公司弄错了，也许人们对于涉及人类生命价值的问题就是想不清楚，尤其是在中东地区。然而，内部会议中有人指出，我们有理由认为这两个调查都是可以信任的，因为最近有些心理学的研究[①]显示，在范围广泛的其他问题上（包括甄选应聘者、

① 请见特沃斯基、萨塔斯和斯洛维克的论文（Tversky, Sattath, and Slovic, 1988）。关于这两个高速公路安全计划的例子即出自这篇论文。

06
偏好反转

消费产品、储蓄计划等），他们也得到同样的结论。心理学家的结论是，构成现代决策理论的偏好观念，比起经济学家通常所假设的，更具不确定性，因为不同的诱导方法常常会引起系统性的不同偏好排序。这怎么办？部长先生还在等你的回答呢。

近二十年来，经济学家及心理学家被涉及风险前景不一致的问题所困扰。受试者先是被要求在两个预期价值几乎相同的赌局中做选择。一个赌局我们称为赌局H，它有比较高的赢得小赌注的概率（例如：有8/9的概率可以赢得4美元），而另一个赌局被称作赌局L，有较低的赢得大赌注的概率（例如，有1/9的概率可以赢得40美元）。大多数的受试者会选择赌局H。然后，问受试者如果他们拥有这两个赌局，他们愿意出售的最低价格分别是多少。令人惊讶的是，大部分的受试者将赌局L的价格定得比较高。（在使用这两个特定赌局为例的最新研究中，结果是71%的受试者选择赌局H，而67%的受试者将赌局L的价格定得比赌局H高。）这样的现象被称作偏好反转。萨拉·利希滕斯坦和保罗·斯洛维克（Sarah Lichtenstein and Paul Slovic）首先在一系列的研究中展示了这样的反转，其中一项研究是以真正的货币在拉斯维加斯的四皇后赌场进行的。

他们不是偶然得到这个结果的。在更早期的研究（Slovic and Lichtenstein, 1968）中，他们就已观察到，赌局的买卖价与收益更相关，然而赌局之间的选择（以及赌局吸引力的排名）与输赢概率的相关程度高于收益。作者的推测是这样的：如果用来引出偏好的方法，会影响到赌局成分的权重，我们就有可能建构成对的赌局，在这对赌局中，同一个人会选择其中的一个赌局，但是将另一个赌局定出较高的价格。实验测试的结果支持这样的推测。

偏好反转的现象提出了一个很少在经济学中讨论的议题：偏好的概念是如何运作的？如果在能得到B的情况下选择了A，或是A的保留价格（为了获得某物所愿付的最高价格）高于B，我们会说A优于B对选择的标准分析是假设这些程序会引出同样的排序。这项要求被称为“程序不变性”——很少以明确的定理出现，但确保偏好关系能够明确定义是必要的。程序不变性的假设不是偏好研究中独有的假设。举例来说，在测量重量时，我们可以使用天平或是弹簧秤来确定哪个物体较重，我们预期两种测量程序会产生同样的排序。然而，不同于重量或长度等物理性的测量，用不同方法激发的偏好，常常会引起系统性的排序差异。

首次接触偏好反转现象的经济学家是戴维·格雷瑟和查尔斯·普洛特（David Grether and Charles Plott, 1979），他们设计了一系列的实验“以证明心理学家的研究成果应用在经济学上并不恰当”。这两位作者一开始就罗列了13个反对的原因及可能的人为操作，以说明偏好反转现象与经济理论无关。他们的清单包括了：动机不足、收入效应、策略性反应以及实验者是心理学家的事实（有可能会引导出特定的行为）。他们试图以各种方法消除偏好反转（例如，提供特别的激励系统），但都无效。的确，受试者面对财务激励时的反应，较面对单纯假设性问题的对照组的反应，更常出现偏好反转的现象。心理学家和经济学家后续的研究使用了不同的程序，但都得到了类似的结论。[早期文献回顾，参见斯洛维克和利希滕斯坦（Slovic and Lichtenstein, 1983），近期的参考文献参见特沃斯基、斯洛维克和卡尼曼（Tversky, Slovic, and Kahneman, 1990）]。

虽然这些实验研究证实了偏好反转现象的有效性及稳健性，但是对这种现象的解释和说明仍是模糊的。为了系统性地阐述这个问题，我们必须引入一些符号。我们将赌局H和赌局L（H为赢率高的赌局，L为赢率低的赌局）的"现金相当价"（或是最低出售价格）分别以C_H和C_L表示。再以$\succ$及$\approx$分别代表"严格偏好"和"无差异偏好"。现在我们回顾一下，偏好反转发生在偏好H甚于L，但是对L的定价高于H时，也就是H$\succ$L，且$C_L > C_H$。请注意$\succ$是指选项之间的偏好，而$>$是指现金数额的排序。[①]我们不难看出，偏好反转意味着偏好关系（$\succ$）具有"不可传递性"，或是程序不变性不成立，或两者兼而有之。现在再回想一下，如果程序不变性成立，则当且仅当B的现金相当价等于X，也就是$C_B=X$时，

① 我们假设以金钱衡量的结果$X > Y$，则意味着$X \succ Y$，也就是，我们偏好较多的金钱甚于较少的金钱。

决策者在赌局B和现金X之间做选择是无差异的。所以，如果程序不变性成立，那么偏好反转意味着偏好的不可传递模式如下：

$$C_H \approx H > \mathrm{L} \approx C_L > C_H$$

上面两个不等式出自上述所假设的偏好反转，同时两个等式遵循程序不变性。

因为大家普遍地将程序不变性视为理所当然，许多作者将偏好反转解释为不可传递性，也有些人提出非传递性的选择模型来解释这个现象［请见鲁默斯和萨格登（Loomes and Sugden, 1983）；菲什伯恩（Fishburn, 1985）］。然而，偏好反转并不表示循环选择，如果程序不变性不成立的话，它可能符合可传递性。标准模型[①]的偏好反转，亦即偏好H却给L的定价更高，可能是因为选择与定价之间的两种不一致性所产生的：要么对L定价过高，或是对H定价过低。如果决策者对赌局保留价格的偏好甚于赌局本身，在另一个场合要做选择时，就会出现对L定价过高的情形（即C_L>L）。如果决策者偏好赌局甚于其价格，在另一个场合要做直接选择时，就会出现对H定价过低的情形（即H>C_H）。（定价过高及定价过低这两个词，只是用来指出定价与选择之间的不一致，并不表示选择代表着一个人的“真实”偏好，而在定价时存在误差。）

① 这是标准的偏好反转模型。另一个可能的偏好反转模型，即选择L但给H定较高的价，则是很少见到的。我们使用偏好反转这个词，指的是这个标准的模型。

对偏好反转第三种可能的解释来自用来得出“现金等价值”的回报机制。为促使受试者做出谨慎及真实的反应，许多研究人员采用以其原创者贝克尔、德格鲁特和马希克（Becker, DeGroot, and Marschak, 1964）命名的BDM报酬计划。在受试者陈述了赌局的出售价格之后，实验会以随机的方式产生报价。如果报价超过所说的出售价格，受试者可以得到这个报价的现金；如果所说的出售价格超过报价，受试者可以玩这个赌局。因此，受试者所说的价格只是用来决定受试者可以玩赌局，或是可以得到现金，但是它无法决定现金的数额。只要受试者是会将预期效用最大化的人，这个程序就是激励相容的：决策者没有动机说出一个与其实际现金等价值不同的出售价格。然而，如同霍尔特（Holt, 1968）、卡尼和塞弗拉（Karni and Safra, 1987）、西格尔（Segal, 1988）所说的，如果决策者不遵守预期效用理论的独立性（或下降）公理[①]，BDM程序就无法确保所说的价格能反映赌局的现金等价值。的确，卡尼和塞弗拉指出，在BDM计划下观察到的偏好反转，符合非线性概率的预期效用理论的一般化版本。

所以我们现在有三种偏好反转的解释。它们可能是由于违反可传递性、程序不变性，或是独立性公理而产生的。要决定哪

① 大体上说，独立性公理大概是这样的：如果你偏好A甚于B，那么在相同概率p下，你应该偏好可以赢得A甚于赢得B。虽然该公理在抽象概念上很吸引人，且在一些很明显的应用上被遵守，但是还是有许多做决策的情况，是违反这项公理的。

一个解释是正确的，我们需要解决两个问题。第一，我们需要一个实验程序来分辨可传递性的失败与程序不变性的失败。第二，我们需要一个不依赖预期原则的、与激励相容的报酬计划。这两项要求在特沃斯基、斯洛维克和卡尼曼（Tversky, Slovic and Kahneman, 1990）最近的研究中都得到了满足。

研究人员为了区别不可传递性和程序不变性的解释，延伸了原先的设计，在标准的H及L赌局之外，还纳入现金数额X，用来与两者做比较。也就是说，要受试者在{H，L，X}中任意两者之间指出偏好。使用以下所叙述的方法，受试者也会对两个赌局提供现金等价值，C_L及C_H。我们用标准的偏好反转模型，默认现金数额X介于这名受试者提供的C_L及C_H之间（即，H>L，$C_L > X > C_H$），就有可能根据是否因不可传递性，或高估L、低估H，或是两者都有，来诊断出每种偏好反转的模型。例如，如果受试者指出L>X且X>H，那么此人的偏好就是不可传递的，因为我们只注意H>L的情况。另一方面，如果受试者是高估了赌局L，那么他们反应的模型将会是X>L及X>H（受试者对L的定价大于X，但是在面对X和L的抉择时，他们选择的是X）。这样的模型符合可传递性，虽然它是偏好反转。

这个研究的结果非常清楚。它利用涵盖大范围收益值的18组{H，L，X}，得到一般的偏好反转率（40%~50%），但是只有10%的偏好反转是不可传递的，剩下的90%则违反程序不变性。显然偏好反转的主要来源是对赌局L的定价过高，这种模型在观察到的模型中占了近 2/3。（请注意，如果受试者随机做选择，那么标准型偏好反转的预期发生率是 25%。）

排除“不可传递性”是造成偏好反转的主要原因之后，现在让我们来看看报酬计划的效果。卡尼和塞弗拉（Karni and Safra, 1987）表示，设计一个不依赖预期效用理论而又激励相容的报酬计划以得到现金等价值，即使有可能做到，也是非常困难的。幸好，要显示偏好反转现象，并不需要得出真实的出售价格，建立它们的排序就足够了，而排序在宽松的条件下就可以得到。假设受试者面对两个任务：分别对每一个赌局定价，以及在成对的赌局中做选择。受试者被告知，这些成对的赌局在这项过程结束时会随机选择一对赌局来玩。要决定可以玩哪一个赌局，先要使用一个随机机制来确定是要用选择，还是用价格，作为选取的准则。如果用的是“选择”数据，那么受试者就玩选中的赌局。如果用的是“定价”数据，那么受试者就玩定价较高的赌局。

后面这个程序，称为“次序报酬计划”，受试者提出的价格仅用于每一对赌局的排序。因此，要符合一致性，价格排序和选择排序应该相同，无论受试者是否为预期效用最大化的人。所以，如果先前观察到的反转现象，是由预期效用理论失败所造成的，那么它们在次序报酬计划下，不应该会发生。这个预测被彻底否定了。因为无论实验是采用BDM计划、次序报酬计划，或是根本没有报酬的计划，反转的发生率都差不多（40%~50%）。这项发现显示，偏好反转不是由BDM程序造成的，因此不能用违反预期效用理论的独立性（或下降公理）来解释。

特沃斯基、斯洛维克和卡尼曼的研究可以总结如下。第一，不可传递性本身只占了偏好反转模式的一小部分。第二，偏好反转不太会受到报酬计划的影响，因此不应归责于预期效用理论的失败。第三，偏好反转最主要的原因是程序不变性的失败，更准确地说，是对赌局L的定价过高。也就是说，与赌局L有关的最低出售价格（与赌局H无关），相较于赌局与现金数量之间的选择太高了。博斯蒂克、赫恩斯坦和卢斯（Bostic, Herrnstein, and Luce, 1989）最近的一项研究使用稍有不同的设计，进一步支持了上述结论。

这项分析提出了一个新问题：人们对低概率、高报酬的赌局为何会定价过高？如果人们比较偏好实实在在的少量现金（比方说 10 美元），而不是去赌一场有 1/3 概率赢得 40 美元的赌局，那么，他们为何会给这个赌局超过 10 美元的现金等价值？研究显示这个违反直觉的发现是普遍的相容性原则的结果，这个原则显然在人类的判断及选择上扮演重要的角色。

相容性假说

“刺激–反应相容性”的观念，是由研究直觉与运动神经功能的学者提出的。例如，排列成四方形的四个燃气灶上的燃烧器，其控制钮如果排成和燃烧器一样的四方形，将会比排成一排更容易操控。斯洛维克、格里芬和特沃斯基（Slovic, Griffin, and Tversky, 1990）延伸了这个概念，并提出刺激因素在判断或选择上的权重，会因其“反应尺度”相容性而提高。这个尺度相容性假说的推理有两个层面。第一，如果刺激与反应无法搭配，就需要额外的心理操作让两者能对应上。这样会增加工作量及错误，且可能会降低刺激方案的影响。第二，反应模式倾向于将注意力集中在刺激方案可以相容的特性上。由于没有相容性的正式定义，也没有独立的测量程序，所以分析都是不正式和不完整的。然而，在许多情况下，相容性排序已经够清楚，可以由实验检验。

斯洛维克、格里芬和特沃斯基的一项简单研究显示，在某个案例中，相容性假说做出了明确的预测。他们从《商业周刊》前100强公司挑出12家，提供给受试者这些公司的两项信息：该公司1986年的市值（单位为10亿美元）以及以1987年利润计算的该公司排名（在100强公司的排名）。然后请一半的受试者预测1987年的市值（单位为10亿美元），而另一半的受试者则被要求预测以1987年市值计算的公司排名。因此，每位受试者都有一项以相同标准衡量（金额或排名）的预测指标作为因变量以及一项以不同标准衡量的预测结果。如同相容性所显示的，当预测变量以相同标准表示时，每个预测指标都得到了较大的权重。结果就是，用货币预测1986年市值的相对权重比用排名预测的大一倍。这个影响产生了许多反转现象，常常有一家公司排名在另一家公司之前，但是市值的排序却是倒过来的。

因为赌局的等价现金值是以金额表示的，相容性意味着以相同单位表示的报酬，在对赌局定价时会比在选择赌局时，有较高的权重。更进一步说，由于赌局L的报酬远大于赌局H的报酬，相容性偏差的主要结果会是对赌局L的定价过高。因而，相容性假说解释了偏好反转最主要的原因，即对低概率高报酬赌局的定价过高。这项原因得到另外一些研究发现的支持。斯洛维克、格里芬和特沃斯基提供给受试者非货币奖励的H与L赌局，例如一周内免费看电影的入场券，或是豪华餐厅的两人份晚餐。如果偏好反转主要是因价格与报酬的相容性造成的，即两者都以金额表示，那么使用非货币奖励将会大幅降低反转的发生率。结果确实如此。偏好反转的发生率降低了近50%。施卡德和约翰逊（Schkade and Johnson, 1989）的发现，给偏好反转中相容性所扮演的角色提供了另外的支持。他们使用计算机控制实验，受试者一次只能看到每个赌局的一个成分。在定价任务中，受试者花在看报酬的时间远多于任务选择者。当受试者产生偏好反转时，这样的模式很显著，但当受试者产生一致反应时则不显著。受试者在定价时比在选择时更注意报酬，这个发现支持了这样的假说：人们会集中注意力在与反应模式最兼容的刺激因素上。

虽然相容性假说可以解释成对赌局之间的偏好反转现象，但这样的解释并不依赖于风险的存在。的确，这个假说显示涉及货币的无风险选项，例如未来的收入，其选择与定价之间也有类似的分歧。假如（X，T）表示T年后可以得到X金额的机会。现在有两个选项：长期选项L（2 500美元，5年）和短期选项S（1 600美元，1.5年）。假设受试者可以在L和S之间做选择，或者可以对两个选项定价，说出他们愿意交换那些未来收入的最低立即支付现金数额。根据相容性假说，货币数额X在定价上发挥的作用比选择上大。因此，偏好反转应该会发生，受试者在直接做选择时，偏好短期选项甚于长期选项，但是对长期选项的定价则高于短期选项的定价（也就是，S>L且$C_L > C_S$）。这正是特沃斯基、斯洛维克和卡尼曼（Tversky, Slovic, and Kahneman, 1990）所观察到的模式。这些研究人员给予一大群受试者现值可以比较的成对选项S及L。受试者在两者之间做选择，同时也对每个选项分别定价。结果这些受试者的行为符合预测的偏好模式。整体而言，有74%的受试者会选择短期选项，但是有75%的人会给长期选项定的价高于短期选项，反转的发生率超过50%。没有预测到的反转发生率低于10%。更进一步的分析显示，在有风险的情况下，偏好反转的主要原因是对长期选项的定价过高，这正是受限于相容性。这些发现指出，偏好反转现象是普遍现象的一个例子，并非选择赌局时的特例。

的确，偏好反转现象不是程序不变性失败的唯一例子。如同在本章引言中讨论的拯救生命案例所呈现的，特沃斯基、萨塔斯和斯洛维克（Tversky, Sattath, and Slovic, 1988）已证明选择与价格配对之间的相关差异。这些研究者观察到，重要因素在选择上比在配对上，具有更决定性的影响。例如，在高速公路安全性问题上，在直接做选择时，人类生命的价值比起在价格配对时要高得多。回想一下，在这个研究中受试者在做直接选择时，选择的是能拯救更多生命的计划，但是在陈述价格时，则是偏爱花费少的计划。结果，选择相对于价格配对更依靠重要性排序——在选择上，最重要的因素会有比较重的权重。在风险性选择的情况里，赫尔希和休梅克（Hershey and Schoemaker, 1985）记录了其他违反程序不变性的情况。他们先要求受试者对一些赌局说出其现金等价值，例如一个有 50%概率赢得 100 美元的赌局。假设受试者的报价是 40 美元。稍后，受试者被要求指出以多少概率赢得 100 美元，才能使这个赌局与稳赢 40 美元的赌局有相同的吸引力。如果程序不变性成立，那么受试者应该回答 50%。然而，受试者并没有重复这个概率，他们的偏离是系统性的而非随机的。戈尔茨坦和艾因霍恩（Goldstein and Einhorn, 1987）还介绍了其他关于选择和赌局排序的违反程序不变性的情况。

评论

表面上看，这些（显示偏好反转的）数据确实不符合偏好理论，这对于经济学里研究的优先级问题具有广泛的影响。这种不一致性不只是单纯地由于不可传递性或随机的可传递性。它显示出在最简单的人类选择背后不存在任何类型的最优化原则，同时也显示出，市场行为背后的人类选择行为的

一致性的根源，可能与大家普遍接受的原则完全不同。[格雷瑟和普洛特（Grether and Plott, 1979）]

在过去的二十年里，无数的研究已经发现了偏好反转现象，但是它的原因直到最近才被揭示出来。显然，偏好反转不能单单归因于不可传递性或违反预期效用理论的独立性公理。它似乎产生于选择与定价之间的不一致，而这种不一致则是由度量尺度的相容性诱发的。几个新的实验开始支持这个解释，同时在时间偏好领域也发现了新的反转。偏好反转在经济学及决策理论上有何意义？这个现象或是这一类现象，挑战了传统的假设，传统假设认为决策者有固定的偏好次序，任何可靠的诱导程序都可以精确地获得这个次序。今天，如果选项A的定价高于选项B，我们在直接比较时就不能假设对选项A的偏好永远高于B。证据显示，不同的诱导方法会改变选项因素的相对权重，从而产生不同的排序。

这些发现与标准的经济选择模型形成了对比，标准模型的建立是假设在有完全信息的情形下，人类的行为就像是可以查阅的偏好档案一样，会根据相应情形做出回应：选择最偏好的物品，支付该物品的价值并取得它，如果有人出价高于其价值就出售它，依此类推。程序不变性原则在两种条件下可能会成立。第一，人们有预设的偏好。如果你偏好足球甚于歌剧，那么无论你是在活动的选择上，或是门票的购买上，这个偏好都会出现。然而，即使人们没有默认的偏好，程序不变性也可能成立。我们无法立即知道 7×（8＋9）等于多少，但是我们有一套算术方法计算它，无论我们在加法之前先算乘法，或是在加法之后再算乘法，都会得到相同的答案。本章所提到的实验结果显示上述两种情况都不成立。第一，人们不是对所有的状况都有一套预先确定的偏好。其实，偏好是在做选择或判断的过程中建立起来的。第二，做选择或判断时的情境及程序，会影响偏好反应。实际上，这意味着行为可能会因情况而不同（虽然在经济学家看来这些情况是相同的）。例如，如果不同的拍卖程序（在理论上是相等的）本身影响到出价行为，就可能会产生不同的拍卖结果。

三位棒球裁判之间的著名谈话也许可以启发我们理解偏好的意义以及价值的地位。第一位裁判说："我看到什么，就说它们是什么。"第二位说："它们是什么，我就说什么。"第三位说："在我做决定之前，它们什么都不是。"类似地，关于价值的本质我们能说出三种不同的看法。第一，价值是存在的，就像人的体温一样，人们能感受到并且可以尽其所能说出来，可能有误差（我看到什么，就说它们是什么）。第二，人们明确地知道他们的价值及偏好，就像他们知道乘法口诀一样（它们是什么，我就说什么）。第三，价值或偏好是在诱导的过程中一并建立起来的（在我做决定之前，它们什么都不是）。在这一章中所回顾的研究，最接近第三种看法：偏好是依赖不同情境逐步建构起来的。

本章与阿莫斯·特沃斯基合著

07

跨期选择

换个角度，这次你接到一个电话，通知你在本地信用合作社举办的彩票活动中获得100美元。现在你有两个选择：立即领取现金，或是一段时间之后领得更多的钱。如果要等一个月，你愿意接受的最低增额是多少？如果是1年呢？10年呢？（假设这样的等待是没有任何风险的。）如果金额是5 000美元，你的回答会如何？请先决定你的答案，再往下看。

当答案是5 000美元时，是否等于100美元乘以50？你针对这两个问题的答案，是否等于在那段等待时间内你能赚到的利息？如果不是，你的行为就不是根据跨期选择的经济理论来进行的。

跨期选择是指成本和利益分散在各个时期里进行的决策，它是很常见也是很重要的决策活动。要读几年书、跟谁结婚、要不要生小孩、要为退休存多少钱、如何投资、要不要买房子，以及如果买房子要买哪一套——所有这些极为重要的决策，都有很强的跨期因素在里面。在个人决策的例子中，跨期选择也是很有趣的，因为相关的经济理论做了超乎寻常的可检验的预测。在许多情况下，个人行为的经济理论都是不可检验的，因为理论预测的结果太模糊了。几乎任何人类的选择，无论有多奇怪，都可以因为找到某些效用函数而得到合理化，使得这些特殊的选择成为最优解。相对来说，对那些涉及不同时期的现金流（收入及支出）的选择，经济学理论做了精确且可以检验的预测，即（对于边际收入及支出）人们应该以（税后的）市场利率（r）贴现现金流。

资本市场为消费者创造了内部套利的机会。假设利率为 10%，一个消费者可以用此利率借钱及放贷。如果现在有一个投资机会，收益率 12%，这名消费者可以借钱来做这项投资，因而可以在各个时期享受更多的消费。而其他收益率低于 10% 的投资机会都应该拒绝，因为它们在资本市场不具备优势。[①]这意味着，消费者应该做跨期的取舍，以使他们的边际时间偏好率与利率相等。而且消费者在他们的跨期选择上，应该要有一致性。在任何情况下，他们所使用的贴现率都是固定不变的。然而，研究显示，每年观

① 资本市场的金钱来源为储蓄，都被借去做更高收益率的投资了。

察到的行为中隐含的贴现率，会因为情况而有所不同，可以在负数到几百个百分点之间变动。

一个贴现率明显为负数的例子是，绝大多数美国纳税人每年都从联邦税务局收到退税。而这些无息借给政府的钱只要调整扣税率就可以轻易地避免掉。类似地，许多学校的教师可以选择每年领 9 个月薪水（当年 9 月到次年 6 月），或是每年领 12 个月薪水（当年 9 月到次年 8 月）。大部分教师会选择后者。最后，生命周期消费选择的研究显示，在还有工作时（退休之前），消费活动倾向于随着时间的推移而增加。在没有借贷限制的情况下，这一模式只有在人们的贴现率是负数时，才会符合生命周期理论。（更多这方面的内容请见第 8 章）

非常高的贴现率的例子也很容易找到。西弗吉尼亚州最近的一条法案修正，就是一个例子。最新的法案是说，未满十八岁的学生如果辍学的话，将会失去他们的驾照。第一年实施的结果发现，这条法案使得辍学率降低了 1/3。令人难以相信，有 1/3 的高中辍学学生会因为可能丧失驾驶权利一年或两年（或更精确地说，在这段时期无照驾驶的预期成本），而推翻理性的人力资本投资决策，决定完成高中学业。可以说，这样的行为揭示了极为缺乏远见的偏好。一项类似的缺乏远见的行为，可以在一位皮肤科医生的感叹里得到印证，这位医生如果警告病人晒太阳会有罹患皮肤癌的风险的话，效果的不大，但是“当我告诉病人晒太阳可能造成毛孔粗大并产生黑头时，他们就会比较听我的话”。

不只是青少年和日光浴爱好者才有这么高的贴现率。大部分的家庭在他们的阁楼和墙壁上没有装隔热设备，他们也不去买比较贵的省电电器，即使这些额外的花费在不到一年的时间里就可以回本。豪斯曼（Hausman, 1979）对空调购买行为的研究，检视了消费者在购买价格和延迟的电费账单之间的取舍行为，估算出平均的消费者贴现率大约是25%。盖特利（Gately, 1980）做了后续研究，比较许多种在原始售价和耗电量方面不同电冰箱的，结果显示，购买便宜机种所隐含的贴现率高得惊人：当假设电力成本为每度3.8美分时，贴现率为45%到130%，假设每度为10美分时，贴现率为120%到300%。最近，鲁德曼、莱文和麦克马洪（Ruderman, Levine, and McMahon, 1986）计算了不同种类家用电器（市面上的平均机种，而非最有效率的机种）所隐含的贴现率，包括电暖器、空调、热水器、冰箱和冰柜。他们发现室内空调的隐含贴现率为17%，低于豪斯曼的估计。然而，其他电器的贴现率则高得多，例如天然气热水器，102%；电热水器，243%；冰柜，138%。对于这些低效率的电器，经济理论有清楚的预测：它们不会被生产出来。但是它们不但被生产了，消费者还购买了。①

① 会购买低效率的电器用品可能有两个其他的解释："无知"及"无流动资金"。根据"无知"假设，顾客不知道，或是懒得去了解，购买效率较高机种的好处，即使信息在政府规定的标签上有明确的显示。根据"无流动资金"的论点，顾客非常缺现金，以至于他们买不起更有效率的机种。（当然，他们正是那种会去买便宜机种的顾客！）因为大部分的电器可能是用信用卡购买的，而且因为省电也只是相对贵一点点而已，因此借款限制似乎不是真正的理由。

因此，一如往常，只要有可检验的预测，就会有反常现象出现。这一章接下来是要检验一些人们不以市场利率或其他任何单一贴现率来折算现金流的情况。在实验室及实地决策环境中观察到的贴现率，都取决于以下因素：被贴现金额的大小（强度）与正负值（收益或损失），时间延迟，必须立刻做选择还是可以延迟，所设计的选择方法，未来的收益或成本会带来享受或是恐惧。

个人贴现率的变化

塞勒早期的实验探讨了上述效果的前三项（Thaler, 1981）。受试者（大部分是学生）被要求想象他们在银行举办的抽奖活动中赢了一些钱。他们可以立即拿走这些钱，或是以后再拿。然后，实验人员问要多付给他们多少钱，他们才会觉得以后再拿钱和现在就拿钱具有同样的吸引力。每一位受试者拿到一张 3×3 规格的表格，并依据不同的时间长度，填入所需的金额。问卷有四种版本，三种有收益，一种有损失。在有损失的版本中，受试者被要求想象收到一张交通罚单，他们可以立即缴纳罚款，或是等待一段时间再缴（但是金额较高）。在所有的情况下，受试者被要求假设如果他们等待的话，不会拿不到奖金（或是缴罚款的情况，等待一段时间后还是要缴），即没有风险存在。所有的支付都以邮寄方式[①]发放（或缴纳）。因此，实验控制了我们关心的三个变量：等待的时间长度，结果的强度，结果是收益或损失。

从受试者的反应中，出现了三种重要的模式。第一，贴现率随着等待时间的加长而明显下降，这与早期动物实验（Herrnstein, 1961; Ainslie, 1975）的发现是一致的。第二，贴现率随着收益的的增加而下降。小额奖金（小于 100 美元）的贴现率非常高，而那些大金额的贴现率是比较合理的。第三，收益情况的贴现率比起损失情况的贴现率高出许多。受试者需要得到许多补偿金才愿意晚拿到收益，但是不愿意为了延迟缴纳罚金而支付太多。

在本齐恩、拉波波特和亚格尔（Benzion, Rapoport, and Yagil, 1989）所做的大规模研究中也得出了同样的发现。他们使用 4×4×4 的设计，控制延迟时间的长度（0.5 年、1 年、2 年、4 年）、金额（40 美元、200 美元、1 000 美元、5 000 美元）、情境（延迟收益、延迟损失、立即收益、立即损失）。受试者为两所以色列大学的经济金融系的大学生和研究生，这是较为复杂的受试群体。他

---

① 在这个研究及这里所谈到的另外一些研究中，所问的问题都是假设出来的。当然，在其他情况不变的条件下，最好是以真实的选择来做研究。毕竟，在是使用假设方法或是用金钱的方法之间，需要审慎权衡。使用假设方法的研究，我们可以请受试者考虑大金额的情况（不论是获利或损失），以及一年或更长时间的延迟。在使用金钱的研究中，实验者必须降低筹码的金额及延迟的时间长度，同时也很难研究真实的损失。同样地，在假设问题的研究中，我们可以要求受试者假设未来的支付是没有风险存在的，但在使用真实筹码的实验中，受试者必定会评估实验者的可靠性。令人安心的是在这个领域及其他许多领域中，使用假设性选择所得到的结果，在使用真实选择的研究中也同样出现，案例参见霍罗威茨（Horowitz, 1988）、霍尔库姆和尼尔森（Holcomb and Nelson, 1989）的研究论文中所举的例子。

们研究的结果如图 7–1 所示（四种情况的平均）。从图中可清楚看出，随着等待时间以及奖金数额的增加，贴现率大幅下滑。①

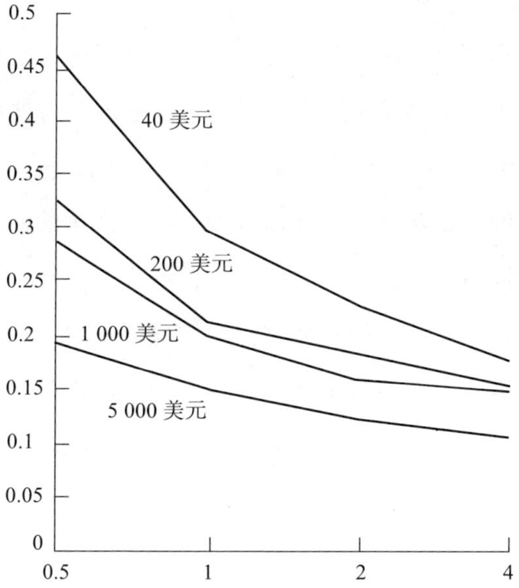

图 7–1　贴现率与延迟时间、货币数额的函数

资料来源：Benzion et al（1989）.

① 很明显，在这些实验中，无论受试者选择的是何种模式，市场利率都不会决定于货币金额或延迟的时间，但是这不表示实验的证据与经济学是不相关的。经济学关心的是市场价格和个人行为的预测。虽然套利者可以确定一个人无法从连续买卖 12 次一个月期的国库券赚取高于单次买卖一年期债券的利息，但这不保证在个人层次的预测就是正确的。如果汽车顾客决定贷款买车，而不选择更具吸引力的现金购车折扣，那么对其他人而言，将没有（无成本的）套利机会。银行可以尝试说服汽车购买者，选择享受折扣并向银行借贷购车款项是较有利的做法，但是这样的营销活动很费钱，且消费者可能会怀疑银行给他们的建议的公平性。

我们将依次讨论这三种强烈的贴现率变动模式。

动态的不一致性

贴现率和延迟时间之间的负向关系，对于行为的动态一致性有重要的影响。如图 7–2 所示，假设某人必须在两种收益之间做选择：一种是较小但较早的收益 S，会在 t_1 时间点发生；另一种是较大但较晚的收益 B，会在 t_2 时间点发生。[①]图中的曲线，代表个人在不同时间点，所感受到的两种收益的现在效用。如果个人是以固定的贴现率（即不同延迟时间的贴现都是固定的）来贴现未来的话，那么两条曲线将永远不会相交。然而，就像我们在实证研究中看到的，如果贴现率作为延迟时间的函数是递减的，那么两条曲线可能会相交，产生偏好反转。当两种收益的实现时间都

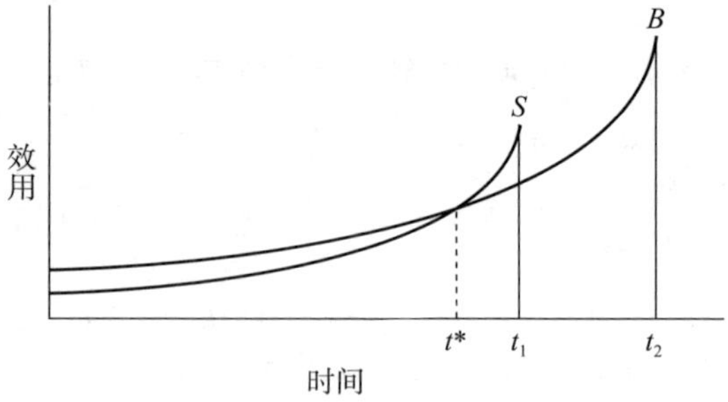

图 7–2　非幂函数的贴现率

资料来源：Ainslie，1975.

① 这项分析是建立在艾因斯列（Ainslie, 1975）的研究基础上的。

够远时，个人会偏好B，但是当S的实现时间变得比较近时，它的相对价值会增加，到了t^*之后，S在现值上会突然超越B。曲线相交表示行为不会一直都是一致的。在早上，当诱惑还很遥远，我们发誓要早点儿上床睡觉、坚持节食计划、不喝太多酒。结果那个晚上我们到凌晨三点才睡、吃了两盒巧克力、在挪威餐厅试喝了每一种白兰地。应用到储蓄上，如同斯特罗茨（Strotz, 1955）所指出的，如果贴现率随着时间递减，那么人们永远都会在现在消费得比较多，而不会按照事先的计划来做。

动态不一致性的问题引发了关于消费者自主权的问题。谁是主权所有人？是设定闹钟要早起的自己，还是第二天早晨关掉闹钟继续睡的自己？这是很有启发性的，我们常看到，有远见的自己会采取行动来约束或改变鼠目寸光的自己。节食的人会付钱待在“减肥中心”，那里的主要要求是保证让客人吃不饱；酗酒的人吃“戒酒硫”（antabuse），如果他们喝酒的话会引起恶心、呕吐；抽烟的人一包一包地买烟，而不是一条一条地买（比较便宜）。还有，虽然已经不流行了，但圣诞储蓄（Christmas clubs，一种储蓄存款计划）曾在美国风行了好几年。这些储蓄计划实际上很不方便——要每周亲自去存、金钱流动低（到 11 月底才能提款）、低利率（在某些案例中是零利率）。当然，不流动性正是圣诞储蓄的要求，因为顾客想要确保他们用来购买圣诞礼物的资金。由于大家已经认识到，在自我约束行为及其他形式的个人内在冲突方面，传统决策模型的解释能力有限，许多作者因而提出了一些模型，这些模型将经济行为视为多重自我与各种互相矛盾的偏好之间内部竞争的结束（Ainslie, 1975；Elster, 1979; Schelling, 1984; Thaler and Shefrin, 1981; Winston, 1980）。

强度效应

强度对贴现率的影响和延迟时间的影响是一样强烈的。在塞勒和本齐恩（Benzion）等人的研究中都使用假设性问题，隐含的贴现率均随着购买金额增加而大幅下降。霍尔库姆和尼尔森（Holcomb and Nelson, 1989）在小范围的真实收益（5 美元到 17 美元）所做的研究，也得到了类似的结果。同时，在相对小的假设性收益中观察到非常高的贴现率的问题，霍罗威茨（Horowitz, 1988）在 50 美元奖金的研究中也发现了。

对于强度效应，有两个可能的行为学解释。第一个是根据认知心理学（或是心理物理学）：人们不只是对金钱数量的相对差异敏感，还包括绝对差异［列文斯坦和普瑞拉克（Loewenstein and Prelec, 1989b）］。例如，现在的 100 美元和一年后的 150 美元，两者之间在认知上的差异，似乎比现在的 10 美元和一年后的 15 美元之间的差异还要大。因此在第一个情况中，许多人愿意为额外的 50 美元而等待，但是在第二个情况中，却不愿意为额外的 5 美元等待。第二个解释是有关于心理账户的概念（Shefrin and Thaler, 1988）。即假设心理账户出现了一小笔意外之财，它的大部分会被消费掉；而心理账户上如果出现了一大笔钱，则只会有很小的比例会被消费掉。[①]那么对于小额意外之财的等待，等待的机会成本，可能更像是“放弃掉的消费”，而相反地，等待大笔意外之财的机会成本，则更像是“放弃掉的利息”。如果“放弃的消费”比“放弃的利息”更有吸引力，就会观察到强度效应[②]。（这些议题会在第8章进行更详细的讨论。）

符号效应

在贴现率研究中，第三个较强烈的实证规律是，收益的贴现率大于损失的贴现率。人们对于获得正面收益是很渴望的，尤其是小额的收益，但是对于将损失延后一事则比较不急。这项偏好一部分出自简单的“债务规避”（debt aversion）。许多人都在付款期限前就去缴纳他们的房屋贷款及学生贷款，即便是贷款的利率低于他们无风险投资的获利率。

参照点

就如同在第5章所讨论的，利益与损失之间的区别在不确

① 小笔的意外之财会进入心理的支票账户，心理的支票账户边际消费倾向较高，因此大部分会被消费掉；如果得到的是一大笔钱，则会进入心理的储蓄账户，该账户的边际消费倾向很低，只有很小的比例会被消费掉。而且，支票账户几乎是无息的，储蓄账户是有利息的。

② 不同的消费品可能会产生不同的贴现率。只要旧的暖炉还可以用的话，一个人可能对于得到一辆新车，比一台新的（省电）暖炉要来得有耐心。这个问题需要更多的研究。

定状况下制定决策的描述性理论中，得到了重视。决策者并不像期望效用理论所设想的那样，把最终结果整合进他们的财富或既有的消费水平中来考虑。反倒是，相对于自然参照点，个体似乎将事件当成一种变化来做出反应。这个观察结果最先由马科维茨（Markowitz, 1952）提出，近期则由卡尼曼和特沃斯基（Kahneman and Tversky, 1979）重新提出。

参照点在跨期选择上也很重要（Loewenstein and Prelec, 1989a）。列文斯坦（Loewenstein, 1988）提出了下列参照点影响的证据。这个实验是以 105 名高二及高三学生为对象进行的。所有的受试者都会得到当地音像店 7 美元的礼券。这些学生预期收到礼券的时间不同，有 1 个星期、4 个星期及 8 个星期。然后学生有一系列的二选一选择，他们可以维持原定的时间拿到礼券，也可以早点拿到（但是金额比较小），或者晚点拿到（金额比较大）。例如，预计 4 个星期后拿到礼券的受试者，被问到是否愿意交换一张 8 星期后的礼券，礼券金额的范围在 7.10 美元到 10 美元之间。实验者告诉受试者可以随机选取并执行他们其中的一项选择。

表 7–1　提早及延迟消费的最低平均金额（音像店的 7 美元礼券）

时间区间	延迟	提早	显著程度
1 周 vs 4 周	1.09 美元	0.25 美元	0.001
4 周 vs 8 周	0.84 美元	0.37 美元	0.005
1 周 vs 8 周	1.76 美元	0.52 美元	0.001

数据来源：Loewenstein, 1988.

这个实验的设计使得我们可以检测参照点所扮演的角色。有些受试者被要求在“报酬的规模”及“从第一周延迟到第四周”之间做取舍，而其他的受试者则是在“报酬的规模”和“从第四周提早到第一周”之间做取舍。如果受试者没有受到参照点的影响，那么这样的变量操控将没有效果。实验的结果如表 7–1 所示。表中的数字为提早或延迟消费的最低平均金额。三项比较中，延迟消费的平均费用是提早成本的两倍以上，全部的差异在统计上都是显著的。过了预期日期之后的等待，受试者所要求的金额大于预期日期提前他们所愿意支付的金额（Benzion 等人 1989 年的研究也得到类似的结果）。这个结果与卡尼曼和特沃斯基的损失规避理论（见第 5 章的讨论）是互通的，损失规避的概念是，损失一定金额造成的负面效用，在绝对价值上明显大于获得相同金额的正面效用。

损失规避也会导致对特定消费模式的偏好。当过去的消费水平成为未来消费的参照点时，在这种情况下，个人可能偏好逐渐增加的消费模式。例如，列文斯坦和普瑞莱克（Loewenstein and Prelec, 1989a）向 95 位哈佛的大学生提出三个问题。第一，请那些学生在两顿免费的晚餐之间做选择（且是在一个月后的周五晚上消费）：在时尚法国餐厅吃晚餐，或在当地一家希腊餐厅吃晚餐。大部分人都很偏好法式晚餐。然后，实验者问他们愿意在一个月内还是两个月内享用法国晚餐。那些原来就选法式晚餐的人中，有 80% 偏好在一个月后享用而非两个月后，这显示出了正向的贴现率。第三个问题是假设给予受试者两份餐点，第一份是在一个月后，第二份是两个月后。受试者被问到偏好哪一种排序：一个月后的希腊餐及两个月后的法国餐；或是一个月后的法国餐及两个月后的希腊餐。此处，57%的法国餐爱好者选择先享用希腊餐。在标准的效用理论架构下，最后的这个反应显示出负的时间偏好率，与第二个问题的答案不一致。然而，如果人们是以过去的消费来评估目前的消费，同时又是损失规避者，那么就没有不一致的情形。他们只是偏好随着时间逐渐增加的效用模式。

人们偏好逐渐增加的消费模式，这一点有助于解释劳动市场上的一个反常现象，即工资随着年龄增加而上涨，即使生产率不是同步提高（Medoff and Abraham, 1980）。例如，在许多学术机构中，薪水最高的教职员工是那些年纪最大的，即使他们已经不再是最有生产率的。有两个最重要的标准解释，涉及特定人力资本及代理成本的模式。人力资本理论认为企业提供随着年龄渐增的工资，是为了鼓励员工能留在这家公司久一点，以使他们充分回报公司之前对他们的训练。代理成本理论认为，企业提供给年长员工高于边际生产的工资，是为了防止员工欺骗及偷懒（员工若被抓到，就会失去工资与生产率之间差异的现值）。虽然这两个解释在有些行业中是有依据的，但弗兰克和赫琴斯（Frank and Hutchens, 1990）的研究显示，在两种行业中观察到相同的工资模式，却不是传统的解释可以说明的，即飞行员及公交车司机。以飞机飞行员来说，研究发现他们的工资随着年龄的增长而大幅增加，生产率却不增加。虽然所有飞行员得到的训练其实都是一般性的，而在安全性（举例来说）上偷懒的飞行员会受到大自然严厉的处罚。以这个例子来说，随着年龄上升的收入模式必定是因为对收入增长本身的偏好。

这种偏好模式在列文斯坦和西邱曼（Loewenstein and Sicherman, 1989）的调查中得到证明，调查的对象为在芝加哥科学及工业博物馆中的100位成年人。他们要求受试者在几个假设性工作中做选择，这些工作为期6年，除了工资模式不同之外其余都相同。所有的工作都是未贴现值相同，但是斜率不同。其中一个工作的工资是逐年减少的，而另一个工作的工资是每年相同，其他5个则是以不同的速率每年增加。撇开兴趣不谈，从其他的经济角度考虑实际上都是工资递减的那个工作最好。例如，如果受试者不喜欢该工作要辞职，或是在6年期满之前被解雇，工资递减的那份工作所给的总报酬都会比较多。尽管递减工资模式提供了选择的诱因，但只有12%的受试者最喜欢这份工作。另外12%的受试者偏好固定的工资模式，其他所有的受试者则是选择一种递增工资模式作为他们的最爱。

像这样的结果，总会让经济学家怀疑，受试者是不是因为搞错了才做这样的选择？那么如果受试者被告知经济学观点的逻辑（递减的工资加上储蓄，一定优于其他选项），他们就会趋向理智，这个推论对么？为了检验这一点，经过有利于递减模式的经济推论说明，以及有利于递增模式的心理推论说明之后，实验者再问了一次受试者。结果这些推论的影响很小。偏好递增模式的受试者的比例只从 76%降到 69%。

对于递增模式的偏好，用上述讨论过的两种解释来说明是可以理解的：损失规避及自我控制。损失规避解释了为何员工偏好逐渐增加的消费模式（因为目前消费的效用决定于过去的消费）。成本较高的自我控制解释了为何员工会偏好逐渐增加的收入模式，因为他们不能指望自己从固定（或逐渐降低）的收入模式中积累足够的储蓄，去支付想要的渐增式消费模式。

享受与恐惧

标准的贴现效用模型假设贴现率是固定值且通常是正的。有没有这种情况存在：人们偏好延迟实现收益或是提前实现损失？马歇尔（Marshall, 1891）提出了对收益的贴现率的负面影响："当我们计算未来利益的贴现率时，我们必须小心地承认，预期的喜悦是有分量的。"我们用"享受"（savoring）这个词来代表从预期未来喜悦的结果所产生的正效用，而"恐惧"（dread）则代表未来不悦的结果所产生的负期望。

列文斯坦（Loewenstein, 1987）所做的下列实验，阐述出享受与恐惧的影响。他要求受试者说明"你现在最多能付多少钱"以得到（或避免）以下五种结果，在现在立刻、延迟 3 小时、1 天、3 天、1 年、10 年后报价。五种结果是：获得 4 美元、损失 4 美元、损失 1 000 美元、受 110 伏特的电击（不会致命）、你选的电影明星给你一个吻。实验结果如图 7–3 所示。

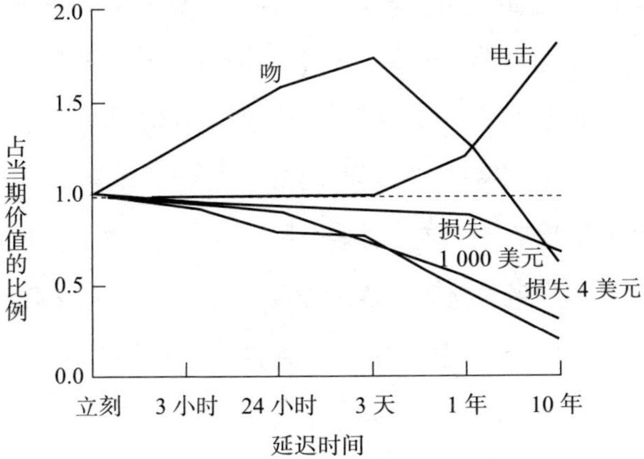

图 7–3 为了得到（避免）选定时期支付结果的最大支付金额*

*占当期价值的比例（$N = 30$）。

资料来源：Loewenstein（1987）.

经过贴现的效用预测，收益及避免损失的价值，在事件发生前，应该会随着延迟时间的增加而下降。人们应该希望尽快消费收益，尽可能延迟损失。正如我们看到的，两个非货币结果产生了相当不同的时间偏好。以明星之吻而言，受试者偏好延迟 3 天得到结果，想必是为了享受那份期待。而以电击来看，为了避免 1 年或 10 年后的电击，受试者愿意支付的金额远大于近期就执行的电击。这个例子中，受试者似乎愿意付钱来逃避长期的焦虑煎熬。

或许明星之吻和电击是相当罕见的经历，但列文斯坦从比较平常的事件中也得到了类似的结果。在证明享受的效用上，他的受试者中有 84%指出，他们偏好在三个周末中的第二个周末得到时尚法国餐厅的晚餐，甚于在第一个周末就得到。为了证明恐惧，受试者被问道：“最少给你多少钱，你才愿意去清洁心理系动物实验室的一百个仓鼠笼，这项支付会立即给你……这份工作虽然让人不舒服，但只需要花3个小时。下面两种情形，要你去清洁这些笼子，各需要付你多少钱你才愿意做：（1）未来7天内清洁一次；（2）从今天算起一年后的某个星期内清洁一次。”下个星期去清洁这些笼子的平均保留工资为30美元，而一年后的保留工资为37美元。事实上，37名受试者中只有2个人对问题（2）的报价小于问题（1）。

评论

1. 这一类研究的政策含义既有趣又变幻莫测。在微观的层面，某些情况下（像是电器用品的采购行为），在某些团体（像是青少年）身上观察到的高贴现率，提出了关于消费者理性的严肃问题（如前面提到的，在许多涉及自我控制的跨期情况下，个人常会质疑自己是否有能力做出理性、长期的选择）。一位消费者选择了一台售价比其他同类机种便宜50美元，但每年需多花至少50美元电费的冰箱，我们怎么能说这是理性的？虽然这样的案例不足以要求政府进行干预，但是消费者会为自己做最佳选择的假设是相当靠不住的。

在宏观的层面，跨期选择的心理学使得原本就很复杂的社会贴现率（政府应该用来贴现未来成本与效益的概率）的选择问题，更加复杂。标准观点认为，修正了税收扭曲的市场利率代表个人时间偏好的总和，可以作为最适当的社会时间贴现率。然而，修正税收扭曲绝非小事，而资本市场国际化使得情况更为复杂，混淆了一国国内的时间偏好和利率之间的关系。在这些复杂关系下，林德（Lind）主张决定社会的时间偏好率唯一合理的方式，是在个人层次引出时间偏好。但是，如果个人不是每样东西都以相同的贴现率来贴现，那么哪一个贴现率是适当的社会贴现率呢？假设某个人在电冰箱购买行为上显示 50% 的贴现率，但是同样的这个人是否认为在今年拯救 10 个人和 20 年后拯救 10 个人，两者之间无差异呢？那么在建另一座发电厂和改善公路安全之间，我们要如何抉择呢？

2. 许多经济学家将决策心理学的研究视为无用，这类研究经常提出一些显示个人违反了理性选择的特定假设的证据，却未能提出可以轻易融入经济模型的替代假设。然而，心理学既可以有破坏性，也可以有建设性。例如，在递增工资模式的案例中，心理学家观察到，人们关心收入及消费的绝对水平，也关心其变化（这应该没有争议，因为经济学家不为喜好争论），这样的观察可以使对递增工资模式的偏好与标准的经济学假设中人们将未来损益贴现的理论相一致。利用实证研究建议对效用函数做修正，其优点在于提出的修正会比较具有一般性。这类推理的一个范例，是康斯坦蒂尼德斯（Constantinides, 1988）在他关于“股票溢价之谜”（为何股票的回报率高出债券那么多？）的文章中提出的。康斯坦伊尼德斯根据他的假设来做解释，即目前消费的效用决定于过去的消费水平，或是他说的“习惯形成”。愤世嫉俗的人可能会辩称，如果你试过够多的效用函数，就什么都可以解释了。然而，此处这样的批评可能是不恰当的。习惯形成的假设似乎符合行为的直觉，且与为数众多的实证研究相符合。它甚至还可以被检验。依赖可检验假设的解释（或者更好的是，检验结果为真！），比起那些根据无法检验或难以置信的假设（例如，决定于随着时间变动、看不见的经济灾难的风险）所做的解释更有吸引力。

本章与乔治·列文斯坦合著

08

储蓄、可替代性及心理账户

新年当天，你一整晚都在为你在“橘子杯”投注的球队加油。结果很幸运，你赢了300美元。然后，你开始想如何聪明地花掉这笔钱。买一箱香槟酒，会比在纽约的晚餐和舞台剧来得好吗？正在这个时候，你的儿子格里格走进来恭喜你，他说：“嗨，老爸！你应该很高兴吧，你赢的那笔钱可以为你以后的消费每年增加20美元！”看起来，格里格已经研究过储蓄的生命周期理论了。

在经济学里，标准的储蓄模型称为“生命周期理论”[①]，弗朗哥·莫迪利亚尼（Franco Modigliani）因此获得了诺贝尔奖。这是一个经典的经济学理论。首先，他提出并解决了最优化问题。然后，假设人们也解决了同样的问题。此处假设一个人不打算留下任何遗产，且认为每一段时期的消费，价值都相同。这样的一个人在某个特定的一年中，应该要消费多少？答案是这样的：在任何一年，计算金融财富的现值，包括目前的收入、净资产、未来收入的预期价值，算出可以购买的平均年金，然后年消费量就是以这笔年金获得的收入。这个理论简单、精致且理性——经济学家对其给予极高的评价。不幸的是，如同库兰特、格拉姆利克和莱特纳（Courant, Gramlich, and Laitner, 1986）所观察到的：“尽管生命周期模型是如此的精致及理性，但实证检验的结果并不是很好。”

消费的反常实证证据大约可以分成两大类。第一类，消费对收入似乎过分敏感。整个生命周期，年轻人和老年人看起来都消费得太少，中年人则消费得太多。同样地，消费的年增率与收入的关联太高，与模型不符合。其次，不同形式的财富看起来不像模型所主张的有那么高的替代性。尤其是，家庭单位的养老金或

① 想知道莫迪利亚尼最近对生命周期理论的看法，请看其1988年的论文（Modigliani, 1988）。另一位诺贝尔奖得主米尔顿·弗里德曼（Milton Friedman）提出了一个类似的理论。他1957年提出的理论被称为“持久收入假说”。这两个理论之间的区别，对这一章讨论的观点不是特别重要。

是房屋净值的“边际消费倾向”[①]与其他资产相较是非常低的。实证与理论模型预测不一致的问题，现在已经找到几个可能的解释。可能是人们没有足够的理性来计算现值及养老金收入。但是，也可能人们是过分理性或是利他主义的，导致他们纳入现值计算的，不只是他们自己的财富，还包括了他们继承人的部分。或者，也许应该要怪信用市场，因为流动性的限制使得人们无法达成生命周期计划，否则他们是会选择照计划进行的。这些及其他的解释，在众多关于储蓄的文献中，都有一些支持及批评。然而，在本章，我聚焦于一项未获得太多注意的生命周期模型的假设，这项假设如果经过修正，将使得这个理论可以解释我们观察到的许多储蓄的反常现象。这项关键假设是“可替代性”。

可替代性的观念是说金钱没有标记。在生命周期理论的概念中，可替代性假设使得财富的所有组成成分都可以整合为一个数字。根据生命周期假设，赢得 300 美元赌球奖对目前消费（假设指的是一年内）的影响，应该和我所拥有的 100 股股票，每股价格上涨 3 美元一样，或是和我的年金价值增加 300 美元一样。每种形式的财富，其边际消费倾向应该是相同的。

人们对于不同种类的财富实际上是如何作为的，有一个简单的思考方式，就是假设家庭单位有一套心理账户系统。一个简单

① 边际消费倾向（marginal propensity to consume，或简称MPC）为新增的1 美元所得中用于消费而非储蓄的部分。如果一个人得到 100 美元的意外之财，花掉其中 95 美元，储蓄 5 美元，那么MPC就是 0.95。

的形成方式是想象有三个账户，一个是目前的收入账户C，一个是资产账户A，还有一个未来收入账户F。可以适当将C账户视为支票存款账户，将A账户视为储蓄存款账户。粗略地说，C账户的边际消费倾向接近于1，F账户的边际消费倾向接近于0，而A账户的边际消费倾向则介于前面两者之间。由于虚无假设是三个边际消费倾向都要相同，所以这些预测显得相当生硬。

除了有不同边际消费倾向的心理账户系统，标准生命周期理论还有其他两个地方要做修正，这些在本书前面讨论跨期选择的章节中都讨论过了。第一，人们是没有耐性的，尤其在短期时间里，人们表现出来的行为显示他们的贴现率超过利率。较高的短期贴现率又导致了第二个问题，即自我控制的问题。生命周期理论假设个人制订最优消费计划后会以钢铁般的意志去执行这个计划。在现实生活中，人们了解自我控制很困难，所以他们会采取行动来限制自己的未来行为。一个方式就是采取无法反转的行动，例如：加入养老金计划，或是购买终身保险。社会保障制度也许是21世纪最流行的社会政策，即是法定的自我控制的例子。另一个方式是采取内在强制性的经验法则。这类法则的例子有：在资产账户里保持两个月的收入，除非买房屋、汽车或大型的家电，否则绝不去借钱。请注意，遵循后面这项法则的家庭单位，也许是受到流动性限制而无法借钱，尽管他也不愿意去借钱。这个议题等一下会有详细的讨论。

总而言之，上述家庭单位可以被想成是遵循以下审慎法则[①]的。（1）量入为出。不从F或A账户借钱来增加目前的消费，除非是在明确的紧急状况，像是失业期间，即使是那时，也尽可能缩减消费。（2）保留收入的某部分以备不时之需。除非紧急状况，不动用这个账户。（3）以不需太多自制力的方式来储蓄退休金。这些法则是为了解决人们面对退休金储蓄问题，所提出的实用解答。

本章将回顾一小部分关于储蓄的实证文献，目的在于表明人们的行为是如何违反可替代性假设的，以及自我控制的角色是如何强烈地影响着储蓄行为的。

目前收入账户：消费取决于收入

在经济学家之间似乎达成了一个共识：消费水平对于目前的收入太敏感了，以致不符合持久收入假说。支持这个看法的证据很多，而结论都是一样的，无论研究的是所谓的低频决策（因而形成了终生消费曲线），或是高频决策（每年消费水平的平滑线）。

① 这一章大量引用我和郝什·舍夫林1981年及1988年合著的论文（Thaler and Shefrin, 1981; Shefrin and Thaler, 1988）。根据心理账户及自我控制所做的储蓄行为模型，详情讨论可见1988年的那篇论文。

终生消费曲线

储蓄的生命周期理论其核心是一个小丘形状的年龄——储蓄曲线。收入低于持久收入的年轻人，会借钱来消费；中年人会为退休做储蓄；老年人则是负储蓄的，靠过去的储蓄来消费。但众多作者研究过整个生命周期的消费曲线的形状，结论是它们太像收入曲线了，除非是有重要的流动性限制存在，否则它们就不符合生命周期理论及理性预期（Kotlikoff and Summers, 1981; Courant, Gramlich, and Laitner, 1986）。

近来对这个问题的研究中，卡罗尔和萨默斯（Carroll and Summers, 1989）从国际视角对生命周期理论做了评估。持久收入储蓄模型预测，一个国家的消费增长率主要决定于利率水平。因此，如果全球的利率都一样，那么长期消费增长率也应该都一样（假设“喜好”、性急的程度在每个国家都是一样的）。但是，卡罗尔和萨默斯发现，消费增长率与收入增长率高度相关。他们研究并反驳道：这样的结果是源自国家增长率的预期外波动、跨国资本市场不完善，或是喜好的差异。

生命周期理论的另一项预测是，持久收入水平不变时，消费曲线的形状应该与收入曲线的形状无关。非正式的实验观察显示这不是真的，因为大多数的研究生，即使是那些高收入预期者，像是医学院学生，在学校时的消费都低于他们的持久收入。统计数据给了我们相同的结论。卡罗尔和萨默斯研究了在美国的不同职业及教育程度的人群的消费曲线及收入曲线，发现年龄—消费曲线受到收入曲线的强烈影响。这个结果部分是因流动性限制造成的，这一点稍后讨论。

短期储蓄

生命周期理论及持久收入假说都意指，逐年的收入变化会被平滑化，以致消费会占持久收入的一个固定比例，而非目前收入的固定比例。霍尔和米什金（Hall and Mishkin, 1982）的研究显示这个预测存在系统性偏差。尤其是，年消费对于目前收入似乎是极度敏感的。虽然这一结果被描述为一种现代的、理性预期的持久收入模型，但是实证结果相当类似米尔顿·弗里德曼在消费函数原始著作（Milton Friedman, 1957）的结论。他估计消费者的贴现率介于 0.33 到 0.40 之间，意指计划的范围在三年或更短的时间之内，因此消费函数强烈依赖于目前收入[①]。

有一个方法可以估计对收入敏感的行为，即考虑两种类型的消费者：一种符合持久收入假设，另一种则是遵循“量入为出”的行事法则。坎贝尔和曼昆（Campbell and Mankiw, 1989）考虑到

① 在一篇颇具颠覆性的论文中，迪顿（Deaton, 1987）主张实际上消费是太平滑，而不是太波动。然而，对于消费过多受到目前收入的影响这一事实，迪顿并未提出质疑。反而，他主张劳动收入的变化在持久收入的变化中是被低估的，所以消费变化应该是大于收入变化。正确的解释应取决于收入的随机属性（stochastic properties of income）。

这样的模型，估计出相对比例约为 50 比 50。[①]看来持久收入模型并不能代表典型的消费者行为［亦可见弗莱文（Flavin, 1981）］。

对消费时序特征证据做出解释是一件难以处理的工作。然而威尔科克斯（Wilcox, 1989）在一篇简单的论文中证明了消费对收入的过度敏感性。威尔科克斯利用 1965—1985 年的月度资料，研究了社会保险收益的变化对消费者支出的影响。在那段时间，保险收益增加了 17 次，每次都至少在发生之前六到八周宣布。[②]标准的生命周期模型对这些保险利益的增加所做的预测为，至少在改变公布的时候，消费应该对持久收入的新（较高的）水平做出反应。而威尔科克斯发现，在开始收到保险利益之后，而不是在它公布的时候，消费者的支出才会增加。这个效果对耐用消费品的销售影响尤其强烈。

收入、奖金及意外之财的来源

财富上的所有变化都会在消费上产生相似的短期变化吗？心理账户对意外收益的边际消费倾向所做的预测取决于收益的大小。小的收益（相对于收入），会被标记为目前收入，然后被花费掉。

① 值得注意的是，在他们的模型中，即使是持久收入假说的消费者，其跨期消费弹性也接近于零。霍尔（Hall, 1988）在持久收入模型的情况下，也得到类似的结果。

② 事实上，由于 1975 年起保险收益水平已以消费者物价指数作为变动的指标，因此它的所有变化在数据公布前几个月就能轻松预测到。

较大的收益会归入资产账户，而资产账户的边际消费倾向是较低的（虽然还是会高于年金价值）。财富变化的来源也可能很重要。有些意外之财，像是未实现的资本收益，会很自然地被视为是资产账户上的改变。其他像是卖股票的收益，可能被当作是收入。实证上的证据确认了这个区分方式的真实性。例如，萨默斯和卡罗尔（Summers and Carroll, 1987）指出，股票市场所产生的资本收益的边际储蓄倾向接近于 1。但是哈特索普罗斯、克鲁格曼和波特巴（Hatsopoulos, Krugman, and Poterba, 1989）发现，当收购对股东产生现金收益时，消费会增加。他们估计从收购案中收到的税后现金，其边际消费倾向为 0.59（虽然标准偏差较高），而可支配收入的边际消费倾向为 0.83，家庭单位净值的边际消费倾向为 0.03。同时，下面将讨论到的家庭财富及养老金财富上的增加，甚至会有提高其他储蓄的反向效果。

如果是一大笔钱的流入，而不被看成是正常收入，即使是现金收入也可以计入资产账户。我们可以考虑的有趣案例是奖金和意外收入，将奖金定义为完全在期待之中，且为整笔的收入。一个例子是学术机构的暑期薪金，那是确定可以收到的。想象两位教授，约翰的年薪是 55 000 美元，按月领取。琼基本年薪 45 000 美元，一年领一次，同时保证在暑假那几个月可以领到额外的 10 000 美元。标准理论预测，两位教授会做相同的储蓄决策。而心理账户公式则预测，琼会存比较多的钱。第一，由于她的“正常”工资比较低，她会以这个水平规划她的生活方式。第二，夏季工资以一整笔流入时，会进入资产账户，边际消费倾向是比较低的。这个预测的一项检验，是分析日本的奖金对储蓄的影响①，日本的员工每半年会收到一次奖金，这是可预测的。石川和上田（Ishikawa and Ueda, 1984）估计了正常收入和奖金的边际消费倾向。在非衰退的年份，他们发现正常收入的边际消费倾向为0.685，奖金的边际消费倾向为0.437。②在1974年到1976年石油危机造成的衰退时期，来自奖金的边际消费倾向超过1.0，这显示在紧急状况时期，奖金被用来消费。

兰茨贝格尔（Landsberger, 1966）检视“二战”后以色列收到德国赔偿款的情况，这是我们了解意外收入用来消费的最好资料。他研究了收到金额大小不一的赔偿款的297个家庭。他发现，对于收到最大意外收入的一群人来说（金额约占年收入的66%），这笔钱的边际消费倾向只有23%，而对于收到最少的一群人来说（约占年收入的7%），这笔意外收入的边际消费倾向超过2.0。小笔的意外之财实际上还造成两倍的花费，这个现象在双消费家庭是很常见的。

---

① 一年内收入的时间特征可能会影响消费行为，这个概念是难以检验的。也许因为经济理论的预测与这类事件是不相关的，标准数据库没有涵盖不规律收入流（像是奖金）的强度及数量问题。

② 两位作者强烈主张奖金不应该被视为临时收入，因为它们是在预期之内的。他们也使用预期数据来检验这样的假设：员工在非预期的奖金与预期的奖金上，花费行为不同。但是却发现没有证据支持这个看法。

财富是可替代的吗?

生命周期理论是强有力的，因为它预测哪些变量应该对储蓄有影响，而哪些变量不应该有影响。大致来讲，对家庭的储蓄有影响的因素，只有家庭成员的年龄、家庭的终生财富和利率。至于财富的组成成分有哪些，假设现值固定，则不应该对储蓄有任何影响。对于大多数的家庭而言，财富包括三种组成：未来收入、养老金及社会保障财富、房屋净值。[①]排除流动性考虑，这三种类型的财富接近于完全替代品。

养老金财富

想象两个人拥有同样的终生收入曲线，其中一个人在养老金财富上有 10 万美元，[②]另一人则没有养老金。生命周期模型预测，没有养老金的那个人应该多 10 万美元的其他类型储蓄。也就是说，

① 大部分的家庭单位持有流动资产，即使当他们刚达到退休年龄。这个事实支持一个看法，就是自我控制议题在研究储蓄时是最重要的。绝大多数的家庭实际上不做长期的“可随意使用的”（discretionary）储蓄。

② 美国养老金财富有两个重要的组成成分，社会保险收益及私人养老金。每个领域都有许多文献来估计这项储蓄的抵销效果。对社会保险财富的估计问题要困难许多，因为个人社会保险财富与年龄及先前的收入有高度的相关性。在控制了这两个因素后，社会保险财富在本质上就不会有显著的变化。因此我将只汇总私人养老金的文献。有关社会保险储蓄的文献回顾，请见巴罗的论文（Barro, 1978），文中也包括费尔德斯坦（Feldstein）的回复。

各种形式的财富应该有一对一的抵销效果。该理论愚蠢地假设：如果人们按养老金财富的改变来估计随意支配储蓄的变化，那二者的替代率应该是–1.0。

在研究养老金对其他储蓄的影响方面，最早的著作是由卡甘（Cagan, 1965）和加特纳（Katona, 1965）完成的。两人都获得令人惊讶的结果，养老金财富对其他储蓄的影响不是接近于–1.0，而是正的！养老金财富增加 1 美元就会使其他储蓄小幅增加。这个结果可否以选择性偏误来解释呢？也就是，有储蓄喜好的人会倾向于为有提供养老金计划的公司工作吗？格林（Green, 1981）间接地对这个假设做了检验。他在估计养老金对次级样本（只包括有养老金的人）的抵销效果时，再次发现替代率是很小的正数。这个结果要以选择性偏误来解释，那么人们必须根据养老金福利及储蓄偏好，去挑选完全符合的公司，而这似乎是令人难以相信的。在生命周期的架构下，为何有储蓄喜好的人不是接受整体上最好的工作，然后根据公司既有的养老金政策，将自己的可自由支配储蓄调整到最优水平？其他对养老金储蓄抵销效果的估计，得到“正确的”负值，但是没有一个接近–1.0［请见舍夫林和塞勒（Shefrin and Thaler, 1988）的论文］。看来人们并不将养老金财富视为其他财富的近似替代品。

在“个人退休账户”（IRAs, individual retirement accounts）方面也有类似的问题产生。核心问题在于，个人退休账户是否真的会产生“新的”储蓄，或它们只是从其他（可征税）储蓄重新转移到这个新的避税账户中。就如温迪和魏斯（Venti and Wise, 1987）所述:“将个人退休账户及传统的储蓄账户视为相等的资产或货物，这是很吸引人的想法，只是价格不同而已，在这样的情况下，人们可能会认为个人退休账户只是有价格补贴的传统储蓄，而能获得价格补贴的储蓄则有数量上的限制……但是，研究表明，消费者并没有将这两者看作是等价的。”温迪和魏斯用“消费者支出调查”去分析个人退休账户的经验，结论是:“绝大部分的个人退休账户储蓄代表新的储蓄，不会有其他储蓄减少的情况伴随发生。”他们同时也发现，大多数个人退休账户使用者，在引进个人退休账户制度之前，并没有那么多的储蓄。

费恩伯格和斯金纳（Feenberg and Skinner, 1989）使用纳税申报单样本，研究“新”储蓄与储蓄重组假说。如果个人退休账户主要是重组来的储蓄（reshuffled savings），那么个人退休账户使用者比起非使用者，应该有较低的纳税利息收入（因为使用者会将他们其他的储蓄重组进个人退休账户中，因而有较低的纳税利息收入）。然而，他们发现在每个财富阶层中，个人退休账户的使用者都有较高的需要纳税的利息收入，这表明它与在养老金研究中的发现相似，也是正的抵消关系。

其他关于使用个人退休账户的事实，显示出心理账户及自我控制因素的重要性。因为个人退休账户可以为利息收入避税，一个理性的人会尽可能提早购买个人退休账户，好使收入可以尽早放在此处以规避所得税。这对于那些将资产从纳税账户挪到个人退休账户的人来说，尤其如此。然而，根据法律规定，对于某一年度纳税人可以在次年 4 月 15 日之前做可抵税的个人退休账户购买。萨默斯（Summers, 1986a）发现，在 1985 年纳税年度，几乎有一半的个人退休账户购买行为是在 1986 年进行的。同时，费恩伯格和斯金纳也发现，如果其他条件固定不变，一个家庭单位是否会购买个人退休账户的一项重要预测指标，是他们在 4 月 15 日报税截止日当天是否必须要向美国国税局交税。那些必须交税的人，比起会收到退税的人，更可能购买个人退休账户。这个结果需要用心理账户解释。（“我宁愿放 2 000 美元在个人退休账户，也不愿付给政府 800 美元。”）费恩伯格和斯金纳发现，财富比起收入，更是购买个人退休账户的一项重要因素，这显示出那些拥有流动资产的家庭单位，更可能购买个人退休账户。

如果个人退休账户的购买常常是来自流动资产的，那么为何个人退休账户的购买会使得总储蓄增加呢？一个理由是个人退休账户中的钱，变得流动性较低（因为如果在 59 岁半之前动用该账户的钱，必须要收 10%的特别附加税），也比较没有吸引力。在个人退休账户内的资金被当作是“禁区”，除非是最紧急的状况才会去动用。如同温迪和魏斯（Venti and Wise, 1989）所述：“当然，有些人可能会将个人退休账户的缺乏流动性当作是优势：它帮助人们避免可能会出现的行为。这可能是一种自我控制的手段。"[①]同时，如果一个家庭在A账户上的储蓄达到了想要的水平，那么购买个人退休账户只会暂时减少其他账户的储蓄。类似地，那些借钱购买个人退休账户的人，通常会很快偿还贷款（在他们达到退休年龄之前），且因而提高了净储蓄。

房产

如同养老金财富的案例，生命周期理论假设房屋净值是可替代的，因此，它是其他财富很好的替代品。要评估这部分的理论可以从一些简单的事实开始。克鲁姆和米勒（Krumm and Miller, 1986）使用1970年到1979年间的"收入动态追踪调查"资料，研究房屋拥有权对其他储蓄的影响。他们发现以下几种模式。年轻的家庭会累积流动资产，以便支付他们人生的第一栋房屋所需的头期款，然后在购买他们的房屋时，提取这些资产。之后很快地，他们又会开始累积流动资产。同时，他们也会通过偿还房屋贷款及累积资本收益来建立房屋净值。如果他们的房产，是其他储蓄的良好替代品，那么我们就可以预期，在其他条件不变的情况下，拥有住宅的人在其他资产上储蓄较少。然而，实际的情况

① 401（k）延期纳税退休计划的经验显示，人们可能认为退休储蓄的不流动性是有价值的。有些计划容许因为"困难"而提取这份储蓄，而其他的情况则不准。国家审计署（Government Accounting Office, GAO/PEMD-88-20FS）在报告中指出，那些不容许动用资金的计划，有较高的参与率及延期率（如果有的话）。

恰好相反。通过对那些从 1970 年到 1979 年之间一直都拥有住房的家庭和从未买房子的家庭做比较，他们发现在其他情况不变的情况下，拥有住房的家庭，其非住房储蓄要多出 16 000 美元。除此之外，他们还有 29 000 美元的房屋净值。[类似的结果，请见曼彻斯特和波特巴的论文（Manchester and Poterba, 1989）。]

另一个评价可替代性问题的方法，是对房屋财富的边际消费倾向做估计。斯金纳（Skinner, 1989）就采用这个方法。首先他以他的样本中那些拥有住房且未搬迁的家庭，在 1976 年到 1981 年间的实质消费的变化对房屋财富的变化进行简单的回归。估计出的系数接近于 0。在更复杂的模型中，通过回归方法得到的系数虽然很小但影响很大，而另一组回归分析，对家庭间的个别差异做过修正后，得到的结果显示出，住房价值的改变对消费没有影响。

这些结果有一个可能的解释，是建立在财富的代际转移基础上的论点。如果住房价格上涨，那么人们要储蓄更多，好让他们的孩子能买房子。斯金纳为了检验这个论点，研究了家庭规模对储蓄是否有影响，结果发现并没有影响。[①]同时，如果财富代际转

① 我在芝加哥大学举办的一个研讨会中提出类似的观点。我所讨论的是储蓄率会随着持久收入的增加而大幅增加，虽然生命周期理论说它应该是固定的常数。参加研讨会的一位来宾辩称，之所以会观察到这个结果，是因为穷人的储蓄实际上是投资在他们孩子的人力资本（花钱让小孩念到大学）上，而这不是一般储蓄数据可以捕捉到的。我问他是否因此将预测，没有小孩的穷人会有中产阶级的储蓄率。他说："不一定，一个没有小孩的家庭可能仍会有侄子和侄女。"我应该补充，这个评语并未引起观众的任何笑声。

移是重要的，那么每个人（平均来说）都会对住房价格的上涨有所回应（而不是只有拥有住房的人才这样做），他们会为他们的继承人多做储蓄。

房屋财富的边际消费倾向低，反映在生命周期的另一个反常现象上，也就是老年人的储蓄消耗得不够快。这是前面讨论的消费取决于收入的另外一面。相对于生命周期的预测，年轻人及老年人都消费得太少了。虽然年轻人的行为用资本市场的不完善来解释是说得通的，老年人的行为则让人不解，尤其是那些拥有住宅的老年人。超过 65 岁的拥有住宅的人，很少有任何房屋贷款债务，所以他们有相当多的房屋净值可以提用。正如温迪和魏斯在篇名为《但是他们不想降低房屋净值》的论文中所说的那样，他们不愿用掉房屋净值显然是自愿的。（Venti and Wise, 1989, “But They Don’t Want to Reduce Housing Equity.”）

温迪和魏斯用 1969 年及 1979 年的六个退休历史调查来研究这个问题。他们利用其中一项事实：样本中的成员通过卖掉房子，买另一套房子，将他们的房屋净值水平调整到较低的成本。来可以推论出他们心目中想要的房屋净值水平。他们的行为显示出，理想的房屋净值水平和真实的水平之间的差异平均而言是非常小的，只有 1 010 美元。精确地说，房屋净值占所有财富的理想比重是 0.53，目前比重与理想比重之间的差距为 0.0107。年龄对理想房屋净值，实际上是没有影响的。同时，家庭是否有小孩，对于理想的房屋净值也是没有影响的，这使得遗产之说的解释值得怀疑。温迪和魏斯的结论是："大部分老年人是没有流动性限制的，与标准的生命周期假说相反的是，典型的老年人家庭并不想要降低他们的房屋净值。"

流动性限制或是债务规避？

面对这么多家庭消费的证据，许多经济学家已经发展出假设部分人口是受到流动性限制的模型，即他们无法通过借贷以使消费平滑化（Hayashi, 1985; Zeldes, 1989）。迪顿（Deaton, 1989）有一个为发展中国家所做的模型，与上述观点有较多的共同性，他假设代表性的家庭是没有耐性且无法借贷的。这样的模型是很重要且具启发性的。然而，我相信流动性限制的另一个重要原因，是不想陷入债务的家庭单位所采用的"自我强加"规则。

温迪和魏斯的论文中所提供的证据与这种观点一致。老年人如果可能的话宁愿搬家也不愿背负新的房屋贷款。逆向抵押贷款（银行向老年人买下房子，让他们住在里面，并支付他们年金）一直都极不普遍，我认为有一部分原因，是因为它们被称为"房贷"。

如果将拥有房屋的人当作一个整体来看，他们肯定是不受流动性限制的。根据曼彻斯特和波特巴的估计，在 1988 年美国的房屋净值大约有 3 000 亿美元，其中 2 500 亿美元即使在新的（更严苛的）法律规定下，也是可以在税收优惠情况下借贷出去的。（为了让大家了解这个数目有多大，此处提出一个数字来做比较：1985 年无担保债务加上汽车贷款的总额为 4 050 亿美元。）曼彻斯特和波特巴提到，当人们取得第二次抵押贷款时，他们的主要原因是要做投资，而不是要增加消费。大约一半的第二次抵押贷款都用在做房屋修缮上，从而使得这笔钱放在同样的心理次账户中。[①]

另一个相对未开发的流动性来源，是终身人寿保险的现金价值。大部分的终身人寿保险保单都有一个条款，就是保单所有人可通过抵押获得一些借款，且较旧的保单，其借出的利率是相当吸引人的。例如，1979 年平均保单贷款利率只有 5.65%，而国库券的短期利率平均为 9.5%。虽然保单所有人无法靠保单贷款变成有钱人，但是他们肯定能够以负的实际利率借款。沃肖斯基（Warshawsky, 1987）用 1979 年的数据发现，合格者使用这些贷款的概率低于 10%。他同时也检验人们会逐渐了解套利的机会这一假说。他的结论是，如果投保人在学习，他们也学得相当缓慢。根据他的估计，投保人要花 9 年的时间，才能利用到这些机会的一半。

上述评论不表明我认为流动性限制不重要。我强调流动性限

① 我的同事杰克·克内齐（Jack Knetsch）告诉我，在加拿大英属哥伦比亚，超过 65 岁的拥有住宅的人，如果愿意的话，可以缓交不动产税，也可以等到他们死后或是出售房屋时再交。到那时，不动产税（加上低于市场利率的利息）就变得可预见了。虽然许多老年人似乎没有足够的现金，且拥有大笔资金收入，尤其是在房屋价格大幅增值的温哥华地区，那些合格者只有 1% 做了这样的选择。克内齐对该省提出建议，如果在这个计划的描述上多做一点儿小小的改变，可能会较受欢迎。就是告诉拥有住宅的人，这些税将由买这个房子的人来承担。我敢说这样的操作会增加这个计划的利用率。

制有两个重要的来源：资本市场所强加的以及个人自己强加的。后面这项来源在经济学文献中并未引起任何注意，但是可能是更为重要的。

评论

前几代的经济学家对于储蓄行为提出了较多的行为方面的分析。例如，欧文·费雪（Irving Fisher, 1930）强调远见、自我控制及习惯所扮演的角色。即使是弗里德曼（Friedman, 1957）的持久收入假说也与理性预期完全不同。他说："持久收入因素不被视为预期的终身收入……它被解读为消费者将每个年龄的平均收入都视为是持久的，这取决于消费者的经验及远见。"[①]现代的储蓄理论将代表性的消费者想得越来越聪明，假设他们的预期与老练的计量经济学者相同。现在的问题看起来是这样的：尽管经济学家变得越来越老练和聪明，消费者却还是平凡人。我们尝试要做的模型，到底描述的是哪种人的行为，变成有待讨论的问题。数年前在一个NBER（美国国民经济研究局）研讨会上，我解释我的模型和罗伯特·巴罗（Robert Barro，著名的理性主义者）的模型之间的不同在于，他假设在他的模型中所描述的人，是和他一样聪明的，而我则将人描绘成和我一样笨。巴罗认可了我的这种评价。

① 卡罗尔和萨默斯（Carroll and Summers, 1989）引用这段话时，特别强调了这一点。

09

博彩市场

经过多次失败之后，你的梦中情人终于同意与你约会。在争论是去看芭蕾（你的选择）还是去看曲棍球比赛（她的选择）之后，你们总算达成一致，决定一起去看赛马。很自然地，你打算好好地炫耀一下自己对赛马和赌马策略的丰富知识，因此，你买了一份比赛表，开始仔细研究。你宣布要投注 10 美元到被称为“老牛仔”的冷门赛马上，它的赔率是 20∶1。你做了计算，如果赢了，你会得到大把的钞票用来吃一顿丰盛的晚餐，而如果输了，你至少会看起来颇有男子气概。当你一直在研究比赛表时，她只是在一旁晃晃悠悠，于是你问她是否要和你一起下注。她说：“不，我要到时候再决定。”第一场比赛开始前 5 分钟，她开始盯着赛场中央显示赔率的“投注牌”，然后掏出计算器，按下一些数字算了起来。2 分钟后，她递给你一些钱说道：“50 美元赌 3 号马，玩法是前三名。”那匹马是比赛中的大热门之一。你很有耐心地跟她解释，这样的赌法即使最后赢了，能赢得的钱也很少。她狠狠地看着你，你只好照她的意思去投注。

自然地，“老牛仔”落在了最后，看起来它的名字取得很恰当，而3号马跑了第二名，2美元赌注可以赢得2.8美元。这表示她赢得了70美元，获利20美元。同样的场景在每场比赛前都重复上演。她从不看比赛成绩表，或是任何其他有关的东西，直到比赛开始前5分钟，她才在计算器上按了些数字。有超过一半的时间她是不下注的，其他时间她都是赌在热门马身上，玩法不是赌跑进前三名就是前两名。那天结束时，她共下注4次，全都赢了，她的钱累积到75美元。与此同时，你则是忙着确认今晚的餐厅可不可以刷卡结账。

终于，你忍不住开口问她到底在用计算器算些什么。她微笑地从她的超大皮包中拿出一本书，书名叫作《Z博士的跑马赛必胜法》(*Dr. Z's Beat the Race Track*)。她说：“如果下次你想在跑马场上让另一位约会对象刮目相看，也许应该先读读这本书。另外，你喜不喜欢买彩票？”……

经济学家投入非常多的精力关注股票市场，以测试市场有效性和理性的概念。本书后面几章会集中研究股票市场。然

而，到华尔街探险之前，我们认为先观察下另外一种市场会很有用处，那就是赌注或是投注市场。最关键的是，投注市场更适合测试市场运作的情形。投注市场的优点在于每一项资产（赌注）都有一个界定良好的终点，其价值在这个终点是确定的。股票市场不具备这个特点，因此我们很难在股票市场上测试理性概念。由于股票在市场上是无限期的，它今天的价值取决于未来现金流量的现值以及人们明天愿意购买的价格。的确有人认为，投注市场因为具有易于学习的条件（快速，重复反馈），所以会比较有效率。然而，实证研究揭示了一些有趣的例外现象。虽然存在许多不同类型的投注市场，无论是合法的或不合法的，本章将专注于分析赛马博彩市场及抽奖型的彩票市场。

赛马博彩市场

赛马场上的“市场”聚集时间约在20~30分钟，其间参与者将赌注下在即将进行比赛的6~12匹马上。典型的赛马中，玩法有三种，参与者可以赌哪一匹马会跑“第一名”（to win）、“前两名”（to place）或“前三名”（to show）。（还有“另类”的玩法，下注结果决定于两匹或更多匹马的比赛结果组合。）比赛最后跑前三名的马被称为“有奖金的”（in the money）。选择跑第一名的参与者，只有在他们所投注的马跑第一名时才能赢钱；选择跑前两名的参与者，只有投注的马跑第一名或第二名时才能赢钱；选择跑前三名的参与者，只有投注的马跑了第一、第二或者第三名时才能赢钱。每种玩法都有一个被分隔的赌盘，赌金的支付是由“按注分彩”（pari-mutuel）的方式决定的。也就是说，用赌输的投注总额减去交易成本后，剩下的再在赢家间分配。[①]交易成本是一个固定概率 t，包括“场地费用及损耗补偿费用”。由于每 1 美元赌金的报酬都是四舍五入到离它最近的 5 美分、10 美分或是 20 美分的，所以这些交易成本是很高的，根据投注类型和场地的不同，通常为 15%~25%。

投注在每一匹马上的奖金比例可以被解释为这匹马会赢得比赛的主观概率。综合多场比赛的结果，我们可以检验主观概率，例如主观概率在 0.2~0.25 的马真正赢得比赛的概率。这项分析的结果让人印象深刻。大家认为赢面最大（最热门）的马，的确最常赢得比赛（约 1/3 的时候会赢），主观概率和客观概率之间的相关性非常高。[②]显然，这些市场的投注者具有相当的专业技能。

主观概率与客观概率之间的高相关性是否表示赛马市场是有效率的呢？这要取决于市场有效性的定义。如果我们暂时假设，

---

① 由于赌金支付是由最后剩下的钱决定的，投注者在下注时并不知道潜在的收益。在英国及其他一些地方，赌家会采用固定赔率系统（fixed odds system），如果投注者所赌的马赢了钱，赌家保证给予固定金额的奖金。

② 相关研究可以参见韦茨曼（Weitzman, 1965）、罗塞特（Rosett, 1965）、阿里（Ali, 1977）以及斯奈德（Snyder, 1978）等人的论文。

所有的投注者都是基于理性预期将预期价值[①]最大化的人，那么市场有效性的以下两个定义似乎是合适的。

市场有效性条件 1（弱）：所有投注都没有正的预期价值。

市场有效性条件 2（强）：所有投注的预期价值都相同：（$1-t$）× 投注金额。

虽然赛马市场可能很有效率，但是有许多证据显示它违反上述这两个条件。最坚实的实证规律被称为“热门—冷门偏差”。也就是说，每 1 美元赌金的预期报酬会随着马匹获胜的概率而单调增加。热门赛马获胜的次数高于主观概率所显示的，而冷门赛马获胜的概率则低于主观概率。这表示投注在热门马身上是更好的选择。的确，热门马——那些赔率[②]低于 3 赔 10 的马（有大于 70% 的机会赢得比赛），实际上具有正的预期价值。这违反了条件 1。

图 9–1 使用之前出版的研究数据（涵盖了超过 50 000 场的比赛），表现出“热门—冷门偏差”。图上的每个点表示不同市场赔率的马匹的每美元赌金的预期报酬，假设交易成本 t 为 15.33%，这是加利福尼亚州所用的交易成本比值。横线表示预期报酬为 0.846 7 ×（$1-t$），这会发生在赔率约为 2 赔 9 时（即约有 15% 的

① 风险中性似乎是合理的初步假设，因为大多数投注者可能只是赌上他们总财富的一小部分。其他对风险态度的假设会在评论部分再做讨论。

② 赛马的概率传统上被称为“赔率”（odds）。如果一匹马的赔率是 1 赔 x，那么这匹马获胜的隐含概率（implicit probability）为 1/（$x+1$）。

概率会赢）。当赔率高于1赔18时，预期报酬会陡降，当赔率为1赔100时，每1美元赌金的报酬只剩13.7%。这表示如果你赌一匹赔率为1赔100的马，你在730场比赛中只会赢一次！当赔率低于10赔3时，预期价值是正的，高赔率马匹的预期收益约为4%~5%（这可以用最低支付的存在来做部分解释，几乎全美的赛马比赛中，每1美元赌金的最低报酬通常为1.05美元）。虽然压倒性的热门赛马很少，但还有其他可获利的投注策略，我们将在下面讨论。

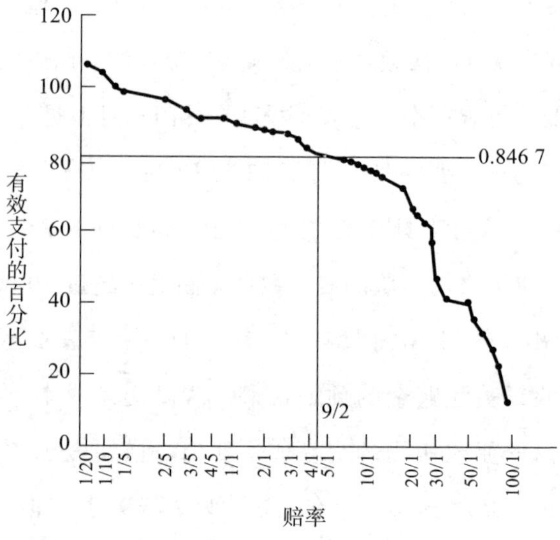

图 9–1　加利福尼亚州赛马博彩不同赔率减去消耗后的有效支付

资料来源：Ziemba and Hausch（1986）.

市场效率的另一个检验方法是和适当的博彩做比较。例如，大部分的跑马场都提供“每日连注”式的赌盘，其玩法是投注者选择前两场比赛的赢家。假设一位投注者考虑买每日连注票在第一场赌A马，第二场赌B马，那么另一个替代性的投注策略（被称为“连本带利继续下注”）是在第一场比赛赌A马，如果A马赢了，就将所有获利在第二场中赌在B马身上。效率性的要求是赌A马和B马的每日连注的报酬，与连本带利继续下注在A马和B马身上的报酬一样。阿里（Ali, 1979）、阿施和匡特（Asch and Quandt, 1987）对这项命题都做了验证。这些验证所得到的结论是，每日连注及连本带利继续下注两种方式相对于彼此，在定价上是合理且有效率的。尽管投注者应该比较喜欢每日连注的方式，因为它的交易成本较低。

还有一个类似的检验方法是使用正序连赢的投注方式，就是投注者必须以正确的顺序选择跑第一名及第二名的马匹。正如可以用“第一名赌注总和”（win pool），即不同马匹投注的相对金额，来计算该匹马跑赢的概率，正序连赢也有类似的计算方法，即用所谓的哈维尔公式（Harville, 1973）。如果q_i是赛马i跑赢的概率，那么假设赛马i跑第一名，而赛马j跑第二名的概率是q_iq_i/（$1-q_i$）。（类似地，赛马i跑第一，赛马j跑第二，赛马k跑第三的概率为$q_iq_jq_k/[1-q_i][1-q_iq_j]$。）[①]阿施和匡特使用哈维尔公式比较“第一名赌注总和”及正序连赢方式获胜的主观概率。他们发

① 由于哈维尔公式需要的数据非常少，所以它是相当准确的。然而，它倾向于高估赔率低的参赛马匹会准确地跑第二名或第三名的概率。更准确的估计公式是由斯特恩（Stern, 1987）演算出来的，但是这个公式需要全部参赛马匹的数据。

现大众的投注行为并不符合数学公式所计算出的结果。从两种下注方式中所得到的同一马匹获胜的主观概率，常常差异很大。

投注策略

赛马的投注策略与股票市场一样，存在基本面和技术面的差异。基本面策略都建立在拉平比赛[①]（handicap races）的、可公开获得的信息的基础上，使用基本面或是让步赛策略的投注者，企图找出哪一匹马能以超过市场赔率的机会赢得比赛，[②]并且其支付超过市场决定的赔率的部分足以涵盖场地费用。技术分析策略需要较少的信息，只用目前投注的资料即可。使用技术分析策略的投注者，企图发现市场的无效率，当正的预期价值出现时，他们就投注在这类目标上。大部分的学术研究都集中在技术分析策略上。[③]

豪施、津巴和鲁宾斯坦（Hausch, Ziemba and Rubinstein, HZR 1981）开发并检验了用在“前两名”市场及“前三名”市场的投

① 拉平比赛，让步赛之意，通过加分或给予其他好处给较弱的选手来平衡参赛者赢得比赛的概率。

② 奎因（Quinn, 1979）有一本讨论让步赛的很有思想性且实用的书，是根据众多真实资料所写的。对让步赛方面的研究，请参阅米切尔（Mitchell, 1987）和奎因（Quinn, 1987）所著的书中的论述。

③ 阿施和匡特（Asch and Quandt, 1986）研究过专业的让步策略者（touts，赛马情报侦察者）或计算机让步系统是否可以被用来发现可获利的投注方式。他们的结论是，两种都不是非常管用。请同时参考米切尔的研究（Mitchell, 1987）。

注策略。他们使用第一名赌注总和及哈维尔公式，根据第一名赌注总和，计算每一匹马在“前两名”及“前三名”玩法中获胜的概率。使用这种方式，他们可以找出在“前两名”和“前三名”玩法中被低估的马匹。其基本的思路是将在第一名赌注总和中投注在赛马i的赌注比值，与在“前两名”或“前三名”赌注总和中投注在赛马i的赌注比值做比较。例如，如果在第一名赌注总和中有40%是投注在赛马i上，但是在前两名赌注总和中只有15%投注在赛马i上，那么赌赛马i跑进前两名，就会获利。这类会获利的投注机会通常在一天中发生2~4次。实证上对两季赛事资料所做的研究指出，在“前两名”和“前三名”的市场中，每次投注有11%的投注可能有高额回报。[①]这违反了市场效率的弱条件。尤其是，这个系统的公开并未消除可获利的投注机会。

津巴和豪施（Ziemba and Hausch, 1986）还开发了类似的技术，可以找出并利用正序连赢市场中的无效率。最常获利的赌注是第二名。图9–2为他们在研究中所绘制的第一名及第二名的概率与赔率，此图表明低赔率马匹跑第二名的概率很高。投注的大众很可能会低估这个概率。其他常见的获利投注来自极端的热门—冷门偏差。赌极端热门的赛马跑第一名，是可以获利的。大众

① 这个系统的详细数据，请参阅津巴和豪施的论文（Ziemba and Hausch, 1987）。他们1985年的论文发展了HZR的研究结果，分析了交易成本、两匹马进场顺序和多种投注法上的差异及其所产生的影响，提出了不同财富水平和投注规模下的精确的回归模型。他们也探讨了市场效率所需要的合适的参与者数量。

对这些超级赛马投下了数量相当可观的赌注，但是实际不应该投那么多。在正序连赢的玩法中，冷门马的组合从来都不是好的投注，这类投注最常见的报酬为 1 美元获得 10~30 美分。

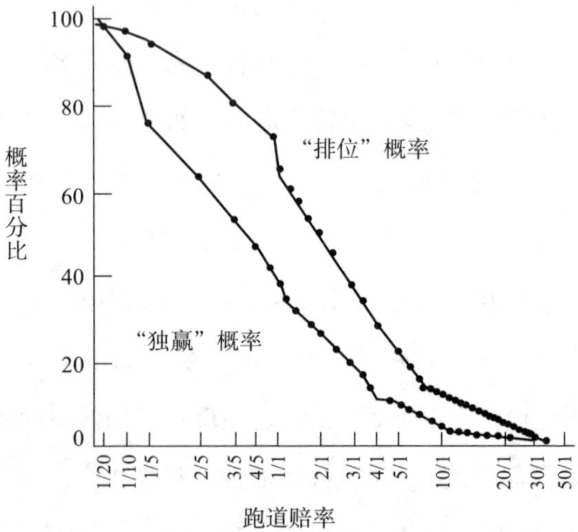

图 9–2　加利福尼亚州不同赔率水平下"第一名"及"前两名"的概率

资料来源：Ziemba and Hausch, 1986.

阿施、马尔基尔和匡特（Asch, Malkiel and Quandt, 1984, 1986）与阿施和匡特（Asch and Quandt, 1986）研究了在投注后期赔率的下降是否可能反映出内部信息，并由此指出投注可能会有正的预期价值。一般的投注经验认为，聪明的人都较晚下注。阿施、马尔基尔和匡特（Asch, Malkiel and Quandt, 1982）使用大西洋城赛马场的 729 场赛马下注周期不同时点的数据做研究，他们发现赢得第一名的马匹最终赔率有低于"早场赔率"（morning line odds）

（拉平赛事者所预测的赔率）的倾向，而没能赢得任何奖金的马匹，其最终赔率则远高于早场赔率。下注时间越晚，对赢家的效果越显著。赢家的最终赔率为早场赔率的 96%，但是在最后 8 分钟下注的边际赔率是早场赔率的 82%，而在最后 5 分钟下注的边际赔率则进一步掉到早场赔率的 79%。输家的最终赔率大约是早场赔率的 1.5 倍。阿施和匡特（Asch and Quandt, 1986）开发了一个获胜概率的“分类评定模型”。他们使用最后几分钟的赔率变化作为因变量，然后用分类评定模型来寻找可获利的投注策略。他们在第一名赌注总和中，无法找到任何可获利的赌注，但是他们在前两名及前三名的赌注总和中确实能找到。很明显，前两名及前三名中的热门马匹的赔率在最后几分钟下降，会产生一些微小的获利。这与津巴和豪施（Ziemba and Hausch, 1987）的研究结果是一致的，津巴和豪施的研究结果显示，前两名和前三名赌盘存在无效率的情况。

横跨不同赛马场的赌盘

赛马博彩方面一项最新的发展是投注者可以在当地的赛马场，对其他赛马场进行的主要的纯种马比赛投注。横跨不同赛马场的赌盘产生了新的、有趣的市场效率问题。因为交易成本高以及大部分的赛马场内没有公用电话，套利变得很困难，理性预期似乎暗示我们每个赛马场的赔率几乎相同。不过在事实上，赔率常常会剧烈变动。例如，在 1986 年的肯塔基赛马节上，跑第一名的费迪南德，其 2 美元赌注的回报是 16.80 美元，这发生在加利福尼亚州好莱坞赛马场上，它经常在那里比赛且非常有名。在纽约的阿奎达科特，它的回报是 37.40 美元。在多伦多的伍德比恩，它的回报是 79.60 美元。在佛罗里达的黑利，它的回报是 63.20 美元。在路易斯安那的伊万杰琳，它的回报是 90.00 美元。

纯粹的套利或许比较困难，可获利的投注策略则是可能的。津巴和豪施（Ziemba and Hausch, 1987）为跨马场的赌盘开发了一套最优投注模型，其假设所有赛马场的最终赔率都能实时得知，可供计算，并且能在任何一个赛马场投注。这个模型的关键在于假设主场赛马场的赔率是精确的（经过热门—冷门偏差修正），然后利用无效率性在其他赛马场选择一套组合下注。如果不同赛马场的赔率差异足够大，甚至可以对在赔率最佳的赛马场的每一匹马下注，从而创造出真正的套利机会。不幸的是，在缺乏有效通信系统的情形下，这些策略并不实际（也可能不合法）。然而，一位芝加哥商品交易商开发了一套使用便携式电视的一体化赛马场系统，用于横跨不同赛马场的赌盘。投注者通过电视看主场赛马场的赔率，然后在其他跑马场寻找投注目标。

乐透型彩票

乐透型彩票至少可以追溯到圣经时代。以色列是以抽签的方式被分给 7 个部落的。耶稣的圣袍则是给了中奖者，因而不必裁切。西斯廷教堂及其著名的壁画是靠发行乐透型彩票而筹集的。意大利的乐透型彩票从 1530 年开始发行。现在超过 100 个国家发行乐透型彩票。乐透彩跟随英国清教徒一起进入北美洲，它们部分被用于资助成立的新学校，比如，哈佛大学、普林斯顿大学及耶鲁大学。之后，它也被用于筹款及支付名人的债务，如为杰斐逊还债。19 世纪末期的极端腐败导致乐透型彩票在美国及加拿大被禁止。1964 年，它在新罕布什尔州再度现身。在加拿大，它被用来支付 1967 年蒙特利尔世界博览会的债务。从那时起，乐透型彩票在普及度及销售量上经历了爆炸性的增长。然而，由于其报酬率为 1 美元收益 40~60 美分，对于理性的投资人而言，乐透型彩票算是很差的投资方式。

即使报酬率如此之低，投资者在乐透型彩票中也有可能获得正的预期价值。之所以会发生这样的情况，是因为并非所有的号码受大众欢迎的程度都相等。首位正式研究这个模型的人是切尔诺夫（Chernoff, 1980）（他的学生做了验证）。他的研究对象是马萨诸塞州的数字博彩游戏。在这个游戏中，玩法是从 0000 到 9999 之中挑选一个号码。如果你的号码被抽中，你可分得总赌金中的一部分。如果有三位数相同，你将可得到次奖。切尔诺夫发现有些特定的号码是不受欢迎的：含有 0 和 9 的数字，程度较轻的是含有 8 的。他的理论分析表明，有些组合是有正的预期价值的，这导致他的一些学生会系统性地投注在“好”数字上。然而，那些学生并未获得很好的报酬。首先，因为不断学习再加上向均值的简单回归，冷门的数字随着时间的推移会变得比较不那么有利可图。其次，他们会使受害人坠入可怕的“赌徒的堕落”。那些学生没有足够的财力撑过获得大笔利润所需的时间。最后，他们的运气不够好，冷门数字比预期的更不常出现。

在北美洲最引人注目的博彩类型是49选6或是类似的博彩。这个博彩的玩法是从49个数字中挑选6个，如果全部选对，就可赢得累积赌注（jackpot）。选对3~5个数字可以得到较少数额的奖金。这种博彩中选到头彩组合的概率是1/13 983 816，如果你一周玩两次，你可以预期在134 360年后赢得头彩，即使对于理性的经济学家来说，这也是非常长的时间。

这一博彩有两个特点引起了理性投资人的兴趣。第一，和数字博彩一样，有些数字比其他数字热门。第二，如果这一轮没有人中大奖，奖金会累积到下一个星期。因此奖金可以累积到很大的金额。[①]津巴及其同事于1986年对这些因素是否会产生有利的投资机会做了研究。许多估计方法被用来计算最佳的数字：简单地计算数字被选中的频率，中奖数字所获奖金的对数回归以及复杂的限制性最大似然模型。所有的方法都导向相同的结论，即有

① 在美国，博彩奖金的宣布常常使用大学基金募集人及职业运动员机构所喜爱的会计方法，也就是未贴现的名义美元（undiscounted nominal dollars）。奖金的税后现值通常只有所公布价值的1/3。然而在加拿大，奖金是用现金支付的，而且加拿大不对其征税。

15~20 个数字是相当冷门的，而且，这些数字实际上每年都相同。虽然人们经过多年的学习，这些数字似乎不该像以前那么不受欢迎，但冷门数字仍倾向继续冷门。实际上，预期价值超过 1 美元的数字组合有数千个，即使在没有累积奖金的时候情况也是一样。最佳数字投注的预期价值随着奖金累积而增加，而且在奖金非常大的时候会趋近于每 1 美元兑 2.25 美元。最佳数字经常是较大的数字（非生日的数字）以及那些结尾是 0、9、8 的数字。根据回归模型，最冷门的 12 个数字为 32、29、10、30、40、39、48、12、42、41、38 和 18，这些数字被选择的概率约比平均水平低 15%~30%。利用边际方法（所选数字较平均水平低两个标准差），我们发现 19 个最冷门的数字为 40、39、20、30、41、38、42、46、29、49、48、32、10、47、1、37、28、34 和 45。这些数字的赢利面从 26.7% 到 3.2% 不等。最受欢迎的数字是 7，它被选中的概率比平均水平高了将近 50%。

问题仍然在于：在乐透型彩票中赌冷门数字是否赚得到钱？答案是肯定的。虽然你 1 美元赌注的预期价值是 2 美元，但是中奖的机会是非常小的。举一个例子，假想一个狂欢节轮盘赌，有 100 万个辐轴，你从 1 到 100 万之间选一个数字，投注 1 美元，如果你选的数字中奖了，你可以得到 200 万美元。虽然你有机会赢，但赢奖的机会是非常渺茫的，你可能在赢得大奖之前就先破产了。要分析这个问题，我们需要一个描述财富成长与财富保障的模型。麦克莱恩、津巴和布拉泽克（MacLean, Ziemba and Blazenko,

1987）建立了这样的一个模型，其针对的问题是：一个国家可以靠买乐透型彩票增加其长期财富吗？答案是可以。用很小的赌注，它可以将最初的筹码，假设为 1 000 万美元，在输掉 500 万美元之前增加 10 倍，其概率接近于 1，但是即使是全世界都在玩，这个过程也要数千年之久。如果只是一次博彩，则需要好几百万年。对我们大多数人而言，更有兴趣知道的是：一个人或是一群人投资冷门数字能够致富吗？这会更困难，尤其是人们想要风险更低的话。资金并不困难，最佳赌注可以低到每周对十组数字之一投注 10 美分，但是这些沉迷于成为百万富翁的人们，在他们的继承人终于达到目标时，自己极可能已经躺在墓地里了。最好还是投注冷门数字——它们更有优势，如果中奖，你将会赢得普通奖金的 3~7 倍。但你得要玩上非常长的一段时间，才会中奖。

乐透型彩票最吸引人的一点是，赌注总和中作为累积奖金的部分，在这一轮无人赢得奖金时，会累积到下一轮的奖金中。赢得庞大累积奖金的愿景，正是乐透型彩票令人如此着迷和争相购买背后的主要推动力量。是否值得买下所有的数字而"出老千"赢得大奖呢？要获利有两个必要条件：（1）要有庞大的奖金积累（在 49 选 6 彩票中，奖金额需要 770 万美元）；（2）卖出的彩票"没有很多"。虽然这两个条件不太可能发生，但是在加拿大和其他地方的小型博彩中的确发生过，购买全部彩票确实是合理的策略。然而，重要的是必须强调，即使出现了这样的条件，购买全部彩票会产生庞大的交易成本，因为彩票的购买与兑现是要一笔一笔地完成的，你还得祈祷没有其他人同时做这样的事情（详情请见津巴及其同事1986年的研究）。类似的情况有时会在另类的赛马中发生，像是“选6”（在6场连续赛马中选择第一名）以及其他相关的另类赌法。这种博彩会有庞大的累积奖金，买下全部彩票能够获利。事实上，至少有两个主要的财团成功地打入了这个领域。

评论

赛马博彩

赛马博彩市场具有令人惊讶的效率。市场赔率能够非常精确地估计获胜的概率。这表明赛马的投注者非常专业，而且应该认真研究这个市场。然而，它还出现了两个显著的异常现象：热门—冷门偏差现象，以及前两名和前三名市场的无效率性。要如何解释这些异常现象呢？

匡特（Quandt，1986）提出以下有关热门—冷门偏差的观点。投注者投注在已知有负预期价值的目标上，这意味着他们必定是“局部”的风险偏好者。[①]这表示通常的风险—收益关系是会逆转的。在达到均衡时，具有高离差的投资（赌注），其平均收益低于低离差的投资。虽然这个观点具有逻辑上的一致性，但是我们觉得它无法为观察到的行为提供令人满意的解释。关键问题在于，投注者在赛马

① 具备风险偏好表示投注者在处于特定的财富水平时，他会愿意接受不公平的博彩。在处于其他财富水平下，同样的个人却可能是风险规避者。

中投注的真实情况是否可以合理地推出他们是风险偏好者的推论。

局部的风险偏好意味着什么？阿施和匡特（Asch and Quandt, 1986）发现大部分的赛马迷（包括他们自己）都会买保险，因此他们认为财富的效用函数可能的形状会和弗里德曼和萨维奇（Friedman and Savage, 1948）所说的形状一样，也就是在当前财富水平以下是内凹的，而在当前财富水平以上是外凸的。虽然这个假设可以解释为何赛马的投注者也会购买保险，但是肯定无法恰当地解释投注者的其他行为，例如投资。我们试图猜测，如果涉及退休储蓄，阿施与匡特教授将不会愿意为了获得较高的风险水平而接受低于平均水平的报酬。实际上，在阅读过他们的合作者关于股市的书籍后（Malkiel, 1985），我们猜测在涉及投资时，许多赛马的投注者通常都是风险规避者。因此，局部的风险偏好这个词可以适用在赛马的投注者身上，其条件是“局部”这个词指的是物理位置而不是财富水平。①

赛马迷确实会到赛马场去投注——如果你不是真正感兴趣，观看赛马就不会那么有趣了。真正的问题在于，我们用理性预期、

① 更基本的问题是，个人是否展现出了一致的“特性”，可以用风险规避或风险偏好的术语来概括。心理学家发现，这类特性是高度情境性的，风险偏好也不例外。如保罗·斯洛维克（Paul Slovic, 1972）的评论：“虽然关于风险动力的知识仍然很有限，但是对一项重要的观点已经有充分的研究——关于一个人在情境转换时的独特风险偏好的稳定性。最常见的是，在测验中，一个主体要面对不同的风险任务，包括问题解决、运动、社交、工作及纯粹的赌博情境。这类研究中有接近一打的研究结果表明，一个人从一个情境转到另一个情境，其风险偏好水平之间的关联性极低。”

预期效用最大化及风险偏好等假设，对赛马投注的行为可以解释到什么程度。我们来看看下列有关跑马场投注者的标准行为特征：

1. 大部分人所带的筹码只是其财富的一小部分。（1985 年每人每天平均赌注约为 150 美元，中位数肯定会更低。）

2. 他们会将筹码分散在投注日的不同场次，企图在每一场次都下注（除非他们在当天赛事结束前就用光了所有筹码）。

3. 参与投注的一帮朋友，很少会彼此打赌，虽然他们可因此保证有一个零和游戏，而且能随意增加输赢的幅度。

这些事实是否与前面所叙述的假设一致呢？

另一个在这个架构内很难得到解释的事实是，在每个比赛日的最后两场比赛中，热门—冷门偏差有强化的倾向［麦格洛思林（McGlothlin, 1956）是第一个指出这一点的学者］。大部分的观察者（例如：McGlothlin, 1956; Kahneman and Tversky, 1979; Asch and Quandt, 1986）似乎对其中的原因有一致的看法。平均而言，投注者都损失了一些钱，他们会想要赢钱回家，但是不想冒损失更多钱的风险。因此，他们投注在冷门马身上，希望能打平当日的损失。请注意，这个行为很难在弗里德曼—萨维奇的架构下得到解释。为何财富的减少会提高寻求风险的倾向呢？

我们觉得，比较可行的赛马投注（以及其他博彩行为）模型的建立方法是引入第 8 章讨论过的心理账户概念。为了了解心理账户在此处的应用，请考虑以下的思想实验。一对同卵双胞胎兄弟阿特与巴特（财富水平也相当）现在正在赛马场，盘算着他们在当天最后一场比赛的赌注。

阿特到目前为止已经输了100美元，但口袋里还剩100美元。

巴特到目前为止不赔不赚，但是在赛马中场休息时间，他在报纸上的财经版看到他持有100股的某股票，其股价在前一天下跌了1点。

请注意，这对双胞胎兄弟都损失了100美元，因此任何以财富为基础来解释他们投注行为的说法，一定预测他们会做相似的投注。然而，在心理账户的架构下，阿特在赛马账户上是落后的，而巴特是持平的，因此他们的投注行为可能非常不同（支持这个看法的证据，参见Thaler and Johnson, 1990）。一旦引入心理账户的观念，我们就比较容易理解，为何一个在赛马场上是风险中性或风险偏好的人，在退休储蓄方面却是风险规避的。

至于热门—冷门偏差，可能有许多行为因素会发生作用：

1. 投注者可能高估了冷门目标赢得赛马的机会。

2. 投注者可能在计算赌注的效用时，给予赢得赛事的微小概率过高的权重（参见Kahneman and Tversky, 1979）。

3. 投注者的效用可能只来自持有冷门马的彩票。[①]毕竟花2美元就能得到这样的兴奋是件很便宜的事。

4. 选择冷门马又赢到钱，比选择热门马赢到钱会让人觉

① 冷门马跑赢，投注者才能感受到兴奋。——译者注

得更有趣。预测一匹赔率为1赔5的赛马会赢得比赛，很难拿来炫耀（预测会跑进前两名或前三名，就更不值一提了）。但是你如果投注赔率为1赔20的冷门马，并赢得了比赛，就会是件相当值得炫耀的事。

5. 有些投注者可能会以本质上就不理性的理由来做选择（例如，马匹的名字）。由于不可能卖空，这类投注者会将最差马匹的赔率拉低，而“聪明的钱”只会引导投注者在热门马身上投注。

前两名及前三名的投注总和似乎不如第一名投注总和有效率，这个事实也同样很有趣。其中一个重要的因素可能只是因为这些博彩比较复杂。举个例子，前三名玩法的投注报酬不只取决于那匹马是否获胜的概率，还取决于其他马是否赢到了钱，以及每一匹获胜赛马身上的投注金额。（跑进前三名的赛马所得到的投注比例越高，报酬就越少。）投注者可能只是偏爱简单的玩法，[①]或是他们可能只是很难决定在前两名和前三名投注总和中，何时才是下注的最佳时机。

从这个分析中所得出的一项重要结论是，要建立投注行为模型是一件复杂的事。投注者的行为取决于众多因素，例如，他们在之前赛马中的做法，以及在事情发生后他们的心得。此处

① 金融文献中类似的案例参见埃尔顿、格鲁伯和伦茨勒尔的研究（Elton, Gruber and Rentzler, 1982）。

应该强调，这些复杂性因素对投资行为同样适用。如默顿·米勒（Merton Miller, 1986）所说的：（对许多个人投资者而言）股票通常不只是我们经济模型中抽象的“获利组合”。在每一张股票背后，可能都有一个关于家族事业、家族争执、遗产、离婚协议的故事，以及一系列与资产选择理论几乎无关的其他考虑。我们在建立模型时会避开这些故事，不是因为这些故事没有趣味，而是因为它们可能太有趣了，会使我们分心，分散我们对全面性市场力量的注意力。虽然我们同情米勒的自我控制问题——我们也发现这些故事是难以抗拒的——但我们觉得要了解市场力量，模型中除了获利组合之外，必须包含更多的因素。实际上，即使是专业的证券投资经理，对标准普尔指数的关心，也甚于对利润最大化的关心。事实上，我们怀疑在第四轮落后的证券投资经理，其行为会很像赛马中的投注者，在当天最后一场比赛时，他们会冒险一博，投注在冷门马身上。

乐透型彩票

经济理论是如何解释乐透型彩票的呢？考虑到可怕的返还率，可能会有人预测没有人会买乐透型彩票。然而，我们可以说消费者每 1 美元的花费中，就有 50 美分买的是梦想，这样的说法会比较容易使乐透型彩票的购买行为合理化。这样的方法相当好。热门及冷门数字则更难合理化。看起来，经济理论产生了一个自相矛盾的预测：没有人会选择最热门的数字。[①]

要了解这个现象，先知道以下事实会很有帮助：乐透型彩票从新泽西州引进一种玩法，让投注者自己选数字，至此，它才在北美开始流行起来。这种玩法受到欢迎，似乎可以用心理学家埃伦·兰格（Ellen Langer, 1975）的“控制错觉”来解释。即使是在纯粹概率的博彩中，如果能控制自己的命运，而不是取决于纯粹的“机会”因素，参与者都会觉得他们更有胜算。例如，兰格发现在他的实验中，受试者会比较不愿意放弃由自己选号（价格较高）的乐透型彩票，随机选号的彩票次之。

一则新闻提供了一个生动的控制幻觉（以及技巧与机会混淆）的案例。有一年，西班牙全国大乐透圣诞节彩票得主在电视上接受采访时被问道：“你怎么办到的？你怎么知道要买哪一张呢？”这位得主回答说，他到处找会卖给他结尾数字是48的彩票的发售者。他再被问道：“为什么是48？”他回答：“哦，我连续7个晚上梦到7这个数字，而7乘以7等于48……”[②]

本章与威廉·津巴合著

① 这让我们回想起美国棒球选手约吉·贝拉（Yogi Berra）的名言：“甚至没有人会再去那里，因为那里太拥挤了。”

② 这个案例引自拉索和休梅克的论文（Russo and Schoemaker, 1989）。

10

股票市场的日历效应

你的姐夫是股票经纪人，你姐姐总是让你听听他的意见。并非是你不信任这个姐夫，而是你不相信他说的那一套。这时候他打电话来了，说了一件奇怪的事。他说一份名为《股票经纪人年鉴》的杂志，是由出版《农民年鉴》的同一拨人出版的。这本杂志每年12月出版，主要是预测未来一年中，华尔街什么时候会有好行情。对来年中的每个交易日，它都标记了金钱符号，从1美元到5美元不等。这份杂志声名远播，因为它在1987年10月19日那天只标记了1美元，而那天股市大跌500点。证券公司里的许多人开始注意这份杂志，这引起公司里做研究的人的兴趣。其中，有位专家搜集了过去几年出版的该杂志，研究年鉴上的记录。他很惊讶地发现，这本杂志每天的美元数字标记与实际的获利存在显著的相关性。他在周末花了很多时间，尝试找出这是怎么一回事。他的发现相当有意思。年鉴上的预测有很明显的特定模式。通常，星期五都被预测有好行情，而星期一是坏行情。1月份通常有较多的美元标记，尤其是每个月月初的那几天。事实上，所有月份平均来看，每个月的最初几天和最后几天都有高于平均水平的预测。最后，在法定假日前几天会出现最高的预测。他们每年都使用相同的模式。尤其是，他们预测的全部解释能力都来自这些“特殊日子”。他们对其他日子的预测与实际上的结果并无相关性。这下就弄清了这些年鉴编辑的预测方式，但是他们的预测为什么会准确，仍得不到解答。除非这些模式的确存在……

基于许多理由，证券市场是寻找反常现象的好地方。第一，该市场有丰富的数据：从1920年起，在纽约证券交易所上市的每家公司股票的月度价格数据都有。第二，证券市场被认为是所有市场中最有效率的。如果在那里出现反常现象，很难将之归咎于交易成本或其他的市场失灵。第三，证券价格方面已有发展成熟的理论，像资本资产定价模型（Capital Asset Pricing Model, CAPM）[①]，就为可能的检验增加了一些架构。然而最近几年来，情

① CAPM为现代金融市场理论的基础。其最重要的贡献在于将多样化的观念融入资产定价之中。很显然，持有许多股票的投资组合，比起将所有的钱放在一种股票上，其风险要低，只要个别股价变动之间不是完全相关的。在CAPM中，风险较高的股票收益也较高，在这里，风险是以与其他股票收益的相关性来衡量的。这项风险指标被称为“贝塔”值（beta）。

况已有些不同了。研究的结果指出，那些市盈率很低的公司、小型公司、不配发股利的公司、在过去亏掉大半价值的公司，全都赚到超过CAPM所预测的收益。然而，另一类反常现象已经出现，它们更令人疑惑，即季节模式。

1月效应

有效市场假说的预测告诉我们，股价是“随机漫步”的，不可能根据过去的事件预测未来的收益。验证这项假说的首次尝试是检验了股票价格的短期系列相关性。其结果符合随机漫步，因而研究者判断其为无显著系列相关。然而近来，研究人员进行了一种不同的检验方法。在罗泽夫和金尼（Rozeff and Kinney, 1976）极具影响力的论文中，他们发现1904—1974年，纽约证券交易所的等权重指数有季节模式存在。尤其是，1月份的获利较其他月份要高出许多。1月份的月平均获利约为3.5%，而其他月份的平均获利约为0.5%。整年度的获利几乎有1/3发生在1月份。有趣的是，在只包含大型公司的股价指数中，研究者却观察不到1月份的高收益情况，例如道琼斯工业平均指数。由于等权重指数是在纽约证券交易所上市的全部公司股价的简单平均，它给予小型公司的权重要高于它们在市值中的比重。这表明1月效应主要是小型公司效应。事实的确如此。

在一份对小型公司效应的研究中（参见Banz, 1981），唐纳德·凯姆（Donald Keim, 1983）发现，小型公司的超额收益在时间上是集中的。小型公司的超额收益有一半来自1月份，而1月份获利的一半发生在前五个交易日。因此，纽约证券交易所等权重指数1月份的高收益，主要是小型公司1月份的高收益所推升的。马克·雷根（Marc Reinganum, 1983）进一步指出，1月份获利较高的小型公司，是那些在上一年遭受价值损失的公司；而那些上一年的“小赢家”，则未观察到其在1月份的前五个交易日有超额收益。

雷根的研究动机是1月效应的一个可能的解释，即“租税损失出售”。这个观点的主张是，上一年股价下跌的公司，在那年的最后几个月，股东会认赔，卖掉手中的股份，所以股价会进一步下跌。然后，到了新的一年，抛售持股的压力消失后，股价就会反弹。无论这个观点的根据是什么，我们都必须强调，这不是根据所有市场参与者的理性行为。事实上，理查德·罗尔（Richard Roll, 1983）将这项主张称为“明显的谬论”。他指出即使有些投资人的交易行为受到避税动机的驱使，其他投资人也会预测到1月份有这样的超额收益而提前买进。虽然罗尔以明显嘲笑的口吻描述了这个观点，但和雷根一样，他也发现了一些符合这个观点的证据。罗尔指出，在上一年有负收益的股票，在1月份的收益是较高的。

为了验证租税损失出售假说，同时也想要了解1月份的获利是否只是统计上的人为因素所导致的，一些研究者研究了其他国家的季节模式。戈尔特金夫妇（Gultekin and Gultekin, 1983）研究了16个国家的季节性模式，发现其中的15个国家1月份的收益都非常高。事实上，美国的1月效应与其他国家相比还算是小的。比利时、荷兰和意大利，1月份的收益比整年的平均收益还要大。这个国际性证据同时也显示出，虽然税收似乎与1月效应有相关，但是它不能完全解释1月效应。第一，研究者在日本观察到了1月效应，但是日本并无资本收益税或是损失补偿（Kato and Schallheim, 1985）。[①]第二，加拿大在1972年之前并无资本收益税，然而1972年之前就已经有1月效应了（Berges, McConnell and Schlarbaum, 1984）。第三，英国及澳大利亚都有1月效应，但英国和澳大利亚的税收年度是从4月1日和7月开始的。[②]（然而，英国的4月和澳大利亚的7月也有高收益的情况，所以税收与股价似乎脱不了关系。）

在其他方面，1月份看起来也是特别的。本书下一章将会对此进行讨论，过去五年里亏损最多的公司，其表现会胜过大盘。而它们的杰出表现大部分都发生在1月份。

---

① 该研究还发现一个有趣的现象，日本股市行情好的时段是在12月到次年1月，以及6月到7月这两段时间。这两段时间与大部分员工拿到半年发放一次的红利时间是一致的。

② 有些作者曾指出，没有资本收益税的国家，或是税收年度与日历年度不同的国家会有1月效应，原因是其国内的外国人为了避免以1月份为基础的税收而进行交易。但是鲜有证据支持这种说法。以日本为例，研究者发现日本股价与美国股价之间的关联度极低，这样的结果似乎大大削弱了这个观点。

蒂尼克和韦斯特（Tinic and West, 1984）重新评估了资本资产定价模型，检验风险溢价是否有季节性模式。他们有了惊人的发现，观察到的高风险（β值较高）股票，其高收益都只发生在1月份。在其他所有的月份，高风险的股票并未赚得高收益。资本资产定价模型就只是1月份的现象！

1月效应令人惊讶的第三个地方是，一系列研究论文的最新研究方向都是高配息股票是否会赚得高收益（补偿股东所必须支付的股息税）。凯姆（Keim, 1986a）发现了两个反常的结果，在发放正股息的那些公司中，收益确实会随着股息收益而增加。然而，最高的收益却是发生在那些没有配发股息的公司股票上。同时，在高股息及零股息的两种股票中，超额收益也都集中在1月份。

周末效应

我们将一周中某一个特定日的日收益（股价变化加上股息）定义为，自前一个交易日的收盘价到当日收盘价所获得的收益。使用这个定义，对于星期一的收益相对于其他几天的收益，我们要如何预测呢？最合乎逻辑的假说［弗伦奇称之为“日历时间假说”（French, 1980）］是这样的，股价在星期一比其他几天上涨得多，因为周五收盘到星期一收盘之间有三天的时间，而不是其他两个交易日之间只有一天时间。因此，星期一的收益应该较其他日子高三倍。弗伦奇提出了另一种看法——“交易时间假说”

（trading time hypothesis），他认为收益只会在有交易活动的时间内产生，这意味着每个交易日的收益应该都相同。我认为这个假说是不合理的。举例来说，假设在夏季每个星期只允许交易一天，我们难道就不会预期那些交易日的收益会相当于平常每周的收益吗？在任何情况下，这两种假设都与数据不符合。

第一个对证券市场的周末效应的研究出现在1931年的《商业杂志》（*Journal of Business*）上，作者是哈佛大学的研究生菲尔茨（M. J. Fields）。他研究的是当时华尔街的传统智慧，即“交易人不愿持股度过充满不确定性的周末，这导致多头账户的清算，从而造成星期六股价下跌”。（Fields, 1931）菲尔茨研究了1915—1930年的道琼斯工业平均指数，以检验这个传统智慧是否属实。他将道琼斯工业平均指数的星期六收盘价与相邻的星期五及星期一的平均收盘价做了比较。结果发现，股价在星期六其实有上涨的倾向。在他研究的717个周末，星期六股价比星期五及星期一股价高0.1以上的占52%，而星期六股价比星期五和星期一股价低的只有36%。

在后来的40年间，学术文献中再没有出现每日收益模式的研究。直到弗兰克·克罗斯（Frank Cross, 1973）研究了1953—1970年的标准普尔500指数（S&P 500）的收益。他发现，62%的星期五指数是上涨的，但是只有39.5%的星期一指数是上涨的。星期五的平均收益为0.12%，而星期一的平均收益为–0.18%。恰如克罗斯所说的：“这么大的差异，要说是偶然发生的，其可能性小于百万分之一。”

肯尼思·弗伦奇（Kenneth French, 1980）也使用标准普尔500指数研究了每日收益，他得到了类似的结果。他研究的时期是1953—1977年，他发现这个时期的星期一平均收益是负的（均值为–0.168%，t为–6.8），同时以每五年为子周期做研究，星期一的平均收益也是负的。而其他几天的平均收益是正数（正如所预期的），其中星期三和星期五的收益最高。弗伦奇因而问道：是否星期一的负收益是因为一些无法确定的“封闭市场效应”（closed-market effect）而导致的？如果真是如此，假期和周末之后的股市预期收益应该会较低。他发现，与推测相反的是，假期之后的星期一、星期三、星期四和星期五的平均收益较平时的要高。星期一如果是假期，那么星期二的收益则是负的，也许这只是较晚出现的负的周末收益。他对这一结果的解释是，相对于一般的市场收盘，周末的收盘是特殊的。

克罗斯和弗伦奇的研究都以星期五收盘价与星期一收盘价之间的差异来衡量星期一的收益。星期一盘中以及星期五收盘和星期一开盘之间是否有价格下跌的情形，则有待探讨。理查德·罗加斯基（Richard Rogalski, 1984）研究了这个问题，他分析了1974年10月1日—1984年4月30日的道琼斯工业平均指数的开盘及收盘价格，以及1979年1月2日—1984年4月30日的标准普尔500指数的开盘及收盘价格。他发现，星期一从开盘到收盘价格都是上涨的。负收益全发生在星期五收盘和星期一开盘期间。因此，星期一效应变成周末效应。[①]他同时发现，1月份的周末与其他月份的周末不一样。在1月份，周末及星期一的收益是正的。不出所料，依照前面所描述的研究结果，1月份的收益也与公司的规模有关系。最小的公司在星期一有最高的收益（一星期其他日子的最高收益也与此有关）。

如果说周末对股票不利，那么对其他证券又如何呢？吉本斯和赫斯（Gibbons and Hess, 1981）研究了国库券的每日收益模式，发现星期一的收益明显低于其他几天。他们也研究了股票周末效应的几项可能的解释，最流行的解释是关于“结算期”（settlement periods）的。买股票不是当天立即支付的，可以在几天后付款。结算期的长度有逐渐延长的趋势。显然，这一过程的自动化程度越高，时间就花得越多。1962年3月4日—1968年2月10日，结算期是四个交易日，之后变成五个交易日。在前一结算期，投资人在星期一卖掉股票，四天内钱款会入账，而在其他几天卖掉股票的人，则要在六天后才能收到钱款。由于1968年以后星期一的负收益持续存在，结算效应不可能是一个完整的解释，而吉本斯和赫斯的研究显示，即使在1968年之前，结算期也不同，也无法解释周末效应。

---

① 斯米尔洛克和斯塔克斯（Smirlock and Starks, 1986）研究了1963—1983年的道琼斯工业平均指数。他们发现负收益在时间上有向后移动的现象。1963—1968年，负收益发生在星期一交易的时间内。1968—1974年，负收益则集中在星期一交易开始的几个小时内。从1974年起，损失则是发生在星期五收盘到星期一开盘之间。

奇怪的实证研究结果，比如周末效应，令人对“数据资源”产生了必然的疑虑。毕竟，许多方式可以解释数据。如果足够多的人对同样的数据能够钻研得够久，那么人们必然会发现一些显著的结果。研究人员使用两种方法来检验这些反常现象是否是人为操控的。一种方法是对不同的时间再次研究。在周末效应的案例中，所有的近期研究都被认为是复制菲尔茨最初的研究，其研究时间包括1915—1930年。克罗斯和弗伦奇使用从1953年开始的数据（之所以选择那个时间点，是因为自那时起纽约证券交易所停止在星期六进行交易）。之后，凯姆和斯坦博（Keim and Stambaugh, 1984）确认了在1928—1982年的标准普尔综合指数上，周末效应是成立的。拉克尼索克和斯米特（Lakonishok and Smidt, 1987）研究了1897—1986年的道琼斯工业平均指数的季节性变化，并再次发现负的星期一收益情形，即使是先前都没被研究过的1897—1910年，其结果亦然。

库西和戴尔（Coursey and Dyl, 1986）使用了一种完全不同的方法研究周末效应。他们在实验室中进行市场实验，他们引入交易中断，然后观察其所产生的价格变化，在他们的实验中，受试者以不确定价值的资产进行交易。以三天为“一周”，在前两个交易日，资产的寿命只有一天。在第三天，因为之后会有一段不进行交易的“周末”，资产有两天的寿命。实验的结果符合真实证券市场上的情况。在交易中断前一天，价格（每单位收益）明显高过其他交易日。

假期效应

在弗伦奇的周末效应研究中，他分析了假期之后的价格行为，他发现没有特殊的情况发生。然而，在另一个早期的研究中，菲尔茨（Fields, 1934）发现道琼斯工业平均指数在假期前一天上涨幅度很高。直到 50 年后，罗伯特·阿里尔（Robert Ariel, 1985）让菲尔茨的研究从默默无闻到引人注目。阿里尔研究了 1963—1982 年 160 个假日前一天的情形。等权重指数假期前的平均收益为 0.529%，而其他时间为 0.056%，二者比例高于 9∶1。加权股价指数在假期前的平均收益为 0.365%，而其他时间为 0.026%，二者比例高于 14∶1。这个差异在统计上及经济上都是明显的。拉克尼索克和斯米特（Lakonishok and Smidt, 1987）以 90 年的道琼斯工业平均指数为研究对象，再次得到同样的结果。他们得出，假期前的平均收益为 0.219%，平常的平均收益为 0.009 4%，二者比例高于 23∶1。下列惊人的事实可以突出这些数字的差别：在过去 90 年间，道琼斯工业平均指数的资本收益中，有 51% 是发生在每年大约 10 天的假期前几天。

月度转换效应

阿里尔（Ariel, 1987）也研究了每个月内的收益模式。他将 1963—1981 年中的每个月分为上半月和下半月两部分，上半月是从前一个月的最后一天开始。然后，他比较了这两部分的累积收益，其方法是使用等权重指数和加权指数。其结果相当令人惊讶。下半月的收益是负的，这段时期所有的收益都发生在上半月。拉克尼索克和斯米特的研究得到的结果与此相同，且更戏剧化。他们分析了 90 年的道琼斯系列数据，发现月度转换的四天（从前一个月的最后一天开始），股票收益为 0.473%（一般四天作为一个周期的平均收益为 0.061 2%）。同时，这四天的收益也大于每月平均收益的 0.35%。换言之，如果除去月度转换的那四天，道琼斯工业平均指数是下跌的！

盘中效应

对季节性价格变动的分析，因为有了纽约证券交易所的普通股票交易数据的纸带的存在，才有了最新的研究贡献。纽约证券交易所的新纸带提供了 1981 年 12 月 1 日至 1983 年 1 月 31 日 14 个月期间每笔普通股交易的时间序列记录（共 1 500 万笔）。劳伦斯 · 哈里斯（Lawrence Harris, 1986a）使用纸带中的数据研究了每日盘中的价格变动。他计算收益盘中每 15 分钟的收益率，发现周末效应分散在星期一交易的前 45 分钟内，这段时间价格是下跌的。星期一之外的其他日子，在开盘后的 45 分钟内，股票价格剧烈上扬。同时，每天将要收盘的时候，交易收益都很高，尤其是当天的最后一笔交易。而且，最后一笔交易若是在最后 5 分钟内进行的，当日的收盘价格变化最大。哈里斯（Harris, 1986b）

研究了这个奇特的结果是否因为数据错误或专家进行价格操控造成的，但是研究的结果否决了这些可能性。否决这些假说是基于这样一项事实，开盘时的价格变动倾向于是正的，然而如果每天收盘时的价格上涨是人为操控所致，那隔天开盘的价格变动方向应该是负的才对。这个收盘结果最有趣的地方之一是，在市场实验中也观察到了类似的模式。例如，福赛思、帕尔弗里和普洛特（Forsythe, Palfrey and Plott, 1982, 1984）以及普洛特和森德（Plott and Sunder, 1982）发现，在他们的实验资产市场，正向的价格骤变（急涨）都发生在临收盘前。最初，这被认为是市场实验的反常现象，但是它显然也发生在纽约证券交易所。

评论

本章所描述的股价波动模式是令人惊讶的。反常的股票收益发生在年终岁尾、月度交换的那几天、两周交接的时候、两个交易日交接的时候以及假期之前的几天。这是为什么呢？大多数合理的解释甚至不那么合理的解释，都经过验证并遭到否决。我们确定这样说是安全的，直到 1975 年没有人会预测到这些结果，当时“有效市场假说”被大多数的金融经济学家认为是客观事实。然而，对于有显著交易成本的交易者而言，这些效果并没有大到可以被开发利用的程度，因此它们依旧是个谜。无论如何都打算进行交易的投资人，他们可以改变交易的时机，善加利用可预测的价格变化。什么样的新解释是合理的呢？我们很难想象任何单一的因素可以解释全部这些效应。然而，似乎有许多种类的因素值得研究。

1. 价格变动可能与影响市场资金进出的习惯有关。例如，养老基金及共同基金会收到利息（及对应地改变其持股）的日子与日历效应符合，因为公司及个人习惯上在例行的时间支付这些款项。从个人的角度来看，里特（Ritter, 1987）发现，小型公司的股价变动时间接近于年度变换的时间，似乎与个人投资者的股票买卖有关（个人投资者和机构投资者比起来，其拥有小型公司的股份多过拥有大型公司的股份）。更具体地说，美林证券的非机构客户的买单与卖单比值，在 1 月初较高，在 12 月底较低。换言之，个人投资者在 12 月卖股票，在 1 月买股票。同时，买单、卖单比值的变化，对于小型公司相当于年度变化的 46% 的 1 月份收益（定义为纽约证券交易所公司中最小 10 位数的股票收益减去最大 10 位数的股票收益）的反常变动。对于机构投资者的习惯进行类似的研究，也会非常有价值。

2. 机构投资者会对他们的投资组合做季节性改变的另一个理由是被称为“装饰门面”（window dressing）的做法。华尔街的惯例就是投资经理在报告日期之前会清理他们的投资组合，处理掉那些会让人感觉难堪的股票。由于报告日期与日历日期大体一致，这样的行动可能与某些季节性的股价波动相关，尤其是年终效应及月底效应。

3. 对日历效应有另一种解释，就是它们与好坏消息出现的时点有关。如果坏消息都会延迟到星期五收盘后才宣布的话，这个假说对于周末效应而言，似乎是最合理的。本章所提到的作者有一些也提到了这个假说，尽管它尚未经过严谨的研究。

这些假说全都能解释与日历时间一致的股票买卖为何有模式可循。当然，这是不符合有效市场假说的，因为有效市场假说是假设有无限多的套利者及交易者，在股价背离它们的内在价值时，随时可以进场买卖股票。然而，我们有理由相信套利者的供给与需求弹性是有限的。举个例子，施莱弗（Shleifer, 1986）、哈里斯和古莱尔（Harris and Gurel, 1986）几乎同时发表的两篇论文发现，最近几年，当某只股票被列入标准普尔 500 指数后，这只股票立刻就以近 3%的涨幅上升。这些作者的主张很有说服力，并无信息显示一只股票被列入标准普尔 500 指数是与质量相关的。他们反而认为股价的上涨是需求增加所导致的，是来自模拟标准普尔 500 指数的指数基金及共同基金对一只股票的需求增加。与这个解释一致的是，最近几年指数基金成为机构投资活动的重要部分，这一效应就更显著了。哈里斯和古莱尔也发现这样的股价上涨是暂时性的：在三个星期内，上涨的情形就消失了。一旦我们承认股票的需求曲线是负斜率的，我们就不能忽略那些对反常价格行为的可能解释。

上述三种解释都是基于制度上的考虑。有个反对这些假说的观点认为，这些效应有些在市场实验中已经被观察到了，而那些实验市场中并无相关的制度因素。在实验市场里没有现金流，没有需要粉饰门面的投资组合，也没有消息公布。因此，库西和戴尔认为，周末效应可以用心理因素来解释，例如喜欢复合赌局胜于简单赌局的偏好。其他行为上的解释，可能融入市场参与者情绪上的变化（星期五及假期前心情好，星期一心情坏，诸如此类）。例如，大家都知道，自杀较常发生在星期一。

此时，我们可以从季节性反常现象的文献中得到什么样的结论呢？这个领域的一位研究者马克·雷根（Marc Reinganum, 1984）将这些结果解释为对理论家的一项挑战："那么反常现象的意义是什么呢？它们代表资本资产定价理论（至少当它们适用于股票市场时）是摇摇欲坠的。它们代表对股票定价行为最有趣的洞察与理解，是对冗长乏味的数据的不辞辛劳的彻底验证而得来的。它代表着在理论派与实证派研究此消彼长的过程中，目前是实证派占了上风。"我不同意这个说法。球现在仍在实证派的手上。能让我们解开这些谜团的线索，还需要依靠进一步的计量及实验研究。只有实证派研究取得更大的成果，理论模型建立者才能尝试在观念上将这些片段组合起来。然后，对于所有的经济学家来说，真正的挑战才开始，他们需要尝试了解为何会发生季节性价格变动，以及如何能持续 90 年之久，且在它的存在被公之于众后仍然持续了 50 年。

11

华尔街股市上的均值回归

你那位当股票经纪人的姐夫又来电话了。这次，他在研究统计学，这是一件令人赞赏的事。他很兴奋地告诉你他最近的发现——向平均值靠拢（或者说是均值回归）。均值回归是指在随机的过程中，非常极端的观察值之后可能会出现较不极端的观察值。身高非常高的父母所生出来的小孩，可能也会是高个子，但是他们很可能会比他们的父母矮。一家年营业收入翻倍的公司，下一年的收入增长可能就没那么快了。诸如此类。均值回归是大自然的客观存在。你的姐夫有个想法，他认为这个观念可以应用到股票市场。他认为那些已经有一段时间表现不好的股票，应该会在未来有好的表现，相反地，前一段时间的大赢家应该会是下一段时间的输家。他问你的意见。

你很有耐心地向他解释他的想法是错的。你提醒他伯顿·弥基尔的名作《漫步华尔街》(*A Random Walk Down Wall Street*)总结了大量的证据，说明股票价格是“随机游走”的。也就是说，未来的股价无法从过去的价格变动中预测。如果股价是会均值回归的，那么股价就是可以预测的，而所有的经济学家都知道那不是事实。你的姐夫说道：“我就想说你可能会提到这个。很明显，你并没有关注金融方面一些最新的文献。‘随机’已经是过去式了，现在流行的是‘均值回归’！”他随即挂掉电话，而你立刻冲到了图书馆。

金融市场是有效率的，以及在这类市场上证券价格等于其内在价值，经济学中很少有命题像这样被热烈地支持。股票价格应该反映出我们对未来股票分红现值所做的预测。有效市场假说在传统上一直基于一个主张：未来价格变化是不可预测的。[①]或者是以金融的术语来说，有效资本市场“没有记忆”。这个观点的逻辑很简单，却令人信服。如果股价是可预期的，有专业知

① 如果预期收益为零，那么价格变化将被认为是完全无法预测的。实际上，由于股价是向上浮动的，所以可以预测收益是正的。然而，短期内，由于预期收益太少，以至被收益的波动淹没了。有些有效市场假说的追随者不再相信可预测性就代表市场的无效率。新的看法会在后面做说明。

识的投资人将会买低卖高。很快地，竞争的力量及理性套利将保证价格做出调整，然后以随机的方式移动，以响应不可预期的事件。

然而，金融市场许多早期的观察者相信，证券价格可能会背离它们的基本价值。例如，凯恩斯的《通论》提出：“现有投资利润短暂而细微的每日波动，加起来将对市场产生过度的甚至是荒谬的影响。”威廉姆斯在他的《投资价值理论》中说道：“价格太多取决于目前的盈利能力，而太少受长期红利分配能力的影响。”

近期，有种看法认为投资人态度的偏好（或是其他系统性的非理性）可能会影响股价。这种看法因许多人的研究而得到新的推崇，包括席勒（Shiller, 1984），德龙、施莱费尔、萨默斯和瓦尔德曼（De Long, Shleifer, Summers and Waldmann, 1987）以及谢弗林和斯塔特曼（Shefrin and Statman, 1988）。他们的论文研究的经济体里有理性的信息交易者及非理性的噪声交易者。即使特性不同，理性信息交易通常被认为是以在当时已知的条件下，客观正确的收益概率分配为基础的。相对地，噪声交易是根据不正确的条件概率评估的。在一个充斥噪声交易者的世界里，理论上不能确定理性交易者会主导市场，或是噪声交易者会绝迹，即使长期的情况也是如此。事实上，在可行的情况下，噪声交易者甚至可以打败理性套利者。同时，股票价格也不必然等于其内在价值。然而，只要价格有任何倒向基本面的倾向，它们在长期就是均值回归，也就是说，它们或多或少是可以预测的，而不是随机游走的。

股票价格是否可预测是一个老问题。尤金·法玛关于这个主题讨论的经典论文（Eugene Fama, 1965, 第 34 页）的开头是："许多年来，下面的问题已经成为在学术界和商业界引起持续争议的一个重要源泉。普通股票价格变动的历史到底能在多大程度上用于对未来股价的合理预测呢？"他在长长的 60 页之后得出结论："这样说看起来应该是有根据的，这篇论文论述了很多有力的证据，能够支持随机游走的假说。"然而，在法玛和弗伦奇（Fama and French）的论文中，有一句不同的开场白："有更多证据证明股票收益是可以预测的。"

的确，股票价格或多或少是可以预测的。尤其是如果有人研究了一只长期的股票（3~7 年），或是观察了那些经历过极大价格变动的个别股票，那么股票收益表现出的是显著的序列负向相关，换言之，价格是均值回归的。我们要在这一章中探讨部分的证据。①

① 更深入的文献研究及更完整的参考书目，请见狄邦特。我们未讨论到的一个主题在 1987 年 10 月之前被称为过度波动性辩论。这项文献请见韦斯特（West, 1988）。正如坎贝尔和席勒（Campbell and Shiller, 1988）所强调的，过度波动性表示可预测性，所以这些话题是密切相连的。

股市平均水平的均值回归

法玛 1965 年的早期研究认为股价是不可预测的，只有短期的相关性，其所使用的数据数量，至少以现代的标准来看，似乎是太小了。法玛的研究探讨的是 1957—1962 年道琼斯工业平均指数中的 30 种股票的每日价格变化是否存在任何序列相关性。虽然法玛发现统计上显著的序列正向相关性，但他的结论是相关性太小了，不构成经济上的意义。然而，如果将数据时间拉长，并增加股票数目，就会出现新的模式。举例说明，弗伦奇和罗尔（French and Roll, 1986）对 1963—1982 年纽约证券交易所及美国证券交易所的所有股票重复了法玛的检验。他们指出，在每日收益上存在虽小但是显著的序列负向相关性——在负的回报率之后会发生正的回报率，反之亦然。

研究更长的时间，可以发现更大的、更重要的经济上的相关性。例如，法玛和弗伦奇（Fama and French, 1988）所采用的程序，只是将时间长度为 T 的股指收益，与上一期（同样长度）的收益进行了回归分析。如果股价是随机游走的，那么此回归曲线的斜率应该是零。如果股价是均值回归的，那么斜率就应该是负的。法玛和弗伦奇使用 1926—1985 年在纽约证券交易所上市的公司每月的名义收益资料。他们研究了平均加权指数及价值加权指数，以及根据公司规模的十分位投资组合的收益数据。[①]

该研究的结果显示出相当显著的均值回归现象。从 18 个月到 5 年的时间范围内，回归曲线的斜率基本上都是负的。决定系数（R^2）及斜率都随着时间的增加而增大，直到 $T = 5$ 年，之后二者便下降。均值回归现象，小型公司的投资组合、平均加权指数的均值回归趋势，比大型公司的投资组合、价值加权指数要更强烈。均值回归现象会随着时间流逝而降低，因为 1941—1985 年的数值比前一段时间要小。

股价是向平均值回归的，这个事实意味着股价是可以预测的。以过去每年的收益数据来对未来 3~5 年的收益进行回归，会产生很大的预测能力。在平均加权指数和最小五分位的情形中，R^2 大约是 0.4；中间的 1/5，R^2 大约是 0.3。在最大的 1/5 及价值加权指数的情形中，R^2 大于 0.2。因此未来 3~5 年的收益中，大约有 25%~40% 是可以从过去的收益中预测得到的。使用目前的市场股利收益率，也就是股价除以股利，甚至还能得到更好的预测。

上述的法玛和弗伦奇的研究结果，在波特巴和萨默斯（Poterba and Summers）的研究中得到了更多的阐释。波特巴和萨默斯借助了“方差检测”这一事实，如果股价的对数是随机游走

① 平均加权指数在计算时，每只股票赋予相同的权重，而价值加权指数赋予较大的公司较大的权重。以规模为基础的十分位投资组合的创建程序是，将纽约证券交易所全部上市公司按照证券价格研究中心（Center for Research in Security Prices）计算机记录中的根据市值（股价乘以流通股数）顺序来排名。因此十分位投资组合的第一个投资组合是由最小的 10% 的公司所组成的。

的，那么收益的方差应该随收益时间的长短成比例变动。也就是说，月收益的方差应该是年收益方差的1/12，而年收益的方差应该是5年收益方差的1/5。方差是成等比例的，因此如果收益之间无相关性，方差就等于1.0；小于1，表示是序列负向相关；大于1，代表序列正向相关。虽然波特巴和萨默斯的结论认为方差检测是最好的，但它在检测随机游走与其他替代假说上仍是有局限性的。他们主张在信赖水平高于传统的0.5时，拒绝随机的游走假说是适当的。重点在于，虽然检验结果不是完全否定随机游走，但很明显的结果是不否认均值回归。

波特巴和萨默斯首先证实了法玛和弗伦奇的研究结果，即实质收益及超过国库券的收益。他们发现8年收益的方差大约是年收益方差的4倍（并非8倍）。而在时间短于一年的情况下，收益显然有序列正向相关性（请同时参见Lo and MacKinlay, 1988）。他们也研究了不同的子样本时间。在较长的时间中，如果排除第二次世界大战前的萧条期，均值回归的证据会变得较弱。然而，1871—1925年在名义收益及超额收益上都有显著的均值回归现象。①

波特巴和萨默斯也研究了其他国家的股票交易是否也有均值回归现象。他们使用加拿大从1919年开始的数据，英国从1939年开始的数据，以及其他15个国家在战后较短时期的数据。加拿大和英国市场显现出类似在美国所出现的现象，即在较长时间呈

① 实质收益的均值回归现象较弱。波特巴和萨默斯认为原因也许是“1900年以前的消费者价格指数序列呈现锯齿状”。

现出强烈的均值回归现象，而在较短的时间内有某些序列正向相关性。加拿大的 8 年方差为 0.585，英国为 0.794。其他的大部分国家在较长的时间内也呈现序列负向相关性，只有芬兰、南非及西班牙例外。美国以外其他全部国家的 8 年方差平均为 0.754（如果排除西班牙这个极端例子外，那么结果平均为 0.653）。波特巴和萨默斯研究了国际数据，得出的结论是，在基础薄弱及不太复杂的外国股票市场中，均值回归现象较为显著。

面对这样的证据，有效市场假说的支持者必须对均衡的预期收益会随时间改变的现象寻找理性的解释。根据席勒（Shiller, 1981）所提出的观点，我们或许会问，股票市场中预期收益必须有多大的变动才能解释观察到的股价变动。波特巴和萨默斯计算出每年的预期收益标准差大约介于 4.4%到 15.8%之间。如果预期收益是正的，投资人才会把钱放在股票市场上；如果预期股票市场上的收益不是正的，投资人就会把钱永远放在银行账户里——波特巴和萨默斯所计算出的方差意味着预期收益在正常情况下必须超过 20%。他们判断，在一个全是理性投资人的世界里，这样的预期收益太高了。（我们同意这个观点。如果你认为股票的预期回报率是 20%，难道你不会去买股票吗？）由于统计检验的能力有限，以及检验结果不允许我们拒绝这两种假设，这类直觉判断在评估证据时就是必要的一个部分。

截面数据的均值回归

至少从本杰明·格雷厄姆（Benjamin Graham, 1949）起，学者就已经开始在文献中讨论截面股票价格均值回归现象。格雷厄姆是证券分析的先驱，他主张要买那些价格比其基本面价值低的股票。这种“反向操作”所依据的前提是，这种低价是暂时的，可以预测其价格在一两年后会反弹回来。

现代的实证研究表明，这种简单的反向操作策略确实产生了超额收益。例如，巴苏（Basu, 1977）认为，以低市盈率购买股票的策略，会产生超常收益或超过风险补偿的收益。（类似地，投资高市盈率的公司所赚取的收益会低于正常水平。）巴苏提出“价格比例假说”来解释这样的结果。市盈率低的股票是暂时被低估的，因为市场对目前或未来的收益有不恰当的悲观看法。然而，真正的收益增长与价格中隐藏的增长率不同。紧接着价格会修正，而市盈率反常现象就会随之调整。同时，与这个假说一致的是，股票收益会影响年收入和股价之间的联系（Basu, 1978）。在财报公布日之前的 12 个月内，意料之外的收益增加，使低市盈率的股票会比高市盈率的股票产生更大的正的残差收益[①]。

类似的结果也可以应用在其他反向操作指标上，像是股息生息率（高股息生息率可能表示一个公司的股价太低了）或是市净

① 残差收益为不能以解释变量来解释的收益，此处是指不能以市场（大盘）收益来解释的收益。——译者注

率（股票价格与每股账面价值的比值），为公司资产价值的会计衡量方法。股息生息率非常高的股票，或是市净率非常低的股票，也会在正常风险调整后，赚取超额收益。

我们在这个课题上的研究（DeBondt and Thaler, 1985, 1987）是受到一项假说的启发。这个假说认为反向操作策略会成功是因为投资人系统性的过度反应。在心理学的文献中有显著的证据表明，个人在做预测和判断时，倾向于给予最新的资料过高的权重（Kahneman and Tversky, 1973; Grether, 1980）。如果这种行为表现在金融市场上，那么那些过去几年经历过极好或极坏收益的股票，我们预期会观察到它们的收益有均值回归现象。

为了检验这个可能性，我们在 1985 年的论文中研究了长期绩优股及亏损股的（35 只股票、50 只股票或十分位）投资组合的绩效，也就是之前 1~5 年形成期内的绩效有异常表现的股票。我们使用了 1926—1982 年的每月收益数据，包括纽约证券交易所全部上市股票。在其中一个实验中，在 1928 年 1 月到 1932 年 12 月的 5 年间，我们找到了 35 个最极端的绩优股和亏损股，记录了它们之后 5 年（检验期间）的绩效表现。同样的实验进行了 46 次，每次将起始数据向后推一年。最后，计算出检验期间绩效超过纽约证券交易所指数（给予每家公司相同权重）平均收益的平均绩效。

检验期间的发现显示在图 11–1 中。结果有三个方面值得注意。第一，绩优股与亏损股的收益都有均值回归现象。之前的亏损股后来表现超过市场平均水平，而之前的绩优股则低于市场平

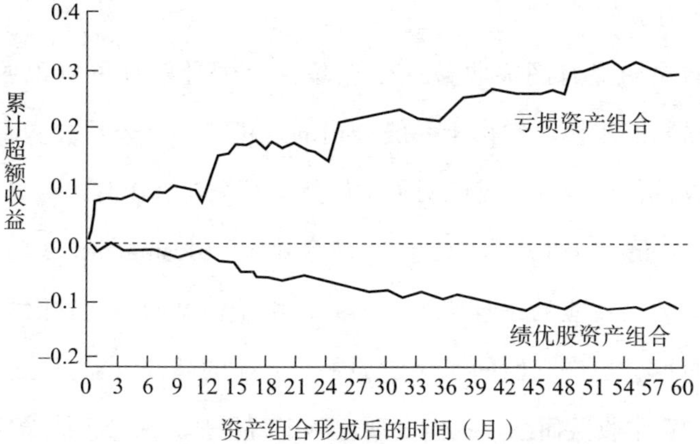

图 11–1　绩优股及亏损股投资组合的累计超额收益

均水平。第二，亏损股的价格反转现象[①]比绩优股要更明显（大约是+30% ：–10%的超额回报率）。第三，亏损股的超额收益大部分发生在 1 月，如图所示，在收益线上有五个明显的波动。这三个定性的结果在我们进行的所有类型的研究中，都可以看到。除此之外，与“过度反应”一致的是，看起来起始价格变动越剧烈，后续的反弹就越大。以 3~5 年形成期来说，以卖空绩优股来购买亏损股的“套利”策略，每年获利在 5%~8%，而大部分的获利发

① 亏损股的超额收益不是“生存偏好”（survivorship bias）所造成的。要进入样本中，公司必须在检验期开始时就已经上市。如果在检验期公司破产或是退市了，我们以股票成交的下一个价位“卖出”该股票，必要时价格可以是零。然而，实际上纽约证券交易所的上市公司很少真的破产，即使是我们亏损股样本中的公司亦然。

生在1月。[①]

输家明显有超额收益这个现象，有两种解释可以说明。第一，输家的规模通常小于一般公司的规模。小型公司会赚到超常的高收益，已经有研究证明了（虽然大部分是在1月。参见Banz, 1981；Keim, 1983），所以也许"输家效应"（losing firm effect）只是小型公司效应的化身罢了。第二，由于输家明显地在财务上有艰难时期，也许它们的风险增加了，明显的超额收益只是它们高风险的正常收益而已。我们发现这两个解释都无法令人完全满意。

当然，公司规模效应与输家效应之间有关联性。在亏损股票投资组合中的公司已经损失了相当一部分价值。由于公司规模通常是以股票的市值（股价乘以流通中的股票数量）来衡量，亏损公司在形成期变得更小了。然而，输家并不是那些有小型公司效应的小型公司。在1987年的论文中我们重复了之前的研究，使用了COMPUSTAT（标准数据库）抽样，涵盖1966—1983年纽约证券交易所及美国证券交易所的公司。我们发现，即使是五分位的亏损公司投资组合（这些公司的股票比起之前论文所研究的股票，有着较为平缓的绩效表现），在投资组合形成后的4年间，也能赚到超过市场25%的收益。这些公司平均市值为3.04亿美元。相反，最小五分位的公司的平均市值只有900万美元。同时，这些非常小的公司，平均而言，在过去几年中的股价是下跌的。也

① 1月份的超额收益与投资策略何时开始无关。例如，在7月形成的投资组合，在1月仍然会有超额收益。

就是说，它们是输家。所以，虽然输家公司的规模有小于一般公司的倾向，而小型公司倾向于是输家，看来此处有两个反常现象，而非一个。

然而，法玛和弗伦奇（Fama and French, 1986）以及查诺文（Zarowin, 1988）都主张输家公司效应该被归入规模效应之中。法玛和弗伦奇先是以规模大小排序，将投资组合依次分成十等份。然后在每个规模组合内，他们又将赢家及输家分成四等份，并观察其三年期收益情况，他们发现输家的表现超过赢家。但是除了1月份之外都不明显。与我们的结果相反的是，他们发现赢家比输家有较强烈的反转。使用类似的方法，查诺文发现套利（输家减去赢家）策略的投资组合，最小的四个1/5的收益率为7%~19%，但是最大的1/5，其收益率实际上为零。然而，所有的收益率在统计上都与零无异。

由于赢家和输家都有规模相对小的倾向，因此它们会自动地产生这样的结果：与相同规模的投资组合比较，计算出超额收益，这样的计算将会降低输家的收益，而增加赢家的收益。然而，由于没有任何理论可以解释一家公司的市值如何代表它的投资风险，因此很难解释经过规模调整后的收益。为何许多小型公司构成的投资组合，与规模相当的一个大型公司比起来，代表了风险较高的投资？

更普遍地说，将输家或小型公司明显的超额收益视为风险补偿的观点，在没有由经济理论提出的风险衡量指标的情形下，是无法被否决的。金融学上最常使用的风险衡量指标是资本资产定价模型中的β系数。资本资产定价模型的β系数是用市场股指收益进行回归的证券收益率参数。β系数衡量的是证券价格变动无法平滑化及分散化的程度，即使投资人持有整个市场的投资组合也是如此。为防止系统化的风险，我们应该在均衡时定价。

如果资本资产定价模型的β系数是一个合适的风险指标，那么赢家与输家收益的差异就无法归咎于风险上的差异。如果β系数计算的是整个形成期，事实上，输家的β值比赢家的低。然而，钱（Chan, 1988）主张应该看检验期的β系数，因为当输家一直在输而赢家一直在赢的时候，风险可能就变了。而且，在检验期输家的β值只比赢家的略高一点（1.263：1.043），而这种估计的风险差异无法解释两者收益的差异。事实上，可以肯定，至少从直觉上来说，因为输家与赢家都有非常特殊的收益时间模式，只看两者β系数的差异会受到误导。在德·邦德和塞勒（De Bondt and Thaler, 1987）的研究中，我们对这两种投资组合分别估计了两种β系数：一种是在市场组合的价值上升期间，另一种是在市场下滑期间（对资本资产定价模型的隐含假设为这两个β系数是相等的）。在检验期间，输家的投资组合在牛市的β值为1.39，熊市的β值为0.88。这表示市场上涨了10%，输家会上涨13.9%，而市场下跌10%，输家只下跌8.8%。在我们看来，这样的风险一点儿都不高！相反，赢家投资组合的牛市和熊市的β值分别为0.99和1.20。综上所述，我们发现套利投资组合的牛市β值为0.40，熊市β值为–0.32。这意味着平均来看，套利投资组合在市场上扬时是上涨的，在市场下跌时仍是上涨的。

短期均值回归现象

对输家价格反转的现象有规模解释和风险解释，有一个方法可以检验这两种解释。如果一只股票价格在一天之内下跌或是上涨 10%，不可能是该股票的客观风险有如此大的变化，其规模最多也只改变了 10%。因此，如果在非常短的时间内观察到均值回归现象，那么应该可以假设是规模或客观风险之外的因素在起作用。

其他一些研究使用的一项设计是类似我们用来检验短期价格变化时的实验设计。我们将对其中的一个研究做详细的描述，同时也在表 11–1 中列出其他研究的关键结果。我们要专注讨论的研究是由布雷默和斯威尼（Bremer and Sweeney, 1991）所做的。他们将 1962 年 7 月—1986 年 12 月，《财富》500 强公司中一天内价格变动幅度在 10% 以上的所有案例都列入研究范围（他们同时也报告了变动为 7.5% 或 15% 的结果）。由于只考虑大公司，布雷默和斯威尼排除了许多对他们研究结果的质疑声。例如，低价的股票发生比例很大的价格变动，可能反映（部分）买单—卖单的价差。然而，由于大公司的股票交易价格每股通常都超过 10 美元，所以这个问题应该不是很重要。[①] 同时，显然地，在此无法用小型公司效应来解释任何反常的结果。

布雷默和斯威尼的样本有 1 305 只股票价格下跌，3 218 只股票上涨。在涨跌之后，持续追踪 20 天的股价变动。对输家而言，5 天后，股票能有 3.95% 的收益（最初的平均跌幅约为 13%）。对于变化为 7.5%~15% 的股票而言，5 天的超额收益为 2.84% 和 6.18%。另一方面，赢家在报表公布之后的那段时间没有超额收益。

请注意，这些一日内大变动的收益模式，非常类似于在赢家及输家长期表现中观察到的收益模式。也就是说，输家有显著的修正，但赢家没有，而且修正幅度会随着最初价格变动的幅度而增加。如表 11–1 所示，在大部分其他有关大幅度、短期价格变动的研究中，也可以见到这样的模式。

表 11–1　短期价格反转：文献综述

	样本	方法	实验结果摘要
戴尔和马克斯菲尔德（Dyl and Maxfield, 1987）	每日收益 1974—1984 年 纽约证券交易所及美国证券交易所上市公司	随机抽取 200 个交易日，以最高价格买 / 卖一日内价格损失 / 收益最大的三只股票	之后 10 个交易日 赢家：–1.8% 输家：+3.6%
布雷默和斯威尼（Bremer and Sweeney, 1991）	每日获利 1962—1986 年 《财富》500 强公司	一日收益超过 7.5%、10% 或 15% 的全部股票	之后 5 个交易日 赢家：–0.004% 输家：+3.95%

① 事实上，布雷默和斯威尼针对这个问题，排除了所有股价低于 10 美元的股票并做了验证，结果发现报表公布后第一天的收益，实际上是不受影响的。

（续表）

	样本	方法	实验结果摘要
布朗、哈洛和蒂尼奇（Brown, Harlow and Tinic, 1988）	每日获利 1963—1985 年 标准普尔 500 强中的最大 200 家公司	一日（市场模型）残差收益超过 2.5% 的全部股票	之后 10 个交易日 赢家：+0.003% 输家：+0.37%
豪（Howe, 1986）	每周收益 1963—1981 年 纽约证券交易所及美国证券交易所上市公司	一周上涨或下跌超过 50% 的全部股票	之后 10 周 赢家：–13.0% 输家：+13.8%
莱曼（Lehmann, 1988）	每周获利 1962—1986 年 纽约证券交易所及美国证券交易所上市公司	购买前一周落后于市场水平的全部股票（输家）及卖空等价的赢家	在无投资套利的 1 美元投资组合中，每 6 个月赚到 39 美分；2/3 的利润来自先前的输家
罗森堡、里德和莱恩斯坦（Rosenberg, Reid and Lanstein, 1985）	每月收益 1981—1984 年 纽约证券交易所上市公司	购买前一个月是负残差的股票（相对于多因素模型）并卖空正残差者	套利组合每月赚 1.36%；利润大部分来自先前的输家
杰加迪西（Jegadeesh, 1987）	每月收益 1945—1980 年 纽约证券交易所上市公司	回归值将夏普—林特纳（Sharpe-Lintner）的残差收益与前一个月的毛收益及前几年的收益建立关系	极端的十分位投资组合：残差收益的差异为每月 2.5%
布朗和哈洛（Brown and Van Harlow, 1988）	1~6 个月的收益 1946—1983 年 纽约证券交易所上市公司	研究 1~6 个月之间，其残差收益增加 / 减少 0%~65% 的股票	输家大幅反弹；赢家除了第一个月之外，没有出现下跌

其中有个短期价格反转的研究值得一提，但这个研究与表11–1总结的其他论文的研究结果都不相同。这是莱曼（Lehmann, 1988）所做的研究，他使用每周收益数据，莱曼研究收益反转策略的收益状况。这项策略是以卖空赢家（绩效表现胜过市场水平）来买短期输家（在前一周绩效表现不如市场水平的股票）。与表11–1中其他的论文不一样的是，莱曼的研究不限于表现极端的股票上。1962—1986年在纽约证券交易所及美国证券交易所上市的股票几乎全部都包括在他的投资策略之中。然而，每一只股票所投资的金额，与每周的超额收益是成比例的，也就是说，极端的表现者在套利组合中会有较大的权重。通常，每周会有超过2 000笔的来回交易。

因为交易数量庞大，这个策略的收益情形关键在于交易成本的大小。然而，对于场内交易者而言，这个策略相当成功。如果交易成本假设一次为0.1%，那么买进1亿美元输家及卖空1亿美元赢家，六个月平均收益为3 877万美元，其中大约有2/3的收益是由输家产生的。与其他研究一致的是，收益或损失最多的赢家及输家会体验到最大的反转。

评论

风险与可感受的风险。许多调查领域都有各具特色的免责声明。在金融领域，在研究反常现象的论文时，常用的免责声明是：

11
华尔街股市上的均值回归

“当然，我们不可能对市场的有效性做直接的检验。只可能对市场有效性和一些均衡价格模型做共同的检验。”法玛和弗伦奇（Fama and French, 1986）在这个问题上的结论为：

> 反转的倾向可能反映出的是，一方面，理性投资行为及宏观经济中变量的波动所产生的随时间变化的预期收益。另一方面，价格的静态组成因素所产生的反转，可能反映出的是整个市场过度反应所造成的波动，此处的过度反应指的是市场无效率模型所假设的那种过度反应……预测能力反映的是市场的无效率，还是理性投资人的行为所产生的随时间变化的预期收益，至今仍是悬而未决的问题，而且未来也很难解决。

这是一个开放却悲观的结论。市场理性和非理性是否无法分辨？我们认为现在就放弃研究还太早了。

让我们来看看，究竟是过度反应解释还是风险解释，可以阐释均值回归现象。如果输家的超额收益或是市场指数的均值回归现象，可以用一些大家还不太了解的风险指标做出满意解释的话，那么必须证明这个（随时间变化的）风险是真实的。其他领域有许多证据显示出，可感受的风险（perceived risk）和实际的风险（actual risk）可以是有分歧的。例如，人们认为死于他杀的风险大于死于糖尿病或胃癌的风险。然而，这些原因所造成的实际死亡人数分别为每年 18 000 人、34 000 人及 98 000 人。（斯洛维奇，

菲施霍夫和利希滕斯坦，1982）

为了了解一个错误的风险感受模型可能起作用的方式，我们假设（边际）投资人判断绩优股、亏损股的风险要大于客观风险。亏损股被认为风险是非常高的，因为破产的风险被高估了。绩优股被认为是有风险的，因为它们看起来下降的潜力更大。这类公司将承受超额风险报酬，迫使其价格降低。再进一步假设，投资人对近期的趋势有过度反应的倾向，不能做正确的贝叶斯均衡预测。错误的感受风险及错误的判断，这样的组合可以解释我们在绩优股和亏损股的收益上所观察到的不对称现象。也就是说，亏损股因为过度反应效应和超额风险报酬两者朝相同方向（压低价格）作用，因此当新信息进入时，投资人发现他们的恐惧及预测有偏差时，价格就会上升。然而，对于绩优股而言，过度反应效应将推升价格，而超额风险报酬则是将价格向下压低。由于两种效应是朝相反的方向作用，绩优股的价格反转应该会较小，或是不存在，正如我们所观察到的。

事件研究（event studies）。将有效资本市场假设与事件研究方法结合，在会计、产业组织及金融领域很受欢迎。事件研究尝试衡量公司环境的改变，以及对财务的影响，其焦点为在公司消息首度公布前后，公司股票市值的变化。最常见的事件包括收购、发行新股、会计规则或税法的改变。许多事件研究（例如那些有政策意义的事件研究）笃信市值变化是基本面变化的无偏估计。而这个观点之所以成为信条，据我们所知，是因为没有证据可以支持这个观点。假设一家公司买下了另一家公司，其市值增加了10%，这代表了市场对这项收购的净现值的一种估值。要检验这个估值是否无偏误，我们会想要看看合并后一段足够长时间后的实际结果。经营者是否合得来？原先所期待的综合作用是否真的发生了？最高管理层是否过度扩张其权力？买方是否碰到赢家的诅咒？也许在五年之后才有可能回答这些问题中的大部分。衡量事件发生日的价格是否无偏误的一个方法，是五年后来看当年价格的预测是否准确。不幸的是，股票价格是如此多变，以至于我们没有确切的方法可以检验这个假说。

在这样的背景下，布雷默和斯威尼的论文可以被认为是“关于事件研究的事件研究”。由于这类研究的焦点集中在价格上的较大变化，布雷默和斯威尼所做的是不加区分地搜集一系列事件。对正面的事件，市场产生无偏误的估计（从事件发生两周之后来判断）。然而，对负面事件来说，价格的立即反应被看作是有偏误的。我们自己对长期亏损股的研究结果，也得到了类似的结论。对于经历了一连串“坏事件”的公司而言，价格修正可能需要花上好几年的时间。

小结。金融市场是挖掘反常现象的沃土。然而，我们不认为反常现象在金融领域十分丰富，因为比起其他的经济学领域，金融方面的理论是更不完善的。更明确地说，理论界需要描述得非常明确（所以可以被检验）及数据非常丰富，才能观察到许多反常现象。明确界定的模型、有效数据及许多反常现象，这样的组合使得金融学成为令人兴奋的研究领域。这个领域所面对的真正挑战在于，发展能与已知的实证事实符合的新的资产定价理论以及提出新的可检验的预测。在传统模型中所有的个体都被假设是完全理性的，而我们对传统模型的看法是悲观的。而模型中有些人对未来的现金流量有非理性的预期，或是有错误的风险感受，在我们看来这样的模型似乎有较大成功的可能性。然而，这些模型目前的状况不容许它们被仔细地检验。当这样的检验成为可能时，这些可能会与模型和传统框架一样，与经验数据相矛盾。

本章与沃纳·F. M. 德邦特合著

12

封闭式共同基金

你那位当股票经纪人的姐夫又来电话了。这次他大叫："我帮你找到了一桩好买卖！我发现一个方法，可以让你用折扣价买到股票！"你（充满希望地）问他，他的意思是不是说让你转行做一个折扣经纪人（你姐夫说并不是）。他说："不，那只是小钱，我的收入还不到股价的1%。我说的是以零售价格10%~20%的折扣价购买股票，有时候折扣还更大。"你当然怀疑这个说法，所以你追问他是怎么做到的。他说："就是封式式基金。"他问你是否知道那是什么，你嘟囔了一下，所以他就直接告诉你了："封闭式基金是一种共同基金，它的股份在主要的交易所交易。如果你拥有这些基金的股份，想要卖掉时，是在市场上出售，而不是从基金赎回。有些基金可以用低于其持有股票价值的价格买到。每股价值20美元的基金，可能以17美元就能买到——这是15%

的折扣率。很棒的交易吧！”你说这其中必有诈，但你需要再做个研究……

有效市场假说的检验常常是很困难的。例如，这项假说的一个含意是，天下没有白吃的午餐，赚钱没有捷径。然而，现实中有明显的反例，像是资产价格中的均值回归现象，它被许多人说成是风险变动的证据，因而这就不符合有效市场假说。有效市场假说的另一个含意是，资产价格应该等于它们的内在或是基本面价值，也就是未来现金流的预期现值。有一位我们认识的金融学教授，通常会将这个类型的有效市场假说说成“价格是对的”。当然，要检验价格是否是对的非常困难，因为内在价值并不容易被观察到。我们在现在这个时候，要如何得知IBM公司未来股利的现值是多少呢？

有一类证券，其内在价值是相对容易衡量的，这就是所谓的封闭式共同基金（现在的官方说法是公开交易基金）。大部分的共同基金是开放式基金，也就是基金随时可接受更多的钱，且可以让目前的股东以基金的净资产价值赎回其股份。净资产价值也就是该基金所持有证券的（每股）市场价值。在封闭式基金的例子中，管理层募集了特定数量的资本，假设为1亿美元，买了一些组合的证券，根据基金章程管理这个投资组合，然后发行固定数量的股份，假设为 1 000 万股。这些股份在有组织的股票市场上交易，包括纽约证券交易所。任何股东想要卖掉股份，必须以市场价格出售。当然，每股价格是由供给与需求决定的，因而会偏离净资产价值。的确，封闭式基金的股价常常偏离其净资产价值。以低于其净资产价值出售的基金，被称为折价交易，而以高于净资产价值的股价出售的基金，则为溢价出售。例如，1989 年，我们可能会找到一些折价售出的基金（折价率大于 30%），而另一些则以很高的溢价出售基金（其中有些溢价甚至超过 100%）。因此，在封闭式基金中，常常会发现价格是错的！

四种反常现象

封闭式基金的定价问题存在很多疑问。以下的四个事实是所有封闭式基金的定价理论所必须讨论的。

1. 市场上出现的新基金都有一些规律可循。新基金倾向于在现有基金溢价出售或是折价很小的时候开始上市（Lee, Shleifer and Thaler, 1991a）。当新基金发行时，一般会加大约 7%的手续费。这表明投资人必须要付出 107 美元来取得价值 100 美元的资产。当他们第一次开始交易时，基金通常会有小幅的溢价。韦斯（Weiss, 1989）、皮维（Peavy, 1988）和莱恩（Laing, 1987）都列举了证据证明新上市的封闭式基金的绩效不佳。例如，韦斯的研究发现，1985—1987 年，美国股票基金在初次发行的 20 天后，其交易价格平均溢价几乎达到5%。然而，首次发行120天后，这些基金的交易价格平均折价超过了10%。这表示在这段时期持有这些股票的收益是–25.1%。所以，在这些基金首次发行时，人们为何要买它们呢？

2. 封闭式基金的交易价格通常相对于净资产价值有相当程度的折价。1965—1985年，美国主要的封闭式股票基金组合，其价值加权平均折价率为10.1%。虽然折价是常态，但是仍有一些基金（在某些特殊时期可能是大部分基金）是溢价出售的。最近几年，对于专注于海外投资的基金来说，溢价交易一直是很普遍的。所以，第二个疑惑是：为什么价格不等于净资产价值？为什么折价是常态呢？

3. 折价（以及溢价）的变动很大，会因时间或基金的不同而变动。在美国交易的最大股票基金是三大洲基金（Tricontinental Fund），这个基金持有范围广泛的普通股投资组合。过去30年间，三大洲基金的年末价格变动范围在溢价2.5%到折价25%之间。1988年，每周末的收盘价在溢价6.7%到折价17.9%之间波动。

虽然基金折价率随着时间的变化波动幅度很大，但它们的变动是正向相关的。李、施莱弗和塞勒（Lee, Shleifer, and Thaler, 1991a）研究了1965—1985年9个最大、发行最久的基金，结果发现折价是高度相关的。个别基金的每月折价相关系数大于0.5。每月的变化也是正向相关的，相关系数通常为0.2~0.4。平均折价率也表现出季节性模式，从第10章及第11章中的证据来看，这并不令人感到意外。的确，折价率在1月份有缩小的倾向。这个结果是相当令人震惊的，因为布劳尔和张（Brauer and Chang, 1989）的研究发现，基金所持有的资产并未显示出1月效应。

折价在不同的基金之间也有很大的差异。有些基金以很大的折价出售，而其他基金则以很高的溢价出售，这是常常见到的现象。即使在某些特殊领域内的基金，像是分散化国内基金（diversified domestic funds）或者单一国家海外基金（single country foreign funds），在同一个时点，其折价率的变化也是很大的。所以为什么折价率会一起变动，以及为什么在时间上及跨基金之间会有这么大的不同呢？

4. 当封闭式基金要结束时，不管是以合并、清算或是转变成开放式基金的方式，其价格都会趋近于财报中的净资产价值（Brauer, 1984; Brickley and Schallheim, 1985）。这个事实应该不会令人费解。如果一只基金转变成开放式基金，或是进行清算，其资产将会以净资产价值赎回，所以其价格当然应该等于结束时的净资产价值。然而，某些关于封闭式基金定价问题的理论认为财报上的净资产价值是被错估的。如果真是这样的话，净资产价值在基金清算时就会跌到市场价格，而不是市场价格上涨到与净资产价值相等。所以，当基金成为开放式的时候，为什么价格会上升到没有折价的程度呢？

这四个疑惑提出了金融市场运作上的基本问题。价格是如何偏离基本面价值的呢？为什么套利的力量不能将价格拉回到基本面价值的水平呢？这些问题就是本章要讨论的问题。

标准解释

这些事实在标准的理性预期及有效市场的范畴内，能被解释到什么程度呢？到目前为止，有两种解释被提出来。第一种建立在基金经理的错误行为之上。第二种建立在净资产价值的错误计算之上。

代理成本

仅用基金经理的存在就可以解释封闭式基金的疑惑吗？有两种可能性值得我们思考。第一，基金需要收取管理费，通常每年收取资产价值的 0.5%~2.0%。其中一个观点是这些费用的存在意味着基金会以均衡价格的折价出售。想想看，一个收取 1% 年费的基金，在贴现率为 10% 的情形下，这些费用的现值不断累积起来相当于 10% 的折价。然而仔细检查后，你会发现这个观点是无法成立的。大型封闭式基金，比如三大洲基金，收取的费用几乎和那些大型免佣金的共同基金差不多。由于二者提供类似的服务，那么似乎二者应该以同样的价格出售。但是如果封闭式基金是折价出售的，投资人从中会得到比开放式基金更高的收益（因为他们可以用同样多的钱买到更多的资产）。管理费用的存在并不表示基金应该折价销售。[①] 同时也没有证据显示折价与管理费有相关性（Malkiel, 1977; Lee, Shleifer and Thaler, 1991b）。

第二，出于基金经理绩效表现的考虑。布德罗（Boudreaux, 1973）的研究指出，净资产价值代表目前投资组合的预期收益，但是因为基金经理买卖证券，折价可能反映的是他们在这个任务上表现能力的差异。但是除非有基金经理能够找出方法让自己的绩效表现持续低于市场水平（当然，这本身就是反常现象），否则这并不能解释为何基金通常会折价交易。如果以相对绩效来解释折价率的不同，那么折价大应该预示未来绩效不好，而溢价应该预示未来会有超乎寻常的收益。所以，举例来说，在基金开始时观察到的溢价现象，应该预示未来有很高的收益。相反，几个月后观察到的折价现象表明投资人很快就醒悟了，并预测股票绩效会低于正常水平。从逻辑上讲，这两种预测不可能同时都是理性的，实证证据显示两种预测都不准。马尔基尔（Malkiel, 1977）研究了基金资产的过去绩效与折价之间的关系，而罗恩费尔特和塔特尔（Roenfeldt and Tuttle, 1973）研究了同时期基金的表现和折价间的关系。前者发现二者没有关系，而后者发现二者有微弱的关系。然而，李、施莱弗和塞勒（Lee, Shleifer and Thaler, 1991b）发现未来的净资产价值绩效与现在的折价之间有微弱的关系，且

① 这个主张是肯·弗伦奇（Ken French）提出的。蒂莫西·泰勒（Timothy Taylor）指出，对于人们愿意投资于没有折价的开放式基金这个事实，我们可以换个角度来看，把它当作反常现象。

这个关系有“错误”的信号。也就是说，折价较大的基金比折价较小的基金的未来绩效有更好的倾向。我们的结论是，代理成本甚至不能解释其声称要解释的基本事实，即折价存在的问题，更别提其他方面的问题了。例如，如果代理成本是正的，那么只要无佣金的开放式基金存在，这样的封闭式基金就根本不应该（溢价）发行。的确，任何溢价发行的基金在这个架构下都意味着代理成本是负的。代理成本同时也不能解释长时间下的折价变动范围如此之大的现象。管理费（极为稳定）与对绩效的预期的变动都不可能大到可以解释我们所观察到的个别基金折价的时间序列变化，也不能解释不同基金之间平均折价的变动。唯一与代理成本符合的事实是，当基金结束时折价会消失。

限制性股票

如果净资产价值不反映基金对于股东的真实价值，那么价格与净资产价值的差异就不是一个反常现象。投资组合可能被错误评价的一种情形是，基金持有大量不能在公开市场上自由出售的股票。封闭式基金持有流动性差的股票是可以理解的，因为它们和开放式基金不同，不会因为基金持有人突然要赎回资本而被迫清算股份。有些人认为，这类股票在计算净资产价值时被高估了。事实上，马尔基尔（Malkiel, 1977）及李、施莱弗和塞勒（Lee, Shleifer and Thaler, 1991b）的研究都发现，持有限制性股票也可以部分解释横断面的折价差异。然而，持有限制性股票对解释封闭式基金的问题，没有太大帮助。大部分的封闭式基金，包括三大洲基金，持有很少甚至不持有限制性股票，但还是折价出售。同时，以时间序列来看，任何基金持有的限制性股票的数量并没有太大变化，所以这个变量不能解释折价在时间序列上的变化。最后，也是最根本的问题，当基金转变为开放式基金时，价格会上升到净资产价值。如果限制性股票被高估了，那么应该是净资产价值跌到与价格水平相当才对。

税收

为什么净资产价值会错估基金投资组合的真实价值呢？另外一个理由是资本利得税。当基金的资本利得实现时，必须要向美国国税局报告此项所得。税收责任由基金实现利得之时的基金持有人负担。所以，如果你今天买一只基金，第二天就实现了一大笔资本利得，你就必须要交税，即使你根本还没赚到一分钱。这表示有大笔未实现资本增值的基金，对于既有股东及潜在的股东而言，其价值低于净资产价值，因此应该折价出售。这个解释和其他解释一样，有某种明显的优点，但是它未能解释所有的事实。马尔基尔（Malkiel, 1977）在相对宽松的前提假设下做了计算：税收对折价的解释力不超过 6%。显然，我们所观察到的折价，有一大部分仍是个谜。同时，根据税收的解释，折价率应该在市场总体价格上涨时上升，因为未实现的资本利得会逐渐累积。李、施莱弗和塞勒（Lee, Shleifer and Thaler, 1991a）的研究证据却是与这个推论相反的。而且，在基金清算时价格会上涨到净资产价值的事实再次显示出税收责任并不是很重要。

总而言之，在有效市场假说及理性代理人的背景下，有一大堆原因被提出来解释封闭式基金的折价现象。在这些因素中，有一些确实有其优点，但是这些因素全部加起来也只解释了折价总变动中的一小部分。

封闭式基金溢价

虽然封闭式基金的研究大部分都聚焦在常见的折价出售的事实上，但是最让人疑惑的证据是关于封闭式基金的溢价现象。我们之前就提到，在20世纪80年代中期，封闭式基金在初次发行时的平均溢价是7%，而在100个交易日之内变成平均折价为10%。初始投资人的这种庞大且快速的负回报，让大家怀疑这些投资人是否够理性。没有一种标准解释曾经诠释为何会有人溢价购买新发行基金的问题。首次公开募股并非基金溢价出售的唯一情况。历史上某段时间，即使是分散基金也会溢价出售，如20世纪60年代晚期，尤其是股市大崩盘之前的20世纪20年代晚期。即使中型基金是以折价出售的，有些基金还是会溢价出售。这些溢价对代理成本、税收及其他说明为何基金应该折价销售的解释，提出了不容忽视的挑战。

我们来回顾一下1929年股市大繁荣时的情形。德·隆和施莱弗（De Long and Shleifer, 1990）发现他们样本里的中型基金在

最大的十分位投资组合的关系则是正向相关的。折价看起来的确反映个别投资人的情绪。

评论

本杰明 · 格雷厄姆（Benjamin Graham, 1949）在其关于证券分析的名作《聪明的投资者》中，将封闭式基金的折价称作“为投资者的惰性和愚蠢树立的代价昂贵的纪念碑”。另一位著名的金融市场观察家伯顿 · 马尔基尔（Burton Malkiel, 1977）在其对封闭式基金的观察与分析中得出结论:“市场心理对折价的结构及程度有重要的影响。”股东的愚蠢或是市场心理为什么会是重要的呢？在一个有效市场中套利者会买卖证券以确保价格不会与其内在价值背离。如果有些投资人偏好在伦敦购买黄金，甚过在芝加哥购买，他们的偏好将不会使伦敦的金价上涨，因为其他投资人会很乐意从芝加哥买黄金再到伦敦出售。这项分析不适用于封闭式基金。如同以上所讨论的，因为没有机会从事无风险的套利①，所以定价错误会发生。而愿意与庞大的投资人情绪长期打赌的理性投资人是有限的。

从这项分析中我们所得到的主要教训是，对证券的需求可以影响价格，即使这种需求基于非理性的信念。这项分析所适用的

---

① 有关套利的限制，参见拉塞尔和塞勒（Russell and Thaler, 1985），以及施莱弗和萨默斯（Shleifer and Summers, 1990）。

情况中（包括许多最有趣的金融市场），最重要的是要记住“价格等于内在价值”的论断是可以检验的命题，而不是一条定理。

本章与查尔斯·M. C. 李（Charles M. C. Lee）和
安德烈·施莱弗（Andrei Shleifer）合著

13

外汇

你的叔叔是家中曾经听过你的经济建议的人，他从事进出口业务。前一阵子，他打电话来询问有关外汇的问题。他说道：“假设我们欠了100万德国马克的债务，要在一个月后支付，我们有美元可以付这笔钱，所以问题是，我们是现在还是晚些时候再将美元兑换成德国马克。我认为我们应该将钱放在能赚取最多利息的地方，但是我们的财务主管，一个得意扬扬的工商管理硕士，她告诉我这并不重要，因为如果德国利率比较高，这表示大家预期马克会贬值。当我问她应该怎么做时，她说做什么并不重要，她居然说‘抛硬币决定’！我付她这么多钱做什么？来抛硬币的吗！”你试着安抚你叔叔，并跟他解释有效市场的概念，但是你没能说服他。你说：“好吧，如果你认为你能做得更好，为什么不做个实验呢？你照你的方式拿一部分的钱做投资，而你的财务主管则抛硬币决定，然后看看谁做得更好。”他认为这是个好主意，并答应会告诉你结果。

出乎你意料的是，你的叔叔几个月后打电话回来，声称有个策略可以打败那个抛硬币的财务主管。他得意扬扬地说："我是这样做的。当利率在其他国家上升时，我把钱投到那个国家去，然后赌那个国家的货币不会贬值。另一方面，如果那个国家的货币利率相对于美元利率是下跌的，我就把钱存在美国。我承认这很简单，但似乎是有效的。当然，我的财务主管认为我只是运气好，并说她要用历史资料来证明她是对的。好了，她刚才很尴尬地拿着一大堆电脑输出的数据来我办公室，同意了我的理论。我赢了。聪明的你对此有什么看法呢？"

你感到很困惑，决定要读一读有关外汇的文献资料。

外汇市场是最活跃的金融市场之一。1989 年中期，经过重复计算调整后，平均每日的外汇交易量约为 4 300 亿美元。这个数字意味着什么呢？我们比较一下下面两个数字：美国的每日国民生产总值（GNP）约为 220 亿美元，而全球商品和服务的贸易量每日约为 110 亿美元。由于外汇交易在数量上远大于实际商品及服务的交易，所以外汇市场应该具有高度流动性及有效性。

因为交易量庞大，许多研究人员专注于外汇市场的研究，以检验投机效率方面的问题。其中有一种看法——最初由米尔顿·弗里德曼（Milton Friedman, 1953）提出，他认为因为投机者的买低卖高，他们的活动确保汇率反映出基本面或货币价值的长期决定因素。第二种看法通常会被认为是拉格纳·纳斯克（Ragnar Nurske, 1944）的研究所探讨的问题，他认为外汇的投机活动会使外汇市场动荡不安，且过度的流动性会施加很大的成本在生产者及消费者身上，从而导致生产者和消费者做出较没有效率的分配决策。

这场辩论有升温的趋势，因为在20世纪80年代中期，美元在短时间内升值了65%，他们都尝试解释这个现象。有些人认为美元价值的被动是基本面的变化所导致的，在这些基本面之下，升值是可预测且最优的。然而，其他人根据经验认为，这是美元脱离其正常决定因素的证据，并主张至少部分美元的升值是可以防范的。关于汇率是否“准确定价”的辩论尤其重要（相较于其他资产定价的辩论），因为汇率同时影响了所有海外资产、货物及生产要素的价格。如果纳斯克的支持者是对的，也就是支持投机活动促使价格偏离其基本面，那么政府最有理由干预的就是外汇市场。

在这一章中，我们聚焦在外汇市场的有效性。读者若对更完整的论述有兴趣，应该参考穆萨（Mussa, 1979）、列维奇（Levich, 1985）、布思和朗沃思（Boothe and Longworth, 1986）、霍德里克（Hodrick, 1987）和弗鲁特（Froot, 1990）。为了尽量简化（不幸的是，无法完全简化），以下有关有效性的问题将只用一种简单的检验观点来看待，被称为远期贴水偏差。这项检验很容易被理解，而且由于实证检验结果强烈否定了虚假设，所以它在统计上的效力不是问题。然后我们也将提到为阐明这个现象的其他解释所设计的实证研究。

远期贴水偏差的检验

如果投资人是风险中性的，而且有理性预期，那么对未来汇率的市场预测会内含国际利率间的差异。要了解这一点，我们假设美元一年期利率为 10%，相对的德国马克利率为 7%，因而美元利率差（interest differential）为 3%。风险中性且理性的投资人会预期美元在一年内相对于马克贬值 3%。这个贬值幅度，只是让美元的预期回报等于马克存款的预期回报。如果这些投资人预计美元贬值的幅度为 4%，那么他们会想要借美元，然后以马克放贷。结果，美元利率会倾向于上升，而马克利率会倾向于下降，直到二者利率差也变成 4% 为止。利率差与预期汇率贬值之间的这个简单关系被称为非抛补利率平价[①]（之所以被称为非抛补是因为未利用远期市场进行对冲）。因此，非抛补利率平价也意味着利率差异隐含着对未来汇率变化的看法。如果预期是理性的，那么因利率

① 两国的货币利率差异会决定外国货币的预期升（贬）值幅度。当本国利率高于外国利率时，外国货币会呈现预期升值，反之亦然。——译者注

差异而产生的未来汇率变动的估计应该是无偏差的。

无偏差性通常以汇率变化对利率差异所做的回归式来检验。

$$(1)\ \Delta S_{t+k} = \alpha + \beta\ (i_t - i_t^*) + \eta_t + k$$

ΔS_{t+k}为通货在第k期贬值的百分比（即外汇的即期美元价格对数值的变化率）;（$i_t - i_t^*$）为目前第k期内美元利率减去第k期的外国货币利率。虚无假设为$\beta = 1$。一些作者将$\alpha = 0$也包含进虚无假设之中。换言之，现货市场已实现的利率贬值等于利率差加上纯粹的随机误差项$\eta_t + k$。

对方程式（1）的第二种说明以远期贴水取代利率差，远期贴水为当前的远期汇率与现货汇率之间的差额（远期汇率为未来某特定日期进行交割的外汇的当前美元价格）。因为存在套利活动，远期贴水必然等于利率差额。如果不相等，那么借入外汇将收益兑换为美元，然后用这些美元投资，再于远期市场出售，这个策略将产生无风险的利润。大部分的观察家都认为，市场是尊重这种套利条件的，因为银行允许远期汇率以利率差来设定。在风险中性及理性预期的情形下，远期贴水应该也是后续汇率变动的一个无偏估计。的确，像（1）式这类回归方程未能产生$\beta = 1$的估计，通常被视为远期贴水偏差。

很多文献都对无偏性假设做了检验，发现β系数小于1是很可能发生的。事实上，β系数常常被估计为小于零。在75篇已发表的论文中，估计的平均系数为–0.88（请见Froot, 1990）。少数的是正值，但是没有任何一个估计值等于或大于虚无假设的$\beta = 1$。

β系数接近–1 的现象很难解释。举个例子，这意味着当美元利率超过外国货币利率一个百分点时，美元随后会倾向于以每年1%的幅度升值。这与无偏差假设所规定的1%的贬值形成了很明显的对比。

文献中有两种解读是很常见的，一些学者主张$\beta < 1$是随时间变化的外汇风险溢价：当美元利率上升时，对美元资产的投资，其风险变得更高。[①]另一种解释是，其他人假设汇率风险是绝对可以分散的，或者假设投资人是风险中性的。他们因而将所有的偏差都解读为预期错误的证据。在以下两节中，我们将对这两种解释各自的优点进行评价。

外汇风险溢价

如果外汇市场的边际投资人都是风险厌恶的，且如果外汇风险是不能完全分散的，那么利率差额或者远期贴水就无法被解释为纯粹是对未来汇率预期变化的一种精确估计。利率差额是预期汇率变化加上风险溢价的总和。因此，即使预期汇率不会变动，但如果大家认为美元比外国货币的风险高，那么美元利率就会更高。如果保持理性预期假设，那么出现β不等于1的结果意味着利

① 类似地，这些结果也意味着，当外汇利率上升时（相对于美元利率），对外国资产的投资风险也变得相对较高。

率变动与风险溢价的变化是相关的：出现β小于 1 的结果表示美元利率差额增加 1%会伴随着小于 1%的美元价值下跌。由于风险溢价等于利率差额减去预期汇率变化，这表示美元资产的风险溢价必须随着利率差额的增加而上升，同时，外汇的规定收益率必须下降。[①]

自然，β为负值的结果就更为极端：利率差额增加，预期的贬值就会减少（因为美元平均而言会升值），因此风险溢价会有更大幅度的增加。法玛（Fama, 1984）指出这意味着两件事：（1）风险溢价的变化比预期贬值率和利率变动率二者都大；（2）预期贬值率和风险溢价是负相关的。

就其自身而言，预期贬值率与风险溢价的负向关联会被认为是有道理的：预期美国有较高的通货膨胀率，可能会很容易与美元贬值扩大和美元资产风险增加联系在一起（参见 Hodrick and

① 读者可能会觉得很难理解，在两种货币之间只有单一汇率的情况下，资产以一种货币计价怎么会比以另一种货币计价的风险要高呢？下面的案例可能会有帮助。假设有两个规模相同的国家，在商品及资产贸易方面的联系很紧密。每个国家都各自生产商品，但都以相同数量消费两国所生产的商品，两国也都各有一项资产来支付未来该国商品的消费。现在假设A国的资产代表可以取得A国产品的比例，其大于B国资产代表B国商品的比例。换言之，A国资产流通在外的供给比B国要大。由于投资人对每种商品的消费量相同，在其他条件不变的情况下，他们会想要将投资组合平均投资在两国的资产，一国一半。投资人只有从A国资产所得的收益相对于B国有溢价时，才会同意持有较高比例的A国资产，因为它们必须是均衡的。在这样的案例中，我们会说以A国商品计价的资产比以B国商品计价的资产“风险”要高。

Srivastava, 1986)。例如，预期通货膨胀率较高，反映出未来货币政策的路径有较大的不确定性。根据风险溢价所做的解释，其实质问题在于，它们是否能解释为何利率变化会使风险溢价的变化幅度更大。目前，有三种方法被提出来评价风险溢价理论的优点，但没有一项能对这个假说有更多的支持。

第一种方法设定并检验了风险的"统计模型"。这种方法不是去探讨风险的基本经济因素是否能解释外汇的超额回报，而是去检验货币的超额报酬之间或之中的特定形态。虽然这类检验为汇率变动的可预测的构成要素提供了丰富的信息，但它未能提供更多的证据支持这些构成要素确实是因风险而产生的。另一项统计检验研究了可预测的回报是否可以用未来回报的预期变动率来解释。这类检验，原则上可能更能区分风险和预期误差。然而，实际上没有证据显示预期变动率的测量值与远期贴水偏差是有关的。

外汇风险溢价的第二种检验似乎超越了相对资产收益本身，而且它还检验了收益基本面的决定因素。最初弗兰克尔（Frankel, 1982）提出，资本资产定价模型要求资产的风险溢价与资产价值占投资组合的比例有关。他的检验并没能证明所需回报与汇率的系统性风险有正向相关性。的确，使用这些模型无法拒绝系统性风险为零的假设。所谓系统性风险为零的假设是指汇率风险溢价为零的假设。它们也同样无法证明风险溢价的变动方式，但能解释外汇有可预测的超额收益（参见Frankel and Engel,

1984; Hodrick, 1987)。后来的研究检验了更复杂的由时间带来的变动风险模型，但结果也很类似（参见Engel and Rodrigues, 1989; Giovannini and Jorion, 1989; Mark, 1985;Obstfeld, 1990）。

评估风险溢价理论的第三种方法试图直接衡量预期贬值率，由此避免从已实现的贬值做推论。如果可以真正地观察到预期，那么就有可能将利率差额的偏差分解为不同的部分，即可归因于风险溢价以及预期误差。这无法告诉我们风险溢价是如何形成的，但是可以告诉我们在解释偏差时，风险和市场效率的重要性。

当然，困难在于市场预期是无法被观察到的。然而，将预期的独立估计值集合在一起，我们或许能有所了解。弗鲁特和弗兰克尔（Froot and Frankel, 1989）使用外汇交易员的预期调查数据，作为预期贬值率的独立估计值。如果所调查出的预期能被接受为预期贬值率的估计值，那么利率差额的偏差就可以分解为风险溢价和预期误差两部分。在进行这项分解时，可归因于风险回报的部分就变得很小，且与零的差异并不显著。这不是说这些调查不包括风险溢价，因为如果调查与利率差额总是相等，就会出现恒真。实际上，调查所显示的风险溢价与零是有明显差异的，且随时间而变动。然而，调查的风险溢价与预期贬值率没有相关性。

风险与 1980—1985 年的美元

最后，我们对随时间变化的风险溢价的另一种假说进行了比较不正式的敏感性测试（sensibility check），看看它对 20 世纪 80

年代美元前所未有的现象的解释能力如何。自 1980 年年末到 1985 年年初，美元利率高于外汇利率，因此大家都在远期贴水的观点下出售美元，这意味着美元的价值将下跌。然而，美元每年（基本上市稳定的）约升值 13%。在风险溢价的情况下，这些事实表明投资人对美元升值的（理性）预期是强烈正向的（也许高达 13%），但是风险溢价也是正向的。因此，根据这个观点，大家就会觉得以美元计价的资产比起以其他国家货币计价的资产，风险要高。这与当时将美元的坚挺解释为“安全天堂”的假说，恰恰相反。

后来美元价值的快速下跌则意味着风险溢价的符号将反转，1985 年投资人转而将美元视为相对安全的货币。这一定是因为在货币风险基本面的决定因素上发生了一些剧烈的变化，才会使美元的价值产生如此巨大的震荡：在美元升值期间，投资人若要持有“安全的”外国货币，就必须放弃每年约 16% 的收益（13% 的收益来自美元升值，再加上 3% 的美元的利率差额）；而在后来美元贬值期间，他们若要持有美元，就必须放弃约 6% 的每年额外收益（每年平均 8% 的贬值，再减去 2% 的平均利率差额）。这些放弃的成本都很高。实在很难只依靠风险溢价的解释来解读 20 世纪 80 年代的美元走势。[①]

① 如果认为投资人多次为那段时期基本面上的美元坚挺（及后来的疲软）所震惊，这一结论将可以较为温和。理性预期的美元升值（贬值）以及对风险溢价的估计值就会更接近于零。在下一节我们会直接讨论这一解释。

预期误差

另一个主要的假说是用预期误差来解释外汇的远期贴水和利率差额上的偏差。在这个假说之下，风险溢价是固定的（或者至少与远期贴水没有相关性）。然后，利率差额的增加伴随着预期贬值的等量增加。如果预期贬值增加是理性的，那么利率差额每增加1%，就会伴随着美元贬值1%。然而，对上述参数所做的估计表明，当利率差额减少1%时，现货市场上的汇率平均升值近1%。这些预期误差是如何发生的，它们又怎么能持续下去呢?

即使这种预期误差在事后看来是具有经济上的显著性的，也并不意味着市场的无效性或事先未能充分利用收益机会。也许我们所研究的时间不具有代表性，因此以这个例子来看，常用的统计推论方法反而可能导致不正确的结论。对于正在学习浮动汇率或其他制度性变动的投资人而言，这也许是一种不具代表性的汇率变动。刘易斯（Lewis, 1989）研究了这类解释是否可以解释1980—1985年美元的持续升值。她用证据说明，对美国货币供给过程未被观察到的变动，投资人学习得很慢，这可以部分解释隐含在远期汇率中预期误差的原因。然而，如刘易斯所述，误差似乎不会随着时间而消逝，这又反驳了永久性制度变动的学习模型。

比索问题是从回归式产生误导推论的另一个例子。这个名词从 1955—1975 年墨西哥的比索危机衍生出来。那段时间中，墨西哥政府规定比索与美元的兑换率采取固定汇率，而比索在远期市场一直以折价出售。当然，投资人所预期的比索大幅贬值最后还是发生了，从而证实了对利率及远期市场预期的有效性。但是仅从 1955—1975 年的案例中，我们无法事先估计这一结果（参见 Rogoff, 1979）。在这些极端以及其他没那么极端的经济情况中，比索问题将会使得标准的统计推论过程变得无效。

迈克尔·穆萨（Michael Mussa, 1979）曾提出为何比索问题会使我们对上述讨论的回归方法造成困扰。他的主张是通货膨胀率的分布是不对称的。通货膨胀率大部分在限定的范围内波动，但是偶尔会爆发恶性通货膨胀。在没有恶性通货膨胀的年份，预期通货膨胀率的增加会高估实际上所发生的通货膨胀率。因为这类预期通货膨胀率的增加很可能与名义利率上升及预期贬值率的扩大有关，因此在回归式样本中有超过一半以上的β系数会小于 1。

我们可以用一个类似穆萨提出的不对称概率分布的论点，来评估比索问题是否可以合理解释 20 世纪 80 年代早期的美元走势。1980—1985 年，美元利率平均高出 1980 年约 33%，然后大约每年以 13%的幅度升值。假设美元升值的话，市场的确预期美元每年以 13%的比例升值，但是另一种可能是美元崩盘，暴跌回 1980 年的水平。预期贬值率的概率等于崩盘的概率π乘以预期崩盘的百分比 33%，减去升值的概率（$1-\pi$）乘以升值的百分比 13%。如果我们假设在既定的利率差额下，预期贬值率为 3%，那么任何一年的崩盘概率为：$\pi=(13+3)/(13+33)=35\%$。这表示汇率5年内不崩盘的概率为0.65的5次方，也就是0.12。如果我们将这个计算再精确些，那么结果告诉我们，比索问题假说不可能是真的，虽然在标准的统计显著性水平上我们无法拒绝这个假说。

利率差额和长期的汇率变化

在某些特定类型的利率波动中，利率差额的偏差看起来是较不严重的。在恶性通货膨胀酝酿期间，名义利率从很小变成很大，对这段期间偏差的检验，结果呈现出β为正值，且接近于1。除此之外，较不正式的横断面的检验也证明利率差额会产生合理的预测：高通货膨胀率的国家，比如意大利，通常的名义利率会比美国高，而且它们的货币也的确有长期贬值的倾向。相反地，在低通货膨胀率的国家，例如联邦德国，其利率也相对较低。换言之，利率差额的平均水平指出了预测长期汇率变动的正确方向，虽然在预测短期汇率变动上，短期的相关性通常指向错误的方向。

这一证据可以被视为支持用缓慢学习假说或比索问题来解释偏差的理论，因为这两种解释都预测，平均而言，利率差额能正确地预测长期汇率变动（即使看起来在短期预测上也有偏差）。然而，按照相同的逻辑，这些解释应该也会引导我们预期β系数的估计值平均而言应该等于1。同时，如果缓慢学习假说是偏差的原因之一，我们应该看到β系数的估计值在后来的子样本中愈加接近1，但是没有这类演化的迹象存在。

β系数小于1的强烈证据普遍出现在不同的子样本、货币、预测区间、资产市场上，再加上比索问题对20世纪80年代早期美元行为的解释能力几乎被否定，缓慢学习假说的有效性也蒙上了怀疑的阴影。为了保持这些解释的完整性，人们可能推说这些β系数的估计值之间的独立性很小。或许，可能有些重要事件还没有发生，比如完全的核毁灭，会对投资人的预期产生影响，从而造成偏差。然而，当时间序列及横断面统计样本规模持续扩大时，这类观点就会显得越发牵强。

一种可能的解释

到目前为止，我们所得到的结论一直是负面的：理性有效市场的范式无法为观察到的结果提供令人满意的解释。有一件事是可以尝试去做的，那就是提供简单、粗略的解释，这样的解释具备其他可检验的限制条件，但是不要求所有投资人都是完全理性的。举例来说，至少有些投资人在面对利率差额变化时的反应是缓慢的，可以做这样的假设。这些投资人可能需要思考一段时间才会采取行动，或者他们只是无法对最近的信息做出很快的反应。这些投资人也可以被视为“中央银行”，在利率上升时“反向操作”以减缓货币升值。这个模型中的其他投资人则是完全理性的，虽然他们是风险厌恶者，并受流动性限制，而且可能利用上述这些人的缓慢行动来获利。[①]

一个简单的说法或许可以调和上述事实。首先，只要某些名义利率差额的变动也能反映出实质利率差额的变动，它的β系数估计值就会是负数。虽然名义利率差额的变动在不同汇率模型中对汇率有不同的实时效果，但是这些模型大部分都预测，当美元的实际利率上升时（其他条件不变），应该会导致美元立即升值。如果这个升值只有一部分是立即发生的，其他部分还需要一些时间，那么我们预期在利率差额扩大后的一段时间，汇率才会升值。因此短期利率变动与汇率变动之间就有可能有负向的相关性。第二，这个假设也可以解释横断面与恶性通货膨胀的情况，在那些结果中利率差额正确地预测了长期汇率的变动。一些投资人反应上的短时间落后将不会影响利率差额及汇率变动之间的长期关系。检验这个假说的方法是以其隐含的另一个条件为基础的，即远期外汇贴水过去（不只是现在）的水平应该能帮助预测汇率的变动。事实上，这个假设表明，如果将利率差额的过去水平加入方程式（1）中，系数的估计值应该是正值，而且接近于1。弗鲁特（Froot, 1990）所呈现的证据是支持后面那个隐含条件的。

① 这类模型的例子参见库特勒、波特巴和萨默斯的研究（Cutler, Poterba, and Summers 1990）。

如果你有这么聪明的话……

这样的解释（强调缺乏有效性）似乎很符合事实，但是有一个明显的严重缺陷：难道在实时利率变动时做交易就赚不到钱了吗？比尔森（Bilson, 1981）对外汇市场的无效性做过一个强有力的实证研究。他认为$\beta < 1$的研究结果暗示着一个投机规则（购买利率相对较高国家的货币），而且他主张这个投机规则确实可以带来预期利润，并且不用负担很多风险。据说他使用这个策略赚到了不少钱。[①]

杜利和谢弗（Dooley and Shafer, 1983）以及斯威尼（Sweeney, 1986）也检验了好几种"过滤规则"（filter rules）——以即期汇率的过去走势引发的交易策略。一个典型的过滤规则可能会设定，如果美元在过去24小时内已经升值超过了2%，那么投资人应该卖空美元。这样的规则看起来是可以获利的，尽管利润不具统计上的显著性。同样地，舒尔梅斯特（Schulmeister, 1987）、坎比和莫德斯特（Cumby and Modest, 1987）研究了从"技术分析"所衍生出的一些交易规则，并发现这些规则产生了统计上显著性的收益。

无论是否真正可以从外汇市场的明显无效率赚到钱，我们都应该再强调一下，单一货币的风险—收益比值并不是非常有吸引力的。方程式（1）的回归估计值，其年化标准误差约为36%。这

---

① 霍德里克和斯里瓦斯塔瓦（Hodrick and Srivastava，1984）使用比尔森（Bilson, 1981）的资料，其研究结果得到的是较不利的风险—收益比值。

表示要产生 1 美元预期收益的策略，会伴随 15 美元的标准偏差。要了解这一点，请注意当β系数为–1 时，美元利率上升 1 个百分点，会附带美元资产相对于外国资产每年高出 2 个百分点的额外收益。而以月为基础来看，不以复利计算，500 美元的投资可产生的预期收益为:（500×0.02）/ $12 \approx 1$。那么收益的标准偏差为:（500×0.36）/$12 = 15$。在有交易成本的情况下，风险—收益比值甚至更没有吸引力。虽然这些策略中的风险有许多可能在原则上是可以分散的，但是更复杂的分散化策略可能是成本更高、更不可靠或者更难执行的。

评论

经济学家常常用某些风险理论来解释金融市场中的反常现象。例如，投资小型公司比大型公司赚得更多，这被归因于风险较大，虽然传统的风险指标，如资本资产定价模型的β系数并没有高到足以解释收益上的巨大差异。类似地，资产价格中的均值回归现象常常被归因于所谓的随时间变化的风险溢价——投资人愿意承受的风险数量，被说成随时间而变动，并以一种可以解释不同收益模式的形式呈现。这类解释常常被认为有压倒性的说服力：不可检验性。既然风险溢价无法直接观察到，那么要如何反驳这些解释呢？这类思维可能导致错误的安全感，因为聪明的研究者常常会想出各种方法来证明这类不可检验的命题。另一个类似的是效用最大化的观念，它常常被认为是不可检验的同义反复。然而，正如在第 6 章偏好反转中已经讨论的，在面对同样问题的两个不同版本时，人们会被引导做出相互矛盾的选择，当然这两种选择不可能都与效用最大化原则符合。

正如我们在本章所看到的，外汇市场的研究者一直都很擅长设计检验方法来检验风险是否可以解释反常现象。我们从这些已完成的检验中所得到的结论是，没有肯定的证据表明远期贴水的偏差是由风险造成的（相对于预期误差）。从经济学家的资产定价模型得出的风险溢价，与计量经济学家的回归式所得出的可预测超额收益之间并无迹象显示二者有系统相关性。

此外，有积极的证据显示了与此相反的情况：偏差可能归因于预期误差而不是风险。使用外汇汇率预期的调查数据，有人试图将远期贴水分成预期贬值和风险溢价，结果表明偏差完全是因为预期误差造成的，而没有归因于随时间而变化的风险。然而这样的分解本身无法表明这种预期误差是否因学习、比索问题或市场无效性而产生的，学习和比索问题似乎都不能对这些事实提供完整的解释。总而言之，这些证据建议我们应该认真地研究那些考虑到市场无效性的可能性解释。

外汇市场的明显无效性，其政策意义是什么呢？因为无效性的证据是含糊不清的，而且因为没有成熟的外汇领域的一般均衡模型，对汇率波动成本是否高到需要政府介入，我们不能多说什么。虽然上文所讨论的这类无效性会造成汇率水平的巨大扭曲，政府干预，如交易税或固定汇率等，也会带来巨大成本，从而抵消增加的社会福利。未来的研究也许可以协助确定，使用这类政策工具对消费者或生产者所造成的影响。

本章与肯尼思·弗鲁特（Kenneth A. Froot）合著

后　记

我们要怎么看待这些反常现象呢？它们综合起来是否会颠覆经济理论呢？答案是否定的，原因有以下几点。第一，虽然标准的经济学范式有其限制及弱点，但是到目前为止并没有更好的替代理论。在许多领域中，经济学家是唯一在做研究的社会科学家，比如股票市场。我的经验是，心理因素会对金融市场有重大影响，华尔街的专业人士对这样的观点持非常开放的态度。然而，除了经济学家以外，很少有其他社会科学家在认真地研究金融市场，而且对资本资产定价模型，人们还未研究出更贴近于人类行为的替代模型。如果有这样的模型出现，比较有可能的是从行为经济学家而来，而不是心理学家或社会学家。改变必然出自经济学内部。

新类型的经济理论应该是什么样呢？我最想看到的重要进展是，清楚地区分规范性理论及描述性理论。利润最大化、预期效用最大化、博亦理论等，都是描述最优行为的理论。而按照边际成本等于边际收益进行定价，是使利润最大化问题得到解答的方法。但是公司是否这样做是另一回事。我尝试教导工商管理硕士班上的学生要避免“赢家的诅咒”，以及要让机会成本等于现金支出成本，但我同时也告诉他们，大多数的人不是这样的。我还告诉他们合作常常是很好的策略，即使经济理论证明该策略有缺陷。我认为这能帮助你成为优秀的经理人，如果你对你自己和你的员工、客户和竞争者可能犯的错误类型，以及他们乐于合作的意向和方式都能了解的话。这是不会有争议的。我也认为人性方面的知识对想要解释及预测人类行为的经济学家是有帮助的。我不认为这应该有争议，但是确实产生了争议。如果我们能将规范性理论与描述性理论区别得很好，我们就可以开始研究经验性理论了，比如如何与其他人进行博弈。在缺乏这类经验性理论的情况下，在个人参与最后通牒博弈或出价竞标方面，经济学能给的建议会非常少。

这里我们得到的重要启示，对于经济理论家而言，不可否认是令人沮丧的，即经济理论家的工作比我们先前所想的要困难许多。写一个理性行为模型然后就收笔，这可能是不够的，而完成一个不是完全理性行为的优秀模型则是非常困难的，原因有二：第一，不去搜集数据就想建立好的描述性模型，通常是不可能的，而许多理论家都声称对数据有强烈的过敏反应。第二，理性模型都倾向于简单且优雅地精确预测，然而行为模型倾向于复杂、混乱、预测较模糊。但是，我们可以这样看待这件事情：你是想要优雅又精确的错误，还是混乱且模糊的正确理论呢？

致 谢

本书所需要的协助超过一般所需。书中的每一章都曾刊登于《经济展望期刊》(*Journal of Economic Perspectives*)出版的“反常现象”专刊中，我要特别感谢该专刊的编辑卡尔·夏皮罗及约瑟夫·斯帝格利茨邀我写这个系列的专刊。(反常现象专刊的点子是我和哈尔·瓦里安在晚餐谈话中想出来的，之后哈尔将此建议转呈给《经济展望期刊》。)若没有每季截稿日期的压力，我绝不可能创作出这本书(详见第7章)。卡尔与蒂莫西·泰勒帮忙审读、提建议、编辑并大幅修改每篇文章。他们的建议都很有建设性，我常遵循采纳。

书中有超过一半以上的文章承蒙一个或更多的合著者帮忙。他们的名字会出现在相关章节。有共同作者的那几章，大部分是我一个人不可能写得出来的，而且如果我自己一个人来写，也不会写得这么好(或是这么有趣)。在此我要强调每位合著者都是正式的合作伙伴，如果学术界人士想要引述本书中有合著者的篇章时，请引用原始的专栏文章，或是在引述出处时，确定包含合著者的名字。（已出版的专栏文章，其原始出处资料如后附。）

众所周知，时间就是金钱，一年写 4 篇专栏要花费许多时间。我要感谢康科德资本管理公司（Concord Capital Management）及拉塞尔·塞奇基金会（Russell Sage Foundation）提供经费，并感谢康奈尔大学约翰逊管理研究所（Johnson Graduate School of Management）抽出时间。拉塞尔·塞奇基金会的总裁埃里克·万纳做了超越基金会总裁平常职责的事，他还担任本书的经纪人。而汤姆·迪克曼在协调我在康奈尔大学的工作上一直都很帮忙，而且处事灵活，但请不要告诉他这一点。

同时我也得到一些友人的耐心协助，他们热心地帮我看了第一稿（有时是第二稿及第三稿）。那些承担特别多任务的有马娅·巴--希勒尔、科林·卡默勒、沃纳·代·邦特、帕特·德格雷巴、鲍勃·弗兰克、丹尼·卡尼曼、肯·卡萨、杰伊·拉索以及汤姆·拉塞尔。他们在阅读第 1 章之前都很乐意跟我合作。丹尼斯·里甘、夏洛特·罗森以及德博拉·特雷斯曼帮忙校稿并协助找出许多排版错误。最后，谢谢我在自由出版社（The Free Press）的编辑彼得·多尔蒂，是他帮我将 13 篇专栏文章编成一本书。

本书中的内容先前曾发表于《经济展望期刊》上，这次的再版获得了美国经济学会（American Economics Association）的许可。这些文章经过修订之后才放入本书中。原始的参考文献为：

Robyn M. Dawes and Richard H. Thaler（1988）, “Cooperation,” *Journal of Economic Perspectives*, Vol. 2, No. 3, pp.187-197;

Werner F. M. DeBondt and Richard H. Thaler（1989）, “A Mean-Reverting Walk Down Wall Street,” *Journal of Economic Perspectives*, Vol. 3, No. 1, pp.189-202;

Kenneth A. Froot and Richard H. Thaler（1990）, “Foreign Exchange,” *Journal of Economic Perspectives*, Vol. 4, No. 3, pp.179-192;

Daniel Kahneman, Jack L. Knetsch and Richard H. Thaler（1991）, “The Endowment Effect, Loss Aversion, and Status Quo Bias,” *Journal of Economic Perspectives*, Vol. 5, No. 1, pp.193-206;

Charles M. C. Lee, Andrei Shleifer and Richard H. Thaler（1990）, “Closed-End Mutual Funds,” *Journal of Economic Perspectives*, Vol. 4, No. 4, pp.153-164;

George Loewenstein and Richard H. Thaler（1989）, “Intertemporal Choice,” *Journal of Economic Perspectives*, Vol. 3, No. 4, pp.181-193;

Richard H. Thaler（1987）, “The January Effect,” *Journal of Economic Perspectives*, Vol. 1, No. 1, pp.197-201;

Richard H. Thaler（1987）, “Seasonal Movements in Security Prices II: Weekend, Holiday, Turn of the Month, and Intraday Effects,” *Journal of Economic Perspectives*, Vol. 1, No. 1, pp.197-201;

Richard H. Thaler（1988），"The Winner's Curse," *Journal of Economic Perspectives*, Vol. 2, No. 1, pp.191-202;

Richard H. Thaler（1988），"The Ultimatum Game," *Journal of Economic Perspectives*, Vol. 2, No. 4, pp.195-206;

Richard H. Thaler（1989），"Interindustry Wage Differentials," *Journal of Economic Perspectives*, Vol. 3, No.2, pp.181-193;

Richard H. Thaler（1990），"Saving, Fungibility, and Mental Accounts," *Journal of Economic Perspectives*, Vol. 4, No.1, pp.193-205;

Richard H. Thaler and William T. Ziemba（1988），"Parimutuel Betting Markets: Racetracks and Lotteries," *Journal of Economic Perspectives*, Vol. 2, No.2, pp.161-174;

Amos Tversky and Richard H. Thaler（1990），"Preference Reversals," *Journal of Economic Perspectives*, Vol. 4, No.2, pp. 201-211.

参考文献

Abrams, Burtran A., and Mark A. Schmitz (1978). "The Crowding Out Effect of Government Transfers on Private Charitable Contributions." *Public Choice,* 33, 29-39.

Abrams, Burtran A., and Mark A. Schmitz (1984). The Crowding Out Effect of Government Transfers on Private Charitable Contributions: Cross Sectional Evidence." *National Tax Journal,* 37, 563-68.

Ainslie, George (1975). Specious Reward: A Behavioral Theory of Impulsiveness and Impulse Control." *Psychological Bulletin,* 82, 463-509.

Ainslie, George (forthcoming). *Picoeconomics: The Interaction of Successive Motivational States within the Individual.* Cambridge, U.K.: Cambridge University Press.

Akerlof, George A. (1982). "Labor Contracts as Partial Gift Exchange." *Quarterly Journal of Economics,* 87, November, 543-69.

Akerlof, George A. (1984). "Gift Exchange and Efficiency Wages: Four Views." *American Economic Review,* 73, 79-83.

Akerlof, George A., Andrew Rose, and Janet Yellen (forthcoming). "Job Switching and Job Satisfaction in the U.S. Labor Market." *Brookings Papers on Economic Activity.*

Akerlof, George A., and Janet Yellen (1988). "The Fair Wage/Effort Hypothesis and Unemployment." Unpublished, Department of Economics, University of California, Berkeley.

Ali, Mukhtar M. (1977). "Probability and Utility Estimates for Racetrack Bettors." *Journal of Political Economy,* 85, 803-15.

Ali, Mukhtar M. (1979). "Some Evidence of the Efficiency of a Speculative Market." *Econometrica,* 47, 387-92.

Anderson, S. C. (1986). "Closed-end Funds versus Market Efficiency." *Journal of Portfolio Management,* Fall, 63-65.

Andreoni, James (1988). "Why Free Ride? Strategies and Learning in Public Goods Experiments." *Journal of Public Economics,* 37, 291-304.

Andreoni, James (1990). "Impure Altruism and Donations to Public Goods: A Theory of Warm-Glow Giving." *Economic Journal,* June.

Ariel, Robert A. (1985). "High Stock Returns Before Holidays." Unpublished Working Paper, Department of Finance, MIT.

Ariel, Robert A. (1987). A Monthly Effect in Stock Returns." *Journal of Financial Economics,* 18, March, 161-74.

Arrow, Kenneth A. (1986). "Rationality of Self and Others in an Economic System." *Journal of Business,* 59, October, S385-s400.

Asch, Peter, Burton G. Malkiel, and Richard E. Quandt (1982). "Racetrack Betting and Informed Behavior." *Journal of Financial Economics,* 10, 187-94.

Asch, Peter, Burton G. Malkiel, and Richard E. Quandt (1984). "Market Efficiency in Racetrack Betting." *Journal of Business,* 57, 65-75.

Asch, Peter, Burton G. Malkiel, and Richard E. Quandt (1986). "Market Efficiency in Racetrack Betting: Further Evidence and a Correction." *Journal of Business,* 59, 157-60.

Asch, Peter, and Richard E. Quandt (1986). *Racetrack Betting: The Professors' Guide to Strategies.* Dover, Mass.: Auburn House.

Asch, Peter, and Richard E. Quandt (1987). "Efficiency and Profitability in Exotic Bets." *Economica,* 59, August, 278-98.

Asquith, P. (1983). "Merger Bids, Uncertainty, and Stockholder Returns." *Journal of Financial Economics,* 11, 51-83.

Axelrod, Robert (1984). *The Evolution of Cooperation.* New York: Basic Books.

Banz, Rolf, W. (1981). "The Relationship between Return and Market Value of Common Stocks." *Journal of Financial Economics,* 9, 3-18.

Barro, Robert (1978). *The Impact of Social Security on Private Saving.* Washington, D.C.: American Enterprise Institute.

Barro, Robert (1989). "The Ricardian Approach to Budget Deficits." *Journal of Economic Perspectives,* 3, 37-54.

Basu, Sanjoy (1977). "Investment Performance of Common Stocks in Relation to Their Price-Earnings Ratios: A Test of the Efficient Market Hypothesis." *Journal of Finance,* 33, June, 663-82.

Basu, Sanjoy (1978). "The Effect of Earnings Yield on Assessments of the Association between Annual Accounting Income Numbers and Security Prices." *Accounting Review,* 53, July, 599-625.

Bazerman, Max H., and William F. Samuelson (1983). "I Won the Auction But Don't Want the Prize." *Journal of Conflict Resolution,* 27, December, 618-34.

Becker, Gordon M., Morris H. DeGroot, and Jacob Marschak (1964). "Measuring Utility by a Single-Response Sequential Method." *Behavioral Science,* 9, July, 226-32.

Bell, David, Howard Raiffa, and Amos Tversky, (1988). "Descriptive, Normative, and Prescriptive Interactions in Decision Making." In David Bell, Howard Raiffa, and Amos Tversky, eds., *Decision Making: Descriptive, Normative, and Prescriptive Interactions.* New York: Cambridge University Press.

Benzion, Uri, Amnon Rapoport, and Joseph Yagil (1989). "Discount Rates Inferred from Decisions: An Experimental Study." *Management Science,* 35, March, 270-84.

Berges, A., J. J. McConnell, and G. G. Schlarbaum (1984). "An Investigation of the Turn-of-the-Year Effect, the Small Firm Effect and the Tax-Loss-Selling-Pressure Hypothesis in Canadian Stock Returns." *Journal of Finance,* 39, March, 185-92.

Bergstrom, Theodore, Lawrence E. Blume, and Hal Varian (1986). "On the Private Provision of Public Goods." *Journal of Public Economics,* 29, 25-49.

Bilson, John (1981). "The Speculative Efficiency Hypothesis." *Journal of Business,* 54, 433-451.

Binmore, Ken, Avner Shaked, and John Sutton (1985). "Testing Noncooperative Bargaining Theory: A Preliminary Study." *American Economic Review,* 75, 1178-80.

Blackburn, McKinley, and David Neumark (1987). "Efficiency Wages, Inter-Industry Wage Differentials, and the Returns to Ability." Unpublished, Finance and Economics Discussion Series, Federal Reserve Board.

Boothe, Paul, and David Longworth (1986). "Foreign Exchange Market Efficiency Tests: Implications of Recent Findings." *Journal of International Money and Finance,* 5, 135-52.

BOSTIC, RAPHAEL, RICHARD J. HERRNSTEIN, and R. DUNCAN LUCE (1990). "The Effect on the Preference-Reversal Phenomenon of Using Choice Indifferences." *Journal of Economic Behavior and Organization,* 13, 2, March, 193-212.

BOUDREAUX, K. J. (1973). "Discounts and Premiums on Closed-end Mutual Funds: A Study in Valuation." *Journal of Finance,* May.

BRAUER, GREGORY A. (1984). "Open-ending Closed-end Funds." *Journal of Financial Economics,* 13.

BRAUER, GREGORY A. (1988). "Closed-End Fund Shares' Abnormal Returns and the Information Content of Discounts and Premiums." *Journal of Finance,* March.

BRAUER, GREGORY, A., and ERIC CHANG (1989). "Return Seasonality in Stocks and Their Underlying Assets: Tax Loss Selling Versus Information Explanations." Working Paper, University of Washington and University of Maryland.

BREALEY, RICHARD A., and STEWART C. MYERS (1988). *Principles of Corporate Finance,* 3rd edition. New York: McGraw-Hill.

BREMER, M. A., and RICHARD J. SWEENEY (1991). "The Information Content of Extreme Negative Rates of Return." *Journal of Finance,* March.

BRICKLEY, JAMES A., STEVE MANASTER, and JAMES S. SCHALLHEIM (1989). "The Tax Timing Option and the Discounts on Closed-End Investment Companies." Working Paper, Graduate School of Business, University of Utah.

BRICKLEY, JAMES A., and JAMES S. SCHALLHEIM (1985). "Lifting the Lid on Closed-end Investment Companies: A Case of Abnormal Returns." *Journal of Financial and Quantitative Analysis,* 20, 1, March.

BROWN, CHARLES, and JAMES MEDOFF (forthcoming). "The Employer Size Wage Effect." *Journal of Political Economy.*

BROWN, KEITH (1974). "A Note on the Apparent Bias of Net Revenue Estimates for Capital Investment Projects." *Journal of Finance,* 29, 1215-16.

BROWN, KEITH C., and W. VAN HARLOW (1988). "Market Overreaction: Magnitude and Intensity." *Journal of Portfolio Management,* Winter, 6-13.

BROWN, KEITH C., W. VAN HARLOW, and SEHA M. TINIC (1988). "Risk Aversion, Uncertain Information, and Market Efficiency." Working Paper, University of Texas at Austin, January.

CAGAN, PHILIP (1965). *The Effect of Pension Plans on Aggregate Savings.* New York: National Bureau of Economic Research.

CAMPBELL, JOHN, and ANGUS DEATON (1987). "Is Consumption Too Smooth?" Working Paper, Department of Economics, Princeton University.

CAMPBELL, JOHN Y., and N. GREGORY MANKIW (1989). "Consumption, Income, and Interest Rates: Reinterpreting the Time Series Evidence." National Bureau of Economic Research, Working Paper #2924.

CAMPBELL, JOHN Y., and ROBERT J. SHILLER (1988). "Stock Prices, Earnings, and Expected Dividends." *Journal of Finance,* 43, July 661-76.

CAPEN, E. C., R. V. CLAPP, and W. M. CAMPBELL (1971). "Competitive Bidding in High-Risk Situations." *Journal of Petroleum Technology,* 23, June, 641-53.

CARROLL, CHRIS, and LAWRENCE H. SUMMERS (1987). "Why Have Private Savings Rates in the United States and Canada Diverged?" *Journal of Monetary Economics,* 20, 249-79.

Carroll, Chris, and Lawrence H. Summers (1989). "Consumption Growth Parallels Income Growth: Some New Evidence." Department of Economics, Harvard University.

Cassing, James, and Richard W. Douglas (1980). "Implications of the Auction Mechanism in Baseball's Free Agent Draft." *Southern Economic Journal,* 47, July, 110-21.

Chan, K. C. (1988). "On the Return of the Contrarian Investment Strategy." *Journal of Business,* 61, 147-63.

Chernoff, Herman (1980). "An Analysis of the Massachusetts Numbers Game." Department of Mathematics, MIT, Technical Report No. 23, November.

Clotfelter, Charles T. (1985). *Federal Tax Policy and Charitable Giving.* Chicago: The University of Chicago Press.

Cohen, David, and Jack L. Knetsch (1990). "Judicial choice and Disparities between Measures of Economic Values." Working Paper, 19 Department of Economics, Simon Fraser University.

Constantinides, George (1988). "Habit Formation: A Resolution of the Equity Premium Puzzle." Unpublished Working Paper, Graduate School of Business, University of Chicago.

Courant, Paul, Edward Gramlich, and John Laitner (1986). "A Dynamic Micro Estimate of the Life Cycle Model," In Henry G. Aaron and Gary Burtless, eds., *Retirement and Economic Behavior.* Washington D.C.: Brookings Institution.

Coursey, Donald L., and Edward A. Dyl (1986). "Price Effects of Trading Interruptions in an Experimental Market." Unpublished Working Paper, Department of Economics, University of Wyoming, March.

Coursey, Donald L., John L. Hovis, and William D. Schulze (1987). "The Disparity between Willingness to Accept and Willingness to Pay Measures of Value." *The Quarterly Journal of Economics,* 102, 679-90.

Cox, James C. and R. M. Isaac (1984). "In Search of the Winner's Curse." *Economic Inquiry,* 22, 579-92.

Cross, Frank (1973). "The Behavior of Stock Prices on Fridays and Mondays." *Financial Analysts Journal,* November-December, 67-69.

Cumby, Robert, and David Modest (1987). "Testing for Market Timing Ability: A Framework for Forecast Evaluation." *Journal of Financial Economics,* 169-89.

Cummings, Ronald G., David S. Brookshire, and William D. Schulze, eds. (1986). *Valuing Environmental Goods.* Totowa, N.J.: Rowman and Allanheld.

Cutler, David M., James M. Poterba, Lawrence H. Summers (1990). "Speculative Dynamics and the Role of Feedback Traders." *American Economic Review,* 80, May, 63-68.

Dark, F. H., and K. Kato (1986). "Stock Market Overreaction in the Japanese Stock Market." Working Paper, Department of Economics, Iowa State University.

Dawes, Robyn M., John M. Orbell, Randy T. Simmons, and Alphons J. C. van de Kragt (1986). "Organizing Groups for Collective Action.: *American Political Science Review,* 80, 1171-85.

Dawes, Robyn M., and Richard H. Thaler (1988). "Cooperation." *Journal of Economic Perspectives, 2,* Summer, 187-97.

De Bondt, Werner F. M. (forthcoming). "Stock Price Reversals and Overreaction to New Events: A Survey of Theory and Evidence." In S. J. Taylor, B. G. Kingsman, and R. M. C. Guimaraes (eds.), *A Reappraisal of the Efficiency of Financial Markets.* Heidelberg: Springer-Verlag.

De Bondt, Werner F. M., and Richard H. Thaler (1985). "Does the Stock Market Overreact?" *Journal of Finance,* 40, July, 793-805.

De Bondt, Werner F. M., and Richard H. Thaler (1987). "Further Evidence on Investor Overreaction and Stock Market Seasonality." *Journal of Finance,* 42, July, 557-81.

De Long, J. Bradford, Andrei Shleifer, Lawrence H. Summers, and Robert J. Waldmann (1990). "Noise Trader Risk in Financial Markets." *Journal of Political Economy,* 98, August, 703-38.

Deaton, Angus (1987). "Life-cycle Models of Consumption: Is the Evidence Consistent with the Theory?" In Truman F. Bewley, *Advances in Econometrics: 5th World Congress,* Vol. II. New York: Cambridge University Press, 121-48.

Deaton, Angus (1989). "Saving in Developing Countries: Theory and Review." Working Paper, Department of Economics, Princeton University.

Dessauer, John P. (1981). *Book Publishing.* New York: Bowker.

Dickens, William T. (1986). "Wages, Employment and the Threat of Collective Action by Workers." Unpublished, University of California, Berkeley.

Dickens, William T., and Lawrence F. Katz (1987a). "Inter-Industry Wage Differences and Industry Characteristics." In Kevin Lang and Jonathan S. Leonard, eds., *Unemployment and the Structure of Labor Markets.* Oxford: Basil Blackwell.

Dickens, William T., and Lawrence F. Katz (1987b). "Inter-Industry Wage Differences and Theories of Wage Determination." National Bureau of Economic Research, Working Paper #2271.

Domowitz, Ian, and Craig Hakkio (1985). "Conditional Variance and the Risk Premium in the Foreign Exchange Market." *Journal of International Economics,* 19, 47-66.

Dooley, Michael P., and Jeff Shafer (1983). "Analysis of Short-Run Exchange Rate Behavior: March 1983 to November 1981." In D. Big-man and T. Taya, eds., *Exchange Rate and Trade Instability: Causes, Consequences, and Remedies.* Cambridge, Mass.: Ballinger.

Dyer, Douglas, John Kagel, and Dan Levin (1987). "The Winner's Curse in Low Price Auctions." Unpublished manuscript, Department of Economics, University of Houston.

Dyl, Edward A., and Kenneth Maxfield (1987). "Does the Stock Market Overreact? Additional Evidence." Working Paper, Department of Economics, University of Arizona, June.

Elster, Jon (1979). *Ulysses and the Sirens.* New York, Cambridge University Press.

Elster, Jon (1986). "The Market and the Forum: Three Varieties of Political Theory." In Jon Elster and Aanund Hylland, eds., *Foundations of Social Choice Theory: Studies in Rationality and Social Change.* Cambridge, U.K.: Cambridge University Press, 103-132.

Elton, E., M. Gruber, and J. Rentzler (1982). "Intra Day Tests of the Efficiency of the Treasury Bills Futures Market." Working Paper No. CSFM-38, Columbia University Business School, October.

Engel, Charles M., and James Hamilton (1990). "Long Swings in the Foreign Exchange Market: Are They There, and Do Investors Know It?" National Bureau of Economic Research, Working Paper, *American Economic Review.*

Engel, Charles M., and Anthony P. Rodrigues (1989). "Tests of International CAPM with Time-Varying Covariances." *Journal of Applied Econometrics,* 4 119-38.

Evans, George W. (1986). "A Test for Speculative Bubbles in the Sterling-Dollar Exchange Rate: 1981-84." *American Economic Review,* 76, September, 621-36.

Fama, Eugene F. (1965). "The Behavior of Stock Market Prices." *Journal of Business,* 38, January, 34-105.

Fama, Eugene F. (1984). "Forward and Spot Exchange Rates." *Journal of Monetary Economics,* 36, 697-703.

Fama, Eugene F., and Kenneth R. French (1986). "Common Factors in the Serial Correlation of Stock Returns." Working Paper, Graduate School of Business, University of Chicago, October.

Fama, Eugene F., and Kenneth R. French (1988). "Permanent and Temporary Components of Stock Prices." *Journal of Political Economy,* 98, April, 246-74.

Fama, Eugene F., and Kenneth R. French (forthcoming). "Dividend Yields and Expected Stock Returns." *Journal of Financial Economics.*

Feenberg, Daniel, and Jonathan Skinner (1989). "Sources of IRA Saving." In Lawrence Summers, ed., *Tax Policy and the Economy,* Vol. 3. Cambridge: MIT Press, 25-46.

Feinstein, Jonathan, and Daniel McFadden (1987). "The Dynamics of Housing Demand by the Elderly: Wealth, Cash Flow, and Demographic Effects." National Bureau of Economic Research, Working Paper #2471.

Fields, M. J. (1931). "Stock Prices: A Problem in Verification." *Journal of Business,*

Fields, M. J. (1934). "Security Prices and Stock Exchange Holidays in Relation to Short Selling." *Journal of Business,* 328-38.

Fishburn, Peter C. (1985). "Nontransitive Preference Theory and the Preference Reversal Phenomenon." *Rivista Internazionale di Scienze Eco-nomiche e Commerciali,* 32, January, 39-50.

Fisher, Irving (1930). *The Theory of Interest.* London: Macmillan.

Flavin, Marjorie (1981). "The Adjustment of Consumption to Changing Expectations about Future Income." *Journal of Political Economy,* 89, 974-1009.

Forsythe, Robert, Thomas R. Palfrey, and Charles R. Plott (1982). "Asset Valuation in an Experimental Market." *Econometrica,* 50, May, 537-67.

Forsythe, Robert, Thomas R. Palfrey, and Charles R. Plott (1984). "Futures Markets and Informational Efficiency: A Laboratory Examination." *Journal of Finance,* 39, September, 55-69.

Frank, Robert (1987). "If *Homo Economicus* Could Choose His Own Utility Function, Would He Want One with a Conscience?" *American Economic Review, 77,* September, 593-605.

Frank, Robert, and Robert Hutchens (1990). "Feeling Better vs. Feeling Good: A Life-Cycle Theory of Wages." Working Paper, Department of Economics, Cornell University.

Frankel, Jeffrey A. (1982). "A Test of Perfect Substitutability in the Foreign Exchange Market." *Southern Economic Journal,* 48, 406-16 (a).

Frankel, Jeffrey A., and Charles M. Engel (1984). "Do Asset Demand Functions Optimize over the Mean and Variance of Real Returns? A Six Currency Test." *Journal of International Economics,* 17, 309-23.

Frankel, Jeffrey A., and Kenneth A. Froot (1987). "Using Survey Data to Test Standard Propositions on Exchange Rate Expectations." *American Economic Review, 77,* March, 133-53.

Freeman, Richard B., and James L. Medoff (1984). *What Do Unions Do?* New York: Basic Books.

French, Kenneth (1980). "Stock Returns and the Weekend Effect." *Journal of Financial Economics,* 8, March, 55-69.

French, Kenneth R., and Richard Roll (1986). "Stock Return Variances: The Arrival of Information and the Reaction of Traders." *Journal of Financial Economics,* 17, September, 5-26.

FRIEDMAN, MILTON (1953). "The Case for Flexible Exchange Rates." In his *Essays in Positive Economics.* Chicago: University of Chicago Press, 157-203.

FRIEDMAN, MILTON (1957). *A Theory of the Consumption Function.* Princeton: Princeton University Press.

FRIEDMAN, MILTON, and L. J. SAVAGE (1948). "The Utility Analysis of Choices Involving Risk." *Journal of Political Economy,* 56, August, 279-304.

FROOT, KENNETH A. (1990). "Short Rates and Expected Asset Returns." National Bureau of Economic Research Working Paper, #3247, January.

FROOT, KENNETH A., and JEFFREY A. FRANKEL (1989). "Forward Discount Bias: Is it an Exchange Risk Premium?" *Quarterly Journal of Economics,* 416, February, 139-61.

GATELY, DERMOT (1980). "Individual Discount Rates and the Purchase and Utilization of Energy-using Durables: Comment." *Bell Journal of Economics,* 11, 1, 373-74.

GIBBONS, MICHAEL, and PATRICK HESS (1981). "Day of the Week Effects and Asset Returns." *Journal of Business,* 54, October, 579-96.

GIBBONS, ROBERT S., and LAWRENCE F. KATZ (1987). "Learning, Mobility, and Inter-Industry Wage Differences." Unpublished Working Paper, MIT.

GILOVICH, THOMAS, ROBERT VALLONE, and AMOS TVERSKY (1985). "The Hot Hand in Basketball: On the Misperceptions of Random Sequences." *Cognitive Psychology,* 17, 295-314.

GIOVANNINI, ALBERTO, and PHILLIPE JORION (1989). "The Time-Variation of Risk and Return in the Foreign Exchange and Stock Markets." *Journal of Finance,* 44, 2.

GOETZE, DAVID, and JOHN M. ORBELL (forthcoming). "Understanding and Cooperation." *Public Choice.*

GOLDSTEIN, WILLIAM M., and HILLEL J. EINHORN (1987). "Expression Theory and the Preference Reversal Phenomena." *Psychological Review,* 94, April, 236-54.

GRAHAM, BENJAMIN (1949). *The Intelligent Investor: A Book of Practical Counsel.* New York: Harper and Brothers.

GREEN, FRANCIS (1981). "The Effect of Occupational Pension Schemes on Saving in the United Kingdom: A Test of the Life Cycle Hypothesis." *Economic Journal,* 91, March, 136-44.

GRETHER, DAVID M. (1980). "Bayes' Rule as a Descriptive Model: The Representativeness Heuristic." *Quarterly Journal of Economics,* 95, November, 537-57.

GRETHER, DAVID M., and CHARLES PLOTT (1979). "Economic Theory of Choice and the Preference Reversal Phenomenon." *American Economic Review,* 75, 623-38.

GROSHEN, ERICA L. (1988). "Sources of Wage Dispersion: The Contribution of Interemployer Differentials within Industry." Unpublished, Federal Reserve Bank of Cleveland.

GROSSMAN, SANFORD J., and OLIVER D. HART (1980). "Takeover Bids, the Free-rider Problem, and the Theory of the Corporation." *Bell Journal of Economics and Management Science,* Spring, 42-64.

GULTEKIN, MUSTAFA N., and N. BULENT GULTEKIN (1983). "Stock Market Seasonality: International Evidence." *Journal of Financial Economics,* 12, 469-81.

GÜTH, WERNER, ROLF SCHMITTBERGER, and BERND SCHWARZE (1982). "An Experimental Analysis of Ultimatum Bargaining." *Journal of Economic Behavior and Organization,* 3, 367-88.

GÜTH, WERNER, and REINHARD TIETZ (1987). "Ultimatum Bargaining for a Shrinking Cake: An Experimental Analysis." Unpublished, J. W. Goethe-Universitát.

Hall, Robert (1988). "Intertemporal Substitution in Consumption." *Journal of Political Economy,* 86, 339-57.

Hall, Robert, and Fredrick Mishkin (1982). "The Sensitivity of Consumption to Transitory Income: Estimates from Panel Data on Households." *Econometrica,* 50, 461-81.

Harris, Lawrence (1986a). "A Transaction Data Study of Weekly and Intradaily Patterns in Stock Returns." *Journal of Financial Economics,* 16, 99-117.

Harris, Lawrence (1986b). "A Day-End Transaction Price Anomaly." Unpublished Working Paper, Department of Finance, University of Southern California, March.

Harris, Lawrence, and Eitan Gurel (1986). "Price and Volume Effects Associated with Changes in the S&P 500 List: New Evidence for the Existence of Price Pressures." *Journal of Finance,* 41, September, 815-29.

Harrison, J. R., and J. G. March (1984). "Decision Making and Post-decision Surprises." *Administrative Science Quarterly,* March, 26-42.

Hartman, Raymond, Michael J. Doane, and Chi-Keung Woo (forth-coming). "Consumer Rationality and the Status Quo." *Quarterly Journal of Economics.*

Harville, David A. (1973). "Assigning Probabilities to the Outcomes of Multi-Entry Competitions." *Journal of the American Statistical Association,* 68, 312-16.

Hatsopoulos, George N., Paul R. Krugman, and James M. Poterba (1989). "Overconsumption: The Challenge to U.S. Economic Policy." American Business Conference.

Haugen, Robert A., and Josef Lakonishok (1986). *Only in January. An Investor's Guide to the Unsolved Mystery of the Stock Market. The Incredible January Effect.* Unpublished manuscript, University of Illinois, Urbana-Champaign.

Hausch, Donald B., and William T. Ziemba (1985). "Transactions Costs, Extent of Inefficiencies, Entries and Multiple Wagers in a Racetrack Betting Model." *Management Science,* 31, 381-94.

Hausch, Donald B., and William T. Ziemba (1987). "Cross Track Betting on Major Stakes Races." Working Paper No. 975, Faculty of Commerce, University of British Columbia, Vancouver, June.

Hausch, Donald B., William T. Ziemba, and Mark Rubinstein (1981). "Efficiency of the Market for Racetrack Betting." *Management Science,* 27, 1435-52.

Hausman, Jerry (1979). "Individual Discount Rates and the Purchase and Utilization of Energy-Using Durables." *Bell Journal of Economics,* 10, 33-54.

Hayashi, Fumio (1985). "The Effect of Liquidity Constraints on Consumption: A Cross-Sectional Analysis." *Quarterly Journal of Economics,* 100, 183-206.

Hendricks, Kenneth, Robert H. Porter, and Bryan Boudreau (1987). "Information, Returns, and Bidding Behavior in OCS Auctions: 1954-1969." *Journal of Industrial Economics,* 35, 517-42.

Herrnstein, Richard J. (1961). "Relative and Absolute Strength of Response as a Function of Frequency of Reinforcement." *Journal of Experimental Analysis of Behavior.* 4, 267-72.

Hershey, John, Eric Johnson, Jacqueline Meszaros, and Matthew Robinson (1990). "What Is the Right to Sue Worth?" Unpublished paper, Wharton School, University of Pennsylvania, June.

Hershey, John C., and Paul J. H. Schoemaker (1985). "Probability versus Certainty Equivalence Methods in Utility Measurement: Are They Equivalent?" *Management Science,* 31, October, 1213-31.

HERZFELD, THOMAS J. (1980). *The Investor's Guide to Closed-end Funds.* New York: McGraw-Hill.

HIRSHLEIFER, JACK (1985). "The Expanding Domain of Economics." *American Economic Review,* 75, 6, December, 53-70.

HODRICK, ROBERT J. (1987). "The Empirical Evidence on the Efficiency of Forward and Futures Foreign Exchange Markets." In Jacques Le-sourne, Hugo Sonnenstein ed., *Fundamentals of Pure and Applied Economics,* #24 Chur, Switzerland: Harwood Academic Publishers.

HODRICK, ROBERT J., and SANJAY SRIVASTAVA (1984). "An Investigation of Risk and Return in Forward Foreign Exchange." *Journal of International Money and Finance,* 3, April 5-30.

HODRICK, ROBERT J., and SANJAY SRIVASTAVA (1986). "The Covariation of Risk Premiums and Expected Future Spot Rates." *Journal of International Money and Finance,* 5, S5-S22.

HOFFMAN, ELIZABETH, and MATTHEW L. SPITZER (1982). "The Coase Theorem: Some Experimental Tests." *Journal of Law and Economics,* 25, 73-98.

HOFFMAN, ELIZABETH, and MATTHEW L. SPITZER (1985). "Entitlements, Rights and Fairness: An Experimental Examination of Subjects' Concepts of Distributive Justice." *Journal of Legal Studies,* 14, 259-97.

HOFSTEADTER, DOUGLAS (1983). "Metamagical Themas." *Scientific American,* 248,14-28.

HOLCOMB, JOHN H., and PAUL S. NELSON (1989). "An Experimental Investigation of Individual Time Preference." Unpublished Working Paper, Department of Economics, University of Texas at El Paso.

HOLMES, OLIVER WENDELL (1897). "The Path of the Law." *Harvard Law Review.* 10, 457-78.

HOLT, CHARLES A. (1986). "Preference Reversals and the Independence Axiom." *The American Economic Review,* 76, June, 508-15.

HOROWITZ, JOHN K. (1988). "Discounting Money Payoffs: An Experimental Analysis." Working Paper, Department of Agricultural and Resource Economics, University of Maryland.

HOWE, JOHN S. (1986). "Evidence on Stock Market Overreaction." *Financial Analysts Journal,* July/August, 74-77.

ISAAC, R. MARK, KENNETH F. MCCUE, and CHARLES PLOTT (1985). "Public Goods Provision in an Experimental Environment." *Journal of Public Economics,* 26, 51-74.

ISAAC, R. MARK, and JAMES M. WALKER (forthcoming). "Group Size Effects in Public Goods Provision: The Voluntary Contributions Mechanism." *Quarterly Journal of Economics.*

ISAAC, R. MARK, JAMES M. WALKER, and SUSAN H. THOMAS (1984). "Divergent Evidence on Free Riding: An Experimental Examination of Possible Explanations." *Public Choice,* 43, 113-49.

ISHIKAWA, TSUNEO, and KAZUO UEDA (1984). "The Bonus Payment System and Japanese Personal Savings." In Masahiko Aoki, ed., *The Economic Analysis of the Japanese Firm.* Amsterdam: North-Holland.

JEGADEESH, NARASIMHAN (1987). "Evidence of Predictable Behavior of Security Returns." Working Paper, Columbia University, May.

KAGEL, JOHN H., and DAN LEVIN (1986). "The Winner's Curse and Public Information in Common Value Auctions." *The American Economic Review,* 76, December, 894-920.

KAGEL, JOHN H., DAN LEVIN, and RONALD M. HARSTAD (1987). "Judgment, Evaluation and Information Procession in Second-Price Common Value Auctions." Unpublished manuscript, Department of Economics, University of Houston.

KAHNEMAN, DANIEL, JACK KNETSCH, and RICHARD H. THALER (1986a). "Fairness as a Constraint on Profit Seeking: Entitlements in the Market." *American Economic Review,* 76, September, 728-41.

KAHNEMAN, DANIEL, JACK L. KNETSCH, and RICHARD H. THALER (1986b). "Fairness and the Assumptions of Economics." *Journal of Business,* 59, S285-S300.

KAHNEMAN, DANIEL, JACK L. KNETSCH, and RICHARD THALER (1990). "Experimental Tests of the Endowment Effect and the Coase Theorem." *Journal of Political Economy,* 98, December, 1325-48.

KAHNEMAN, DANIEL, and AMOS TVERSKY (1973). "On the Psychology of Prediction." *Psychological Review,* 80, 237-51.

KAHNEMAN, DANIEL, and AMOS TVERSKY (1979). "Prospect Theory: An Analysis of Decision under Risk." *Econometrica,* 47, 2 363-91.

KAHNEMAN, DANIEL, and AMOS TVERSKY (1984). "Choices, Values and Frames." *American Psychologist,* 39, April, 341-50.

KARNI, EDI, and ZVI SAFRA (1987). "'Preference Reversal' and the Observability of Preferences by Experimental Methods." *Econometrica,* 55, May, 675-85.

KATO, KIYOSHI, and JAMES S. SCHALLHEIM (1985). "Seasonal and Size Anomalies in the Japanese Stock Market." *Journal of Financial and Quantitative Analysis,* 20, June, 107-18.

KATONA, GEORGE (1965). *Private Pensions and Individual Saving.* Ann Arbor: University of Michigan.

KATZ, LAWRENCE F. (1986). "Efficiency Wage Theories: A Partial Evaluation." *National Bureau of Economics Research Macroeconomics Annual,* 1, 235-76.

KATZ, LAWRENCE F., and LAWRENCE H. SUMMERS (forthcoming). "Industry Rents and Industrial Policy." *Brookings Papers on Economic Activity.*

KEIM, DONALD B. (1983). "Size-Related Anomalies and Stock Return Seasonality: Further Empirical Evidence." *Journal of Financial Economics,* June, 13-32.

KEIM, DONALD B. (1985). "Dividend Yields and Stock Returns: Implications of Abnormal January Returns." *Journal of Financial Economics,* 14, 473-89.

KEIM, DONALD B. (1986a). "Dividend Yield and the January Effect." *The Journal of Portfolio Management,* Winter, 54-60.

KEIM, DONALD B. (1986b). "The CAPM and Equity Return Regularities." *Financial Analysts Journal,* May-June, 19-34.

KEIM, DONALD B., and ROBERT F. STAMBAUGH (1984). "A Further Investigation of the Weekend Effect in Stock Returns." *Journal of Finance,* 39, 3 July, 819-40.

KEYNES, JOHN M. (1936). *The General Theory of Employment, Interest and Money.* London: Harcourt Bruce Jovanovich.

KIM, OLIVER, and MARK WALKER (1984). "The Free Rider Problem: Experimental Evidence." *Public Choice,* 43, 3-24.

KLEIDON, ALLAN W. (1986). "Anomalies in Financial Economics." *Journal of Business,* 59, Supplement, December.

KNETSCH, JACK L. (1989). "The Endowment Effect and Evidence of Nonreversible Indifference Curves." *The American Economic Review,* 79, 1277-84.

KNETSCH, JACK L. (1990). "Derived Indifference Curves." Working Paper, Department of Economics, Simon Fraser University.

KNETSCH, JACK L., and J. A. SINDEN (1984). "Willingness to Pay and Compensation Demanded: Experimental Evidence of an Unexpected Disparity in Measures of Value." *Quarterly Journal of Economics,* 99, 507-21.

KNETSCH, JACK L., and J. A. SINDEN (1987). "The Persistence of Evaluation Disparities." *Quarterly Journal of Economics,* 99, 691-95.

KNEZ, PETER, VERNON SMITH, and ARLINGTON W. WILLIAMS (1985). "Individual Rationality, Market Rationality, and Value Estimation." *American Economic Review,* 75, May, 397-402.

KOTLIKOFF, LAWRENCE J., and LAWRENCE H. SUMMERS (1981). "The Role of Intergenerational Transfers in Aggregate Capital Formation." *Journal of Political Economy,* 89, 706-32.

KRAMER, R. M., and MARILYN BREWER (1986). "Social Group Identity and the Emergence of Cooperation in Resource Conservation Dilemmas." In H. Wilke, D. Messick, and C. Rutte, eds, *Psychology of Decision and Conflict* Vol. 3, *Experimental Social Dilemmas.* Frankfurt am Main: Verlag Peter Lang, 205-30.

KREPS, DAVID, PAULMILGROM, JOHN ROBERTS, and ROBERT WILSON (1982). "Rational Cooperation in Finitely Repeated Prisoner's Dilemmas." *Journal of Economic Theory,* 27, 245-52.

KRUEGER, ALAN B., and LAWRENCE H. SUMMERS (1987). "Reflections on the Inter-Industry Wage Structure." In Kevin Lang and Jonathan S. Leonard, eds., *Unemployment and the Structure of Labor Markets.* Oxford: Basil Blackwell.

KRUEGER, ALAN B., and LAWRENCE H. SUMMERS (1988). "Efficiency Wages and the Inter-Industry Wage Structure." *Econometrica,* 56, March, 259-93.

KRUGMAN, PAUL R. (1989). *Exchange Rate Instability.* Cambridge, Mass.: MIT Press.

KRUMM, RONALD, and NANCY MILLER (1986). "Household Savings, Homeownership, and Tenure Duration." Office of Real Estate, Research Paper #38.

KUNREUTHER, HOWARD, DOUGLAS EASTERLING, WILLIAM DESVOUSGES, and PAUL SLOVIC (forthcoming). "Public Attitudes toward Citing a High Level Nuclear Waste Depository in Nevada." Risk *Analysis.*

LAING, JOHNATHAN R. (1987). "Burnt Offerings: Closed-end Funds Bring No Blessings to Shareholders." *Barron's,* 10, August, 6-7, 32-36.

LAKONISHOK, JOSEF, and MAURICE LEVI (1982). "Weekend Effects on Stock Returns." *Journal of Finance,* 37, 883-89.

LAKONISHOK, JOSEF, and SEYMOUR SMIDT (1984). "Volume and Turn of the Year Behavior." *Journal of Financial Economics,* September, 435-55.

LAKONISHOK, JOSEF, and SEYMOUR SMIDT (1987). "Are Seasonal Anomalies Real? A Ninety-Year Perspective." Unpublished Working Paper, Department of Finance, Cornell University.

LANDSBERGER, MICHAEL (1966). "Windfall Income and Consumption: Comment." *American Economic Review,* 56, June, 534-39.

LANGER, ELLEN J. (1975). "The Illusion of Control." *Journal of Personality and Social Psychology,* 32, 311-28.

LAWRENCE, COLIN, and ROBERT Z. LAWRENCE (1985). "Manufacturing Wage Dispersion: An End Game Interpretation." *Brookings Papers on Economic Activity,* 47-106.

LAZEAR, EDWARD (1981). "Agency, Earnings Profiles, Productivity, and Hours Restrictions." *American Economic Review,* 61, 606-20.

LEE, CHARLES, ANDREI SHLEIFER, and RICHARD THALER (1991a). "Investor Sentiment and the Closed-end Fund Puzzle." *Journal of Finance,* 46, 75-110.

LEE, CHARLES, ANDREI SHLEIFER, and RICHARD THALER (1991b). "Explaining Closed-end Fund Discounts: A Cross-Examination of the Evidence." Unpublished manuscript, Johnson School of Management, Cornell University, June.

LEHMANN, BRUCE N. (1988). "Fads, Martingales, and Market Efficiency." Working Paper, Hoover Institution, Stanford University, January.

LEVICH, RICHARD (1985). "Empirical Studies of Exchange Rates: Price Behavior, Rate Determination and Market Efficiency." In R. W. Jones and P. B. Kenen, eds., *Handbook of International Economics,* Vol. 2. Amsterdam: North-Holland.

LEWIS, KAREN K. (1989). "Changing Beliefs and Systematic Rational Forecast Errors with Evidence from Foreign Exchange." *American Economic Review, 79,* September, 621-36.

LICHTENSTEIN, SARAH, and PAUL SLOVIC (1971). "Reversals of Preference between Bids and Choices in Gambling Decisions." *Journal of Experimental Psychology,* 89, January, 46-55.

LICHTENSTEIN, SARAH, and PAUL SLOVIC (1973). "Response-induced Reversals of Preference in Gambling: An Extended Replication in Las Vegas." *Journal of Experimental Psychology,* 101, November, 16-20.

LIND, ROBERT (forthcoming). "Reassessing the Government's Discount Rate Policy in Light of New Theory and Data in a World Economy with a High Degree of Capital Mobility," *Journal of Environmental Economics and Management.*

LINDBECK, ASSAR, and DENNIS SNOWER (1988). "Cooperation, Harassment, and Involuntary Unemployment: An Insider-Outsider Approach." *American Economic Review,* 78, March, 167-88.

LO, ANDREW W., and A. CRAIG MACKINLAY (1988). "Stock Prices Do Not Follow Random Walks: Evidence from a Simple Specification Test." *Review of Financial Studies,* 1, 1, 41-66.

LOEWENSTEIN, GEORGE (1987). "Anticipation and the Valuation of Delayed Consumption." *Economic Journal, 97,* 666-84.

LOEWENSTEIN, GEORGE (1988). "Frames of Mind in Intertemporal Choice." *Management Science,* 34, 200-214.

LOEWENSTEIN, GEORGE, and DANIEL KAHNEMAN (1991). "Explaining the Endowment Effect." Working Paper, Department of Social and Decision Sciences, Carnegie-Mellon University.

LOEWENSTEIN, GEORGE, and DRAZEN PRELEC (1989a). "Anomalies in Intertemporal Choice: Evidence and Interpretation." Working Paper, Russell Sage Foundation.

LOEWENSTEIN, GEORGE, and DRAZEN PRELEC (1989b). "Decision Making over Time and under Uncertainty: A Common Approach." Working Paper, Center for Decision Research, University of Chicago.

LOEWENSTEIN, GEORGE, and NACHUM SICHERMAN (1989). "Do Workers Prefer Increasing Wage Profiles?" Unpublished Working Paper, Graduate School of Business, University of Chicago.

LOOMES, GRAHAM, and ROBERT SUGDEN (1983). "A Rationale for Preference Reversal." *American Economic Review,* 73, June, 428-32.

MACLEAN, LEONARD, WILLIAM T. ZIEMBA, and GEORGE BLAZENKO (1987). "Growth versus Security in Dynamic Investment Analysis." Mimeo, Faculty of Commerce and Business Administration, University of British Columbia, 1987.

MALKIEL, BURTON G. (1977). "The Valuation of Closed-end Investment Company Shares." *Journal of Finance,* June.

MALKIEL, BURTON G. (1985). *A Random Walk Down Wall Street.* New York: Norton.

Manchester, Joyce M., and James M. Porterba (1989). "Second Mortgages and Household Saving." *Regional Science and Urban Economics,* 19, 2, May, 325-46.
Mark, Nelson C. (1985). "On Time Varying Risk Premia in the Foreign Exchange Market: An Econometric Analysis." *Journal of Monetary Economics,* 16, 3-18.
Markowitz, Harry (1952). "The Utility of Wealth." *Journal of Political Economy,* 60, 151-58.
Marsh, T. A., and R. C. Merton (1986). "Dividend Variability and Variance Bounds Tests for the Rationality of Stock Market Prices." *American Economic Review,* 76, June, 483-98.
Marshall, Alfred (1891). *Principles of Economics,* 2nd ed. London: Macmillian.
Marwell, Gerald, and Ruth Ames (1981). "Economists Free Ride, Does Anyone Else?" *Journal of Public Economics,* 15, 295-310.
McAfee, R. Preston, and John McMillan (1987). "Auctions and Bidding." *Journal of Economic Literature,* 25, June, 699-738.
McGlothlin, William H. (1956). "Stability of Choices among Uncertain Alternatives." *American Journal of Psychology,* 69, 604-15.
Mead, Walter J., Asbjorn Moseidjord, and Philip E. Sorensen (1983). "The Rate of Return Earned by Lessees under Cash Bonus Bidding of OCS Oil and Gas Leases." *The Energy Journal,* 4, 37-52.
Medoff, John, and Kathrine Abraham (1980). "Experience, Performance, and Earnings." *Quarterly Journal of Economics,* 94, 703-36.
Milgrom, Paul R., and R. J. Weber (1982). "A Theory of Auctions and Competitive Bidding." *Econometrica,* 50, 1089-1122.
Miller, E. M. (1977). "Risk, Uncertainty, and Divergence of Opinion." *Journal of Finance,* 32, September, 1151-68.
Miller, Merton H. (1986). "Behavioral Rationality in Finance: The Case of Dividends." *Journal of Business,* 59, October, S451-S468.
Mitchell, Dick (1987). *A Winning Thoroughbred Strategy.* Los Angeles: Cynthia Publishing.
Modigliani, Franco (1988). "The Role of Intergenerational Transfers and Life Cycle Saving in the Accumulation of Wealth." *Journal of Economic Perspectives,* 2, Spring, 15-40.
Murphy, Kevin M., and Robert H. Topel (1987). "Unemployment, Risk, and Earnings: Testing for Equalizing Wage Differences in the Labor Market." In Kevin Lang and Jonathan S. Leonard, eds., *Unemployment and the Structure of Labor Markets.* Oxford: Basil Blackwell.
Mussa, Michael (1979). "Empirical Regularities in the Behavior of Exchange Rates and Theories of the Foreign Exchange Market." In K. Brunner and A. H. Meltzer, eds., *Policies for Employment Prices and Exchange Rates,* Vol. 11. Carnegie-Rochester Conference Series on Public Policy, supplement to the *Journal of Monetary Economics,* 9-57.
Neelin, Janet, Hugo Sonnenschein, and Matthew Spiegel (1987). "A Further Test of Bargaining Theory." Unpublished manuscript, Department of Economics, Princeton University.
Nurkse, Ragnar (1944). *International Currency Experience.* Geneva: League of Nations.
Obstfeld, Maurice (1990). "The Effectiveness of Foreign-Exchange Intervention: Recent Experience 1985-1988." In W. Branson, J. Fren-kel, and M. Goldstein, eds., *International Policy Coordination and Exchange Rate Determination.* Chicago: University of Chicago Press.
Ochs, Jack, and Alvtn E. Roth (1988). "An Experimental Study of Sequential Bargaining." Unpublished, Department of Economics, University of Pittsburgh.

ORBELL, JOHN M., ROBYN M. DAWES, and ALPHONS J. C. VAN DE KRAGT (forthcoming). "Explaining Discussion Induced Cooperation." *Journal of Personality and Social Psychology.*

PEAVY, JOHN W. (1988). "Closed-end Fund New Issues: Pricing and Aftermarket Trading Considerations." Working Paper 88-8, CSFIM, Southern Methodist University.

PLOTT, CHARLES R., and SHYAM SUNDER (1982). "Efficiency of Experimental Security Markets with Insider Information: An Application of Rational Expectation Models." *Journal of Political Economy,* 90, August, 663-98.

POTERBA, JAMES M., and LAWRENCE H. SUMMERS (forthcoming). "Mean Reversion in Stock Prices: Evidence and Implications." *Journal of Financial Economics.*

PRATT, JOHN W., DAVID WISE, and RICHARD ZECKHAUSER (1979). "Price Differences in Almost Competitive Markets." *Quarterly Journal of Economics,* 93, 189-211.

QUANDT, RICHARD E. (1986). "Betting and Equilibrium." *Quarterly Journal of Economics,* 101, 201-7.

QUINN, JAMES (1987). *The Best of Thoroughbred Handicapping: 1965-1986.* New York: Morrow.

QUIRIN, WILLIAM L. (1979). *Winning at the Races: Computer Discoveries in Thoroughbred Handicapping.* New York: Morrow.

RAFF, DANIEL M. G., and LAWRENCE H. SUMMERS (1987). "Did Henry Ford Pay Efficiency Wages?" *Journal of Labor Economics,* 5, S57-S86.

RAPOPORT, ANATOL, and A. M. CHAMMAH (1965). *Prisoner's Dilemma.* Ann Arbor: University of Michigan Press.

REINGANUM, MARC R. (1983). "The Anomalous Stock Market Behavior of Small Firms in January: Empirical Tests for Tax-loss Selling Effects." *Journal of Financial Economics,* June, 89-104.

REINGANUM, MARC R. (1984). "Discussion." *Journal of Finance,* 39, July, 837-40.

RITOV, RITA, and JONATHAN BARON (forthcoming). "Status-quo and Omission Biases." *Journal of Risk and Uncertainty.*

RITTER, JAY R. (1987). "An Explanation of the Turn of the Year Effect." Working Paper, Graduate School of Business Administration, University of Michigan.

ROENFELDT, RODNEY L., and DONALD L. TUTTLE (1973). "An Examination of the Discounts and Premiums of Closed-end Investment Companies." *Journal of Business Research,* Fall.

ROGALSKI, RICHARD (1984). "New Findings Regarding Day-of-the-Week Returns over Trading and Non-Trading Periods: A Note." *Journal of Finance,* 34, 5, December, 1603-14.

ROGOFF, KENNETH (1979). "Essays on Expectations and Exchange Rate Volatility." Ph.D. dissertation, Massachusetts Institute of Technology.

ROLL, RICHARD (1983). "Vas ist Das? The Turn-of-the-Year Effect and the Return Premia of Small Firms." *Journal of Portfolio Management,* Winter, 18-28.

ROLL, RICHARD (1986). "The Hubris Hypothesis of Corporate Takeovers." *Journal of Business,* 59, April, 197-216.

ROSEN, SHERWIN (1986). "The Theory of Equalizing Differences." In Orley Ashefelter and Richard Layard, eds., *Handbook of Labor Economics,* Vol. 1. New York: Elsevier Science Publishers BV.

ROSENBERG, BARR, KENNETH REID, and RONALD LANSTEIN (1985). "Persuasive Evidence of Market Inefficiency." *Journal of Portfolio Management,* 11, Spring, 9-16.

ROSETT, RICHARD N. (1965). "Gambling and Rationality." *Journal of Political Economy,* 73, 595-607.

ROTH, ALVIN E. (1987). "Bargaining Phenomena and Bargaining Theory." In A. E. Roth, ed., *Laboratory Experimentation in Economics: Six Points of View.* New York: Cambridge University Press.

ROZEFF, MICHAEL S., and WILLIAM R. KINNEY, JR. (1976). "Capital Market Seasonality: The Case of Stock Returns." *Journal of Financial Economics,* 3, 379-402.

RUBINSTEIN, ARIEL (1982). "Perfect Equilibrium in a Bargaining Model." *Econometrica,* 50, 97-109.

RUDERMAN, HENRY, MARK LEVINE, and JAMES MCMAHON (1986). "Energy-Efficiency Choice in the Purchase of Residential Appliances." In Willett Kempton and Max Neiman, eds., *Energy Efficiency: Perspectives on Individual Behavior.* Washington, D.C.: American Council for an Energy Efficient Economy.

RUSSELL, THOMAS, and RICHARD H. THALER (1985). "The Relevance of Quasi Rationality in Competitive Markets." *American Economic Review,* 75, December, 1071-82.

RUSSO, J. EDWARD, and PAUL J. H. SCHOEMAKER (1979). *Decision Traps.* New York: Doubleday.

SALOP, STEVEN C. (1979). "A Model of the Natural Rate of Unemployment." *American Economic Review,* 69, March, 117-25.

SAMUELSON, WILLIAM F., and MAX H. BAZERMAN (1985). "The Winner's Curse in Bilateral Negotiations." *Research in Experimental Economics,* 3, 105-37.

SAMUELSON, WILLIAM, and RICHARD ZECKHAUSER (1988). "Status Quo Bias in Decision Making." *Journal of Risk and Uncertainty,* 1, 7-59.

SCHELLING, THOMAS (1984). "Self-command in Practice, in Policy, and in a Theory of Rational Choice." *American Economic Review,* 74, 2, 1-11.

SCHKADE, DAVID A., and ERIC J. JOHNSON (1989). "Cognitive Processes in Preference Reversals." *Organization Behavior and Human Performance,* 44, June, 203-31.

SCHULMEISTER, STEPHAN (1987). "An Essay on Exchange Rate Dynamics." WZB, Berlin Discussion Paper No. 87-8, July.

SEGAL, UZI (1988). "Does the Preference Reversal Phenomenon Necessarily Contradict the Independence Axiom?" *The American Economic Review,* 78, March, 233-36.

SEN, AMARTYA K. (1977). "Rational Fools: A Critique of the Behavioral Foundations of Economics Theory." *Journal of Philosophy and Public Affairs,* 6, 317-44.

SHAPIRO, CARL, and JOSEPH E. STIGLITZ (1984). "Equilibrium Unemployment as a Worker Discipline Device." *American Economic Review,* 74, 433-44.

SHEFRIN, HERSH, and MEIR STATMAN (1988). "Noise Trading and Efficiency in Behavioral Finance." Working Paper, Leavey School of Business, Santa Clara University, August.

SHEFRIN, HERSH, and RICHARD H. THALER (1988). "The Behavioral Life-Cycle Hypothesis." *Economic Inquiry,* 26, October, 609-43.

SHILLER, ROBERT J. (1981). "Do Stock Prices Move Too Much to be Justified by Subsequent Changes in Dividends?" *American Economic Review,* 71, June, 421-36.

SHILLER, ROBERT J. (1984). "Stock Prices and Social Dynamics," *Brookings Papers on Economic Activity,* 457-510.

SHLEIFER, ANDREI (1986). "Do Demand Curves for Stocks Slope Down?" *Journal of Finance,* 41, July, 579-89.

SHLEIFER, ANDREI, and LAWRENCE SUMMERS (1990). "The Noise Trader Approach." *Journal of Economic Perspectives,* 4, 19-34.

SKINNER, JONATHAN (1989). "Housing Wealth and Aggregate Saving." *Regional Science and Urban Economics,* 19, 2, May, 305-24.

SLICHTER, SUMMER (1950). "Notes on the Structure of Wages." *Review of Economics and Statistics,* 32, 80-91.

SLOVIC, PAUL (1972). "Psychological Study of Human Judgment: Implications for Investment Decision Making." *Journal of Finance,* 27, 779-99.

SLOVIC, PAUL, BARUCH FISCHHOFF, and SARAH LICHTENSTEIN (1982). "Facts versus Fears: Understanding Perceived Risk." In Daniel Kahneman, Paul Slovic, and Amos Tversky, eds., *Judgment under Uncertainty: Heuristics and Biases.* Cambridge, U.K.: Cambridge University Press.

SLOVIC, PAUL, DALE GRIFFIN, and AMOS TVERSKY (1990). "Compatibility Effects in Judgment and Choice." In Robin M. Hogarth, ed., *Insights in Decision Making: Theory and Applications.* Chicago: The University of Chicago Press.

SLOVIC, PAUL, and SARAH LICHTENSTEIN (1968). "The Relative Importance of Probabilities and Payoffs in Risk-Taking." *Journal of Experimental Psychology Monograph Supplement,* 78, November, Part 2, 1-18.

SLOVIC, PAUL and SARAH LICHTENSTEIN (1983). "Preference Reversals: A Broader Perspective." *American Economic Review,* 73, September, 596-605.

SMIRLOCK, MICHAEL, and LAURA STARKS (1986). "Day of the Week and Intraday Effects in Stock Returns." *Journal of Financial Economics,* 17, 197-210.

SMITH, ADAM (1976). *The Theory of Moral Sentiments.* Oxford: Clarendon Press. (Originally published in 1759.)

SNYDER, WAYNE W. (1978). "Horse Racing: Testing the Efficient Markets Model." *Journal of Finance,* 33, 1109-18.

SOLOW, ROBERT M. (1979). "Another Possible Source of Wage Stickiness." *Journal of Macroeconomics,* 1, 79-82.

STAHL, INGOLF (1972). *Bargaining Theory.* Economic Research Institute, Stockholm.

STERN, HAL (1987). "Gamma Processes, Paired Comparisons and Ranking." Ph.D. dissertation, Department of Statistics, Stanford University, August.

STIGLITZ, JOSEPH E. (1974). "Alternative Theories of Wage Determination and Unemployment in L.C.D.'s: The Labor Turnover Model." *Quarterly Journal of Economics,* 88, May, 194-227.

STIGLITZ, JOSEPH E. (1976). "Prices and Queues as Screening Devices in Competitive Markets." IMSSS Technical Report No. 212, Stanford University, August.

STIGLITZ, JOSEPH E. (1987). "The Causes and Consequences of the Dependence of Quality on Price." *Journal of Economic Literature,* 25, March, 1-48.

STROTZ, ROBERT H. (1955). "Myopia and Inconsistency in Dynamic Utility Maximization." *Review of Economic Studies,* 23, 165-80.

STULZ, RENE (1986). "An Equilibrium Model of Exchange Rate Determination and Asset Pricing with Non-Traded Goods and Imperfect Information." Mimeo, Ohio State University.

SUMMERS, LAWRENCE (1986a). "Reply to Galper and Byce." *Tax Notes,* 9 June, 1014-16.

SUMMERS, LAWRENCE H. (1986b). "Does the Stock Market Rationally Reflect Fundamental Values?" *Journal of Finance,* 41, July, 591-601.

SUMMERS, LAWRENCE, and CHRIS CARROLL (1987). "Why Is the U.S. Saving Rate So Low?" *Brookings Papers on Economic Activity,* 607-35.

SWEENEY, R. J. (1986). "Beating the Foreign Exchange Market." *Journal of Finance,* 41, 163-82.

TAJFEL, HENRI, and JOHN C. TURNER (1979). "An Integrative Theory of Intergroup Conflict." In W. Austin and S. Worchel, eds., *The Social Psychology of Intergroup Relations.* Montery, Calif.: Brooks/Cole, 33-47.

THALER, RICHARD H. (1980). "Toward a Positive Theory of Consumer Choice." *Journal of Economic Behavior and Organization,* 1, 39-60.

THALER, RICHARD H. (1981). "Some Empirical Evidence on Dynamic Inconsistency." *Economics Letters,* 8, 201-7.

THALER, RICHARD H. (1985). "Mental Accounting and Consumer Choice." *Marketing Science,* 4, Summer, 199-214.

THALER, RICHARD H. (1988). "The Ultimatum Game." *Journal of Economic Perspectives,* 2, Fall, 195-206.

THALER, RICHARD H., and ERIC JOHNSON (1990). "Gambling with the House Money and Trying to Break Even: Effects of Prior Outcomes on Risky Choice." *Management Science,* 36, June, 643-60.

THALER, RICHARD H., and HERSH M. SHEFRIN (1981). "An Economic Theory of Self-Control." *Journal of Political Economy,* 89, 392-410.

THOMPSON, REX (1978). "The Information Content of Discounts and Premiums on Closed-end Fund Shares." *Journal of Financial Economics,* 6.

TINIC, SEHA M., and RICHARD R. WEST (1984). "Risk and Return: January and the Rest of the Year." *Journal of Financial Economics,* 13, 561-74.

TURNER, JOHN C., and HOWARD GILES (1981). *Intergroup Behavior.* Chicago: University of Chicago Press.

TVERSKY, AMOS, and DANIEL KAHNEMAN (forthcoming). "Loss Aversion and Riskless Choice: A Reference Dependent Model." *Quarterly Journal of Economics.*

TVERSKY, AMOS, SHMUEL SATTATH, and PAUL SLOVIC (1988). "Contingent weighting in judgment and choice." *Psychological Review,* 95, July, 371-84.

TVERSKY, AMOS, PAUL SLOVIC, and DANIEL KAHNEMAN (1990). "The Causes of Preference Reversal." *American Economic Review,* 80, March.

TVERSKY, AMOS, and RICHARD H. THALER (1990). "Anomalies: Preference Reversals." *Journal of Economic Perspectives,* Spring, 4, 201-11 (reprinted here as Chapter 7).

VAN DE KRAGT, ALPHONS J. C., JOHN M. ORBELL, and ROBYN M. DAWES (1983). "The Minimal Contributing Set as a Solution to Public Goods Problems." *American Political Science Review, 77,* 112-22.

VAN DE KRAGT, ALPHONS J. C., JOHN M. ORBELL, and ROBYN M. DAWES, with SANFORD L. BRAVER and L. A. WILSON, II (1986). "Doing Well and Doing Good as Ways of Resolving Social Dilemmas." In H. Wilke, D. Messick, and C. Rutte, eds., *Psychology of Decision and Conflict,* Vol. 3, *Experimental Social Dilemmas.* Frankfurt am Main: Verlag Peter Lang, 177-203.

VENTI, STEVEN F., and DAVID A. WISE (1987). "Have IRAs Increased U.S. Saving?: Evidence from Consumer Expenditures Surveys." National Bureau of Economic Research, Working Paper #2217.

VENTI, STEVEN F., and DAVID A. WISE (1989). "But They Don't Want to Reduce Housing Equity." National Bureau of Economic Research, Working Paper #2859.

VERMAELEN, THEO, and MARC VERSTRINGE (1986). "Do Belgians Over-react?" Working Paper, Catholic University of Louvain, Belgium, November.

VISCUSI, W. KIP, WESLEY A. MAGAT, and JOEL HUBER (1987). "An Investigation of the Rationality of Consumer Valuations of Multiple Health Risks." *Rand Journal of Economics,* 18, 465-79.

WARSHAWSKY, MARK (1987). "Sensitivity to Market Incentives: The Case of Policy Loans." *Review of Economics and Statistics,* 286-95.

WASON, P. C. (1968). "Reasoning about a Rule." *Quarterly Journal of Experimental Psychology,* 20, 273-81.

WEINER, SHERYL, MAX BAZERMAN, and JOHN CARROLL (1987). "An Evaluation of Learning in the Bilateral Winner's Curse." Unpublished manuscript, Kellogg School of Management, Northwestern University.

WEISENBERGER, A. (1960-1986). *Investment Companies Services,* Various years. New York: Warren, Gorham and Lamont.

WEISS, ANDREW (1980). "Job Queues and Layoffs in Labor Markets with Flexible Wages." *Journal of Political Economy,* 88, June, 526-38.

WEISS, KATHLEEN (1989). "The Post-Offering Price Performance of Closed-End Funds." *Financial Management,* Autumn, 57-67.

WEITZMAN, MARTIN (1965). "Utility Analysis and Group Behavior: An Empirical Study." *Journal of Political Economy,* 73, 18-26.

WEST, KENNETH D. (1988). "Bubbles, Fads and Stock Price Volatility Tests: A Partial Evaluation." *Journal of Finance,* 43, July, 639-55.

WILCOX, DAVID W. (1989). "Social Security Benefits, Consumption Expenditure, and the Life Cycle Hypothesis." *Journal of Political Economy,* 97", 288-304.

WILLIAMS, JOHN B. (1956). *The Theory of Investment Value.* Amsterdam: North-Holland. (Reprint of 1938 edition.)

WILSON, ROBERT (1977). "A Bidding Model of Perfect Competition." *Review of Economic Studies,* 44, 511-18.

WINSTON, GORDON (1980). "Addiction and Backsliding." *Journal of Economic Behavior and Organization,* 1, December, 295-324.

YAARI, M., and MAYA BAR-HILLEL (1984). "On Dividing Justly." *Social Choice and Welfare,* 1, 1-24.

YELLEN, JANET (1984). "Efficiency Wage Models of Unemployment." *American Economic Review,* 74, 200-205.

ZAROWIN, PAUL (1988). "Size, Seasonality, and Stock Market Overreaction." Working Paper, Graduate School of Business Administration, New York University, January.

ZELDES, STEPHEN P. (1989). "Consumption and Liquidity Constraints: An Empirical Investigation." *Journal of Political Economy, 97,* 305-46.

ZIEMBA, WILLIAM T., SHELBY L. BRUMELLE, ANTOINE GAUTIER, and SANDRA L. SCHWARTZ (1986). Dr. Z's 6/49 *Lotto Guidebook.* Vancouver and Los Angeles: Dr. Z. Investments, Inc., June.

ZIEMBA, WILLIAM T., and DONALD B. HAUSCH (1986). *Betting at the Racetrack.* Vancouver and Los Angeles: Dr. Z. Investments, Inc.

ZIEMBA, WILLIAM T., and DONALD B. HAUSCH (1973). *Dr. Z's Beat the Racetrack.* New York: William Morrow, 1987.

ZWEIG, MARTIN E. (1973). "An Investor Expectations Stock Price Predictive Model Using Closed-end Fund Premiums." *Journal of Finance,* 28, 67-87.